中國教育史
清代至現代

從半封建時代後期到初期資本主義的教育歷程

認影響最大，學術價值極高

代教育家、教育史學者陳青之的力作

讀者鋪展出中國幾千年的教育變遷之歷史圖像

陳青之——著

國教育史研究者必讀！

————躬行實踐，超越空談理論

目錄

半封建時代後期的教育

第一期　清（西元1644年—1911年）

第三十五章　清帝國之政治與教育

一　高壓的政治

　　明朝自萬曆以來，因帝王的昏聵，宦官宵小的亂政，致使全國社會皆被糜亂，盜匪遍地起來，朱明政府失了統治的機能，於是滿族以新興的民族利用時機起而替代了。所以本期教育的背景，只是政權的移轉，統治民族的變更，於農村經濟不發生絲毫影響，而變形的封建社會依舊保持原來的狀態。滿洲民族征服了內外蒙古、中國本部及西藏、回疆等地，支配了漢、蒙、回、藏全民族，在東亞組織一大帝國。他們當初尚未完全脫離游牧生活，亦曾知道自己以後進的民族統治一切，必不為先進民族——尤其是漢族——所能心服，乃不惜逞其戰勝的威力，施行種種高壓手段，而漢、蒙、回、藏等民族終究屈伏了。他的高壓手段，對於其他被支配民族單純以兵力外，對於漢族則用種種政策。我們舉其較為顯著的計有三種：一為防守政策，二為變俗政策，三為屠殺政策。關於第一種，凡各省重要地帶即設立駐防將軍，防制漢人的反動。關於第二種，一則變易漢族原來的衣冠為滿洲的衣冠，一則強令漢族男子仿照滿俗薙髮結辮，倘有反抗的，格殺無論。關於第三種，凡稍涉反動性的文字，或被他們認為有嫌疑的文字，即大肆屠殺，往往株連幾十、幾百以至幾千人。中國帝王的專制，到明朝已經是登峰造極，哪知到了此時又加一層種族的界限，壓制更甚於前，這種政局直至二百年後才漸漸鬆懈。

二　籠絡的教育

　　滿洲民族比較人口不及漢族十分之一，比較文化更是不能望其項背。以低級的民族、極少數的人口來統治高級的民族、極多數的人口，絕不是單憑武力能夠收效的。他們的統治者也看到這一層，於是在政治方面雖施行高壓手段，但在教育方面則採用籠絡手段。他們的籠絡手段是看透了漢人的心理，利用了漢人的弱點，所施行的一種教育。中國社會的勢力全在一班士大夫階級及土豪手中，這一班人大都是知識階級，也即是社會的優秀分子。滿清統治者知道他們最崇拜的是孔、孟，所以建都北京之初，即仿照明朝開設學校，崇祀孔、孟，且以祀孔的典禮與尊祖、敬天並重。又知道明末王學已不為他們所重視，漸有回到宋儒程、朱的舊路的傾向，所以康熙大帝首先提倡朱子學說，並把朱子列入十二哲裡面，配享孔子，及刊行他的著作《朱子全書》。又知道他們最愛科名，所以極力提倡科舉，授以各級學位及給予領有學位者以特別榮譽與權利。還有一班明末遺老，或負有氣節的士君子，對於故國的觀念非常強烈，未必肯於屈就這種常套。滿清統治者於是又破除常格，另開特科，來網羅這一班人物藉以收拾民心。社會知識分子最容易引用到書籍裡面，滿清統治者於是極力獎勵著作，或誘引他們在宮廷裡面編輯類書，使他們常年埋頭於故紙堆中，自然沒有反抗的精力。總之他們的教育政策，一切皆是籠絡的，意在使漢族除了不敢反抗外，並且要使一般人皆樂於就他的範圍。這一種政策，結果也是成功的。但他們的教育不但對於漢族採用籠絡手段，即對於蒙、回、藏各族也是一樣。例如對於蒙、藏，則崇拜喇嘛教，對於回族則崇拜穆罕默德教，依然是蒙古帝國之「因其俗以柔其人」的辦法。滿清統治者一方面利用被統治民族的

弱點以籠絡他們，一方面保持其本族固有的優點，如勇敢善戰、樸實耐勞的精神，常作為訓練的資料，如本族語言亦列為一般學校的教材。但他們自入關以來，不久就被漢族文化與習俗所同化，也學漢人作八股、詠詩詞，不僅完全喪失昔日勇敢善戰、樸實耐勞的精神，亦廢棄本族語言，這一點恐怕是滿清開國諸君所始料未及的。

第三十六章　清代學風之復古

　　滿清三百年間，為中國學術史上極燦爛的一個時期，也是中國舊學總結束的一個時期。其學術勢力較大、足以演成學風的，計有四派：一為性理學派，二為考證學派，三為今文學派，四為古文派。第一派流行於清初，著名人物有孫夏峰、李二曲、湯潛庵、張楊園、陸桴亭、陸稼書等人。前三人兼採朱、王，後三人則極力崇朱而黜王。第二派倡導於清初，稱霸於清之中葉，到末年猶有餘風。開山老祖為顧亭林，繼起人物有閻百詩、胡朏明，到中葉而大盛。此派到了中葉，乃分吳、皖兩系：吳系以長洲的惠定宇為盟主，門下有余蕭客、江聲等人；皖派以婺源的戴東原為盟主，門下有段玉裁、王氏父子等人。其餘或出入於吳、皖兩系，或獨樹一幟。到末了，還有俞曲園、孫仲容、章太炎等人，作此派的中流砥柱。第三派發生於中葉以後，到末年而此風大熾，代表人物有莊存與、崔東壁、康有為等，而以康氏為中堅。第四派倡導於清初之方望溪，成熟於中葉之姚姬傳、惲子居，到末年有曾滌生等人為他們大張其軍。這四派中，以第二派勢力最大，由清初到清末，延長三百年的時間，尤以在中葉為極盛，橫絕一世，差不多占了當時學術界的全方面，所以梁啟超稱他們為清代學術界的正統派。第四派的人們以文章擅長，可以說是藝術的；只因他們平日喜談義理，崇拜程、朱，常以「文以載道」的題目來號召，知識界上附和的人們很多，確能自成風氣，所以我們也列在這裡。此外還有顏習齋、李恕谷、王崑繩等人，以實行為號召，反對一切空談及記誦之學，可稱為實行主義者。但他們重苦行，所實行的儘是一些古禮古法，與時代潮流不合，所以再傳之後就消沉了。此外還有專講文學的，在清初有萬氏兄弟，在乾、嘉之際有章實齋，以

勢力過弱，未能演成學風。黃梨洲雖有史學特識，而學術宏博，不限於一派，其所以傳世的尤在於性理學與經世。

滿清帝國承明末王學空疏之後，學術界上遂發生一大反動。所以當帝國初年，一般學者力排王學，推尊程、朱，其學風乃由明以返於宋——即我們所說的第一派。反動潮流既起，迨後愈演愈劇，遂不可制止，於是有第二派學者產生，捨棄程、朱、陸、王而專講賈、馬、許、鄭，其學風又由宋以返於漢了。這一班學者，拋開了所謂微言大義，專從古代制度名物上做工夫，以懷疑的態度、科學的方法，把所有古代的經籍一一重新估價與整理，於是發現了許多偽品，理出了許多條理，而二千年來懷疑莫決、真偽難分的問題也由他們確實地解決。這種治學的工夫，直接成就了考證學業，間接給予後來研究學術者以不少的懷疑精神，懷疑不已，於是今文學者起，更由東漢以返於西漢，甚至由兩漢以返於周、秦，直達孔、孟的真面目，完全解除後世一切附會臆造的學說。如繭抽絲，層層向內，愈內愈解放，這是清代學者治學的方式。此所以梁氏以本期學術界運動的方式比之歐洲十四、十五世紀的文藝復興運動，是一種解放運動，並且是以復古為解放的運動。到末了，歐風東漸，國人思想漸漸改變，遂捨棄古董舊學而致力科學，這與本期性質完全不同，我們留待後一期另述。

本期學者有講學二十年的，有講學三十年的，甚至畢生從事於講學的，他們的治學途徑雖然不同，而多以教授為生，把他們列入教育家當可無愧。關於教育理論，以性理派學者發表最多，且有許多進步的貢獻，為前代性理學家所不及；其次則為古文派的學者。考證學派除了戴氏外，均無理論，而戴氏對於性理的解釋，特別出新而又近於情理，且超過宋、明以來一切性理學者的見解。今文學派以政治活動為職志，影響於教育界上的只在於他們的開闢的思想與革命的膽量，其餘可以從略

了。至於國家教育的傾向，重科舉而輕學校；及一般淺嚐之士捨棄一切
實學而日讀八股習小楷，以獵取「科第」，則較明代更甚。

本章參考書舉要

(1)《國朝先正事略》

(2)《漢學師承記》

(3)《清朝學案小志》

(4)《耆艾獻征錄》

(5)《清代學術概論》梁啟超

第三十七章　清代教育制度及其實況

第一節　概論

　　清朝的教育制度完全採取明朝的辦法，學校與科舉相輔而行。不過明朝初年對於學校教育看得特別重要，辦理也很嚴格，到中年以後，一般讀書的人們趨重在科舉，學校教育差不多等於具文，於是演成重視科舉而忽視學校的趨勢。這種趨勢直演到清朝二百多年而更屬害，所以學校教育之在清朝可說完全是一個具文。

　　滿清帝國雖包括五大民族，但他們的心目中只看到滿、蒙、漢三個民族較為重要，所以他們的教育政策亦多半注意在這三個民族上面。滿族立於統治者的地位，蒙族與他們接近，被認為同調的民族，所以他們對於這兩族的教育極力以保存國俗為宗旨，例如翻譯漢文為滿、蒙的語言，加重騎射的訓練，皆是提倡民族固有的精神的。[1] 對於漢族的教育完全以籠絡為政策，以養成御用的知識分子、聽從呼喚指使的官僚階級為宗旨。例如順治九年所頒發全國學校的一塊臥牌，在序文上有這樣幾句話：

　　朝廷建立學校，選取生員，免其丁糧，厚以廩膳，設學院、學道、學官以教之，各衙門官以禮相待，全要養成賢才以供朝廷之用。諸生當上報國恩，下立人品。

　　臥牌上的教規計有八條，第二條則曰：

　　生員立志，當學為忠臣清官。

　　但在消極方面，還要防止學生的反動，於是在臥牌第八條又規定這樣幾句：

　　生員不許糾黨多人，立盟結社，把持官府，武斷鄉曲；所作文字不

許妄行刊刻，違者聽提調官治罪。

　　《聖諭廣訓》，清雍正帝撰寫。是清代統治者頒布的一項重要的文化政策，也是維護帝王統治、教育百姓的重要手段。

　　這是多麼周密的防閒。到了康熙時，中原完全征服以後，乃施行一種柔化政策，又頒下聖諭十六條於各學校，無非提倡忠孝節義，教天下學子以敦本勵行的一番教訓（見後策三節）。這十六條聖諭，到雍正即位時，又特別申述了一道，謂之《聖諭廣訓》。這一部書，從此以後，就成了清朝的聖經，教育上訓練的標準，全國臣民思想的重心了。每逢歲科考試，學政必令生員敬謹默寫一道，看你們熟讀了沒有。每逢令節或其他機會，地方官吏必要對著軍民人等敬謹宣講一次，看你們遵守了沒有。[2] 這種強制的教育政策，與回教祖「左手捧經，右手拿刀」的辦法，毫無二樣，但是他們這種教育政策已征服不少柔弱的漢族了。

　　此期的學校，在中央有國子監，有宗學，有旗學。國子監一方為國家最高的學校行政機關，一方為大學生讀書的地方。宗學又分宗學及覺羅學二種，清廷貴冑學校以這為最高。旗學一類的學校種類很多，有設在中央的，有設在滿、蒙等處的，其中大小繁簡也不一致，大致為滿、蒙八旗及漢軍八旗子弟讀書的機關。以上宗學及旗學二類成一特殊系統，多不屬於國子監管轄。在地方學校分二級：第一級為府學及直隸州學，第二級為州學及衛學。但此不過就地方行政來分級，而學校本身全屬於中等性質，各不相屬，直接受本省的學政管轄，間接受中央的國子監管轄。此外還有地方的義學、社學及小學，有時關，有時開辦，毫沒定規，等於具文。

　　書院制度較明代稍覺普遍，且一律由政府接辦，由政府監督，差不多等於地方大學性質。此制起於五季之亂，歷八百多年至此而漸改形色了。科舉是清廷牢籠漢人的唯一妙計，完全因襲明朝的辦法，且較前代

提倡尤力，社會人士趨向尤重，其弊害也較大。關於教育行政機關，明、清兩朝差不多完全相同。在中央，主管學校的為國子監，主管科舉的為禮部。在地方，每省設一提學道，以提學使主持之。不過到雍正以後，地方制度殊有變更，即裁撤提學道，改提學使為提督學政，其性質在各省為客體，三年一任期，其地位與督撫對敵，較從前提學使的地位崇高多了。

第二節　國子監

國子監本是掌管全國學校的最高行政機關，可又是直接辦理大學的教育機關，以國立中央大學而兼教育部，明、清兩代大致相同。清代國子監自順治皇帝建都北京的第一年，即行成立，本節專就大學的性質來說，把它的內容分段敘述於下。

一　入學資格及手續

本學學生的資格全由地方各學學生考選進來。考選時，分貢生及監生二類，而貢生又分拔、副、優、歲、恩五貢。拔貢生每十二年考選一次，凡各學生員於歲科考試時，得過了兩次優等，而又文行兼優者，方有被選的資格。歲貢生大約每年選送一次，以各舉廩膳生員食餼年久的，依次送補。恩貢生沒有一定的歲期，凡國家遇到慶典吉事，特發恩旨，即以本年的歲貢作為恩貢生，貢入太學。優貢生亦無定期，或三年舉選一次，或五年一次，凡廩增二等生員於歲科考試得了最優等者，即可送到太學，謂之優貢生。以上四貢，全限於府、州、縣學生員，初選由各直省學政舉辦；取中後，造冊送到中央禮部，經過複試，果所選不

濫，才送到國子監，為太學生。副貢生每三年舉選一次，不經學政的手續，凡鄉試取得副榜的人員即貢送到國子監。不過這一等人被送到中央以後，還須經禮部複試一次，優者派官，次優者送學，這一點是與拔貢生相同的。監生又名優監生，與優貢生所經的手續完全相同，不過在原學資格為廩增上等者准做貢生，稱為優貢生；在原學資格為附學及附生二等者，準作監生，稱為優監生。太學生的資格除五貢一監外，另有功貢生、蔭監生及準貢生、準監生四種。凡地方各等人民有從軍得過功績的，他們的子弟不論學業，即可升入太學，謂之功貢生。凡家庭先輩有勳勞於國家的，子孫不必有生員的資格，按特例準做監生，謂之蔭監生。至於準貢及準監二種，更無生員的資格，乃是用金錢買得來的，謂之納粟貢、監。凡蔭監、準貢及準監等生，其目的只在取得太學生的資格，可以直接應鄉試，不必進到太學裡面讀書的。

二　名額

太學生總計人數若干，清代典章沒有顯明的規定，只有《大清會典·國子監》一欄裡面：

在學肄業者百五十六人，在外肄業赴學考課者百二十人。

這樣一句話。由這一句話，無論在學或在外，合計尚不到三百名，但我們不相信本期的太學生竟少到這步田地。我們再查〈學校〉一欄內，有這樣詳細的說明：除京師及盛京二處的八旗貢生特殊規定外，只就直省統計。全國十八直省合計一百八十四府，六十四州，十六廳，一百五十屬州，十屬廳，一三〇一個屬縣。拔貢生每府學選一人，每州縣學各選一人，再以十二平均，除去一、二等直接派官外，常年在校學生至少有一百名。歲貢生每府學選一人，每州學三歲選二人，縣學二歲

選一人，平均起來，至少有六百五十名。副貢、優貢及優監雖無定額，合計至少有一百五十名。至於八旗貢、監及順天府各縣學所選的貢、監，合計不下十名。總計起來，常年在學學生至少應有九百名，而國子監所說的數目何以三百人尚且不足？或者清朝政府原視學校為具文，不過照例設此一機關發給學位，以籠絡希求榮名的讀書分子罷了。若拿此數目以與明代比較，實在相差懸遠，由此可以觀察兩代學校教育之趨勢。

三　編制及課程

太學編制分為六堂，即率性、修道、誠心、正義、崇志及廣業。每堂設助教一人，學正一人，擔任教課事宜。此是完全抄於明朝的，但辦法尚不及以前的詳備。至於課程，則仿宋朝安定的辦法，分經義及治事二科。經義科以御纂經說為主要教材，兼教諸家的學術。治事科教兵刑、天官、河渠、樂律一類的材料。每生各習一項，務求綜晰其源流，詳論其得失。修業期限，分坐監實際的日數，與共計修學日數，坐監實際的日數以各生原來資格的高下定為短長，例如恩貢生須坐監六個月，歲貢生坐監八個月，選拔貢生內如是廩膳生者坐監十四個月，如是增附生者坐監十六個月，其他等級尚多。合計實際坐監及在外日數，大約以積滿三十六個月為畢業期間。但貢生積滿了十四個月，監生積滿了二十四個月，如有願就儒學的教職及州縣的佐貳者，准由監移送吏部，分班考選。在監修滿三十六個月以後，大概經一番畢業試驗，取中前列的，即時保薦錄用，次等的冊送移吏部候補。如未曾修滿三十六個月，而又不願就教職的，遇了鄉試之年，可隨同舉人在順天府應鄉試。

四　教授及考課

　　在太學直接擔任教課的，有博士、助教、學正、學錄等教官。有講書、覆書、上書、覆背諸課，內容不外四書五經、《性理》及《通鑑》等書，每月舉行三次。祭酒、司業則於每月朔望兩日舉行釋奠以後，則各升堂講經一次。平日則由助教、學正、學錄課以制義——八股文及策論。除此以外，凡監生每日務必練習楷書六百字以上，且須端楷有體。

　　考課分月考與季考：月考一月舉行一次，由司業主試；季考三月舉行一次，由祭酒主試。凡月考列在一等者給與成績一分，列在二等者給與半分，以下無分。但如有「五經兼貫，全史精熟，或善摩鐘、王諸帖」者，雖作文不及格，亦准給予一分。在一年之內，積滿八分者為及格，但名數每年不得過十人。及格以後，由監按照原有資格分別咨送吏部，在吏部歷滿考職後，按照成績分別補用。在一年之內，如積分不及格而願留監再學者，得聽其自便。

五 管理及待遇

　　滿清政府對於學生管理極嚴，與明朝相同。在順治初年，即頒發國子監的規制十八條，除考課教授及修學期限已述於上外，對於謁廟典禮及師生相見典禮也有規定，對於給假及防止學生越軌行動也有規定。茲扼要抄錄數條如下：

　　（一）祭酒、司業職在總理監務，嚴立規矩，表率屬員，模範後進。

　　（一）監丞職在繩愆，凡教官怠於師訓，監生有戾規矩，並課業不精，悉從糾舉懲治。

（一）博士、助教、學正、學錄職在教誨，務須嚴立課程，用心講解，如或怠惰致監生有戾學規者，堂上官舉覺罰治。

（一）監生入監後，遇有省親、定婚及同居伯、叔、兄長喪而無子者，許告假歸里，立限給以假票，違曠，本監行文提取計日倍罰。

（一）監生有不守監規，及挾制師長、出入衙門、包攬錢糧等事，按律治罪。

滿清國子監即明朝國子監的舊所，原有號房五百二十一間，凡監生均可在監寄宿，凡膳食、文具均由政府供給，亦與明朝大致相同，但待士之優厚與明廷比較相差很多。

第三節　地方學校

一　學校類別

滿清帝國直轄的領土，包括中國本部、滿洲全部內外蒙古及青海、新疆、西藏等地，比較明代差不多大了一倍。地方行政區劃也分兩類：我們以中國本部及滿洲一部分為第一類，以其他的地方為第二類。第一類的行政分為參互的四級：最高級為直省，以下為道，道以下為府及直隸州，府及直隸州以下為屬州及屬縣。但學校區劃只有下層的二級，而省與道二級則不設學校，在府稱府學，在州稱州學，在縣稱縣學，總名曰「儒學」。此二級三類的儒學，不相統屬，其性質與近代中等學校相似。在省、道之州六十四，有直隸廳十六，有屬州一百五十，有屬廳十，有屬縣一三〇一，每一治地設儒學一所，統計共有儒學一千七百二十五所，比較明代不相上下。但省會地方雖不設學，確有書院，到中葉以後，道亦設書院，於是書院遍天下，而儒學反寂然不足輕重了。

二 名額及資格

　　各學學生資格別為三等，初次考進去的日附學生員，進學以後由附生補為增廣生員，再由增生補為廩膳生員。士子未曾進學以前，稱為童生。每次錄取生員的名數隨各地情形不等，但每次皆有定額。京師地方，滿、蒙二族共定為六十名，漢軍三十名。盛京地方，滿、蒙二族共定為十一名，漢軍八名。直隸省的順天府所屬大興、宛平二縣縣學，均定為二十五名；直隸省的其餘各府府學，定額二十三名。大州州學及大縣縣學與府學名額相同。其次州、次縣的儒學又分三等：大學十八名，中學十五名，小學十名。江南、浙江二省的府學均定額二十五名，大州、大縣名額相同。其次州、次縣的儒學亦分三等：大學二十名，中學十六名，小學十二名。其餘各直省所屬府學及大州州學大縣縣學，均定額二十名，其次州、次縣亦分三等：大學十五名，中學十二名，小學八名。全國有儒學一千七百二十五所，每所平均十六名，合計有生員二萬七千六百名，加上南京學生一〇九名，總計全國地方生員約有二萬七千七百名之譜，以與明代比較差不多短少二倍。至於廩、增二等生員的名額也有規定：京師地方滿、蒙二族共為六十名，漢軍三十名；盛京地方，滿、蒙二族共六名，漢軍三名；各直省府學定額四十名，州學三十名，縣學二十名，衛學十名。以上定額，凡廩、增二等人數相同。此外各府、州、縣另有武學生員，附屬於儒學內，仍由學政監管，名額不定。

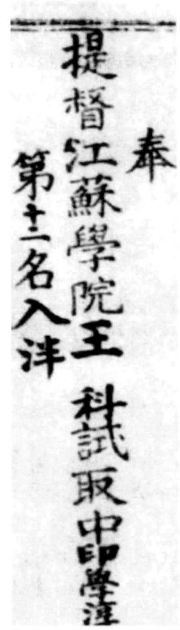

清代童生的入學報條

三　入學手續

　　凡童生入學，經過三次考試：初次由本州或本縣的長官考錄，冊送到上轄之府或直隸州；再由府或直隸州的長官考錄，冊送到本省學政；最後由學政於歲、科二試時考錄優秀若干名，送入儒學，謂之附學生員。這是就各直省所屬說的，至於兩京的滿、蒙二族及漢軍各旗，則由本旗佐領考錄，冊送到學政複試；順慶府所屬大興、宛平二縣，由知縣考錄，冊送知府，轉送學政複試。由學政考取以後，才有入學的資格，俗呼「秀才」，這一次歲、科俗名「小試」，等於現今之入學試驗。關於童生入學試驗的內容，頭場考試書藝二道，二場考試書藝一道及論一道，論題以《孝經》或《小學》為範圍，書藝即八股文。但考取滿洲生員，則以騎射為主，意在保持他們固有的國俗。

四　教材及考課

　　地方儒學所規定教材，據《大清會典》所載，為「《御纂經解性理》、《詩》、《古文辭》及《校訂十三經》、《二十二史》、《三通》等書」。據《皇朝文獻通考》所載為：「《四子書》、《五經》、《性理大全》、《資治通鑒綱目》、《大學衍義》、《歷代名臣奏議》、《文章正宗》等書」。前者是大部書，後者是小部書，總之不外儒家學術，宋、明學說一系的材料。這些書，由政府頒行於各直省儒學，並許書賈刻板流行。「若非聖賢之書，一家之言，不立於學官者，士子不得誦習。」（《大清通典》）至於淫詞小說，他們認為有傷風化，不但不准士子誦習，即坊肆刊行或民間流藏，也須一律查禁。諸生自初次取中以後，雖名曰入學，實際不留學肄

業，不過於相當時期應應考課就是了。此項考課，分二種：一為歲考，一年一舉行；一為科考，間歲一舉行，皆由中央所委派之學政主試。歲考的內容，為書藝二道，經藝一道，若在冬日則減試書藝一道。科考的內容，為書藝、經藝及時務策各一道。歲考等於現今學年考試，試卷分為若干等級，列入優等的則有獎賞，如附生補增生，增生補廩生；列入劣等的則依次遞降。最優的或入學食廩最久的，則升入中央太學，如拔貢、優貢之類。科考等於現今畢業考試，試卷亦分若干等，列入優等的則許以應鄉試的資格，但科考也有分等給獎的。至試卷的內容，字須正楷，文須模仿聖賢的語氣，如代古人說話一樣，理解要清晰，格律要雅正，否則不取。

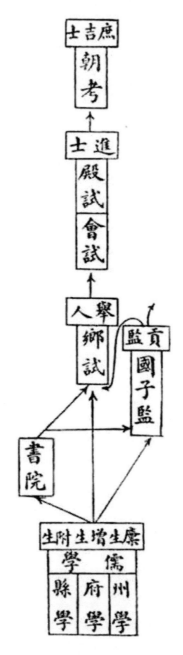

清代學制系統圖

五 待遇及升格

　　清朝對於學生的待遇，比較明朝相差得多，除升格以外，只有補給廩膳一種。至於地方儒學生員的升格，也是仿照明朝的辦法，但又複雜一點。綜計升格有三條路：一是住書院，二是貢成均，三是應鄉試。貢成均即升入中央太學，又別為五類，再加以說明。凡府、州、縣三學統稱儒學，為國家教育的最低級，亦為最基本的一級。由此出身，可以住書院，可以升太學，可以應鄉試。書院不算一級，等於一種補習學校性質，所以沒有學位，其升太學或應鄉試，與儒學同。國子監雖屬大學性質，須有儒學生員優等資格方能應選，但遇鄉試之年仍與儒學生員一律應鄉試。唯由鄉試到會試而殿試，得選後，其資格才最高。除書院外，每一級一系，皆賞給學位，以資獎勵。但此數種並非一條直系，乃各自成系統，不過自國子監及書院以下，皆屬學校性質，自鄉試以上才是科舉性質。

六 學規

　　滿清政府對於漢族的教育，以養成「忠臣清官」為宗旨，前已敘述過了。他們對於地方儒學的學規，亦不外乎這一意義。茲將雍正九年所頒的臥牌及康熙三十九年所頒的聖諭十六條，抄寫在下面：

　　（一）臥牌文八條：（1）生員之家，父母賢智者，子當受教；父母愚魯或有為非者，子既讀書明理，當再三懇告，使父母不陷於危亡。（2）生員立志當學為忠臣清官。（3）生員居心忠厚正直，讀書方有實用，出仕必作良吏。（4）生員不可干求官長，交結勢要，希圖進身。（5）

生員當愛身忍性，凡有司官衙門，不可輕入。（6）為學當尊敬先生，若講說皆須誠心聽受。如有未明，從容再問，毋妄行辯難。為師亦當盡心教訓，勿致怠忽。（7）軍民一切利病，不許生員上書陳言，如有一言建白，以違制論。（8）生員不許糾黨多人，立盟結社，把持官府，武斷鄉曲，所作文字不許妄行刊刻，違者聽提調官治罪。

　　（二）聖諭十六條：（1）敦孝弟以重人倫，（2）篤宗族以昭雍睦，（3）和鄉黨以息爭訟，（4）重農桑以足衣食，（5）尚節儉以惜財用，（6）隆學校以端士習，（7）黜異端以崇正學，（8）講法律以儆愚頑，（9）明禮讓以厚風俗，（10）務本業以定民志，（11）訓子弟以禁非為，（12）息誣告以全良善，（13）戒窩逃以免株連，（14）完錢糧以省催科，（15）聯保甲以弭盜賊，（16）解仇忿以重生命。

第四節　其他學校

　　除以上中央國子監及地方各儒學外，還有學校三類：一為宗學，二為旗學，三為各種特殊學校。其中辦法，為清廷的特異，茲略一說明於下。

一　宗學

　　此類學校一望而知其為宗室貴族子弟讀書的地方。但清室皇族姓覺羅氏，於宗學外還有覺羅學，乃貴族中之貴族者。此兩學之內容為：

　　（1）宗學。此學開辦於順治九年，到雍正二年始有較詳細的學制。凡王、貝勒、貝子、公、將軍及閒散宗室子弟，如年齡在十歲以上十八歲以下，皆可送進去讀書。但如年齡已超過十八歲，而平日已經讀過了

書的貴族子弟，亦有入學的資格。校址在京師左右兩翼官房，每翼立一滿學、一漢學，共有宗學四所。每學派王公一人為總管，其下設正教長一人，教長八人，皆以宗室中行尊年長者充當。再下設教習若干人，直接擔住教課事宜。課程分三科：一為清書，每學有清書教習二人；二為漢書，每學十人有漢書教習一人；三為騎射，每學設騎射教習二人。考課分月考與季考兩種：月考每月舉行一次，分別等第，申報註冊；季考於春秋二季由宗人府來人親與主試。每月所用文具及冬夏冰炭等物，均由學校供給。修學以三年為期，期滿及格，分別引見皇帝錄用。此學屬於宗人府，一切獎懲大權均由該府執行。

（2）覺羅學。當初只有宗學，皇族子孫一律與其他宗室子孫同入一學。到後來，他們以皇族子孫逐年增加，勢難兼容，乃於雍正七年於宗學外，又創辦一種專為皇族子孫讀書的覺羅學。入學年齡與宗學大致相同，課程亦分清書、漢書及騎射三科。每旗設滿、漢學各一所，每學設統管一人，由王公充當；副管二人，由覺羅中的老成練達、品行端方者充當。其下設清書教習一人，騎射教習一人，漢書教習每學學生十人設一人。待遇與宗學同。此學初僅設在京師地方，到乾隆二年於盛京地方也設立起來了。

二　旗學

旗學即八旗學校，名目很多，有八旗官學、八旗義學、景山官學、咸安宮官學、盛京官學、黑龍江官學、八旗蒙古唐古特官學等等。其中辦法很簡單，彼此相差不多，我們只舉出二、三種說說就夠了。

（1）八旗官學。京師八旗分為四處，每處設官學一所，專教親貴以外的八旗子弟。創辦於順治元年，到康熙時才規定生員名額，滿族、蒙

古各四十名，漢軍生員由四十名，減為二十名。（按：此學名額是根據《皇朝文獻通考》所載，與《大清會典》頗有出入。）課程與宗學大致相同，不過此學屬國子監管轄，故每十日須赴監考課一次。春秋二季特重騎射，每五日演習一次。雍正二年，於本學外又添設八旗蒙古官學，每旗設立一所，專教蒙古語言。

《聖武記》書影
這是清代鑲白旗官學教材。

（2）八旗學堂。本學近於半官立性質，似為八旗貧苦子弟讀書之所。八旗分左右兩翼，每翼各於公所內設立學堂二所，一漢學，一滿學。漢學設漢書教習二員，滿學設滿書教習二員，聽八旗貧苦子弟的志願自由選入。

（3）八旗義學、景山官學、咸安宮官學此等學校的辦法，與宗學大致相同。其中設滿、漢教習若干人，以進士、舉人及恩拔副貢生充當。修業期限定為三年，期滿得分別錄用。

三　算法館及鄂羅斯學館

此處所謂特殊，是與當時一般學校內容的特殊，不是近代所謂的特殊學校。茲舉算法館及鄂羅斯學二種為例。

（1）算法館。這是清代研究自然科學的唯一學校，隸屬於國子監。但內容簡單，僅設漢助教一人，專司教課，學生名額沒有明文規定，可以想見當時人們對於科學的興趣。

鄂羅斯，即俄羅斯。

（2）鄂羅斯學館。此學也隸國子監，專教鄂羅斯子弟的。內容也極簡單，只設滿、漢助教各一人，分任教課。清代國外派遣學生來國留學的，據典章所載只有琉球一國，至於安南、朝鮮與中國差不多同文同種，子弟來學是一件普通的事，所以未曾特書。至於特為俄羅斯設立一學，專教他們的子弟，則可以想見清初中、俄關係之密切。

第五節　書院

　　書院之在清代初年，並不注重，到中葉以後，才逐漸趨重起來。不過本期的書院性質，與以前不同：在宋、元、明三代，書院多由名儒學者私人設立，政府不過從旁加以獎勵與維持；在清代，則成為完全官立的教育機關。我們只看乾隆元年所詔各省整飭書院的一段話，便可以知道它的性質：

　　　書院之制所以導進人才，廣學校所不及。我世宗憲皇帝命設之省會，發帑金以資膏火，恩意至渥也。古者鄉學之秀始升於國，然其時諸侯之國皆有學。今府、州、縣學並建，而無遞升之法，國子監雖設於京，而道裡遼遠，四方之士不能胥會，則書院即古侯國之學也。

　　由這一段話看來，當時書院似相當於省立高等學校或大學，為本省各儒學生員升學的機關。其實不然，因為書院不給學位，住過了書院的生員與沒有住過的生員同樣可以應鄉試，同樣可以貢成均，我以為不過是一種補習機關。但當初一省只有一所，設立在省會，到後來書院遍設於全國，一省往往有數所之多，於是有省書院及道書院等名目。其中所聘教習，皆地方名儒碩學；平日有官課、有私課，辦理較為認真，成績亦日著。於是各府、州、縣學生皆願進書院讀書，書院變成教育士子的學校，而原有之儒學則名存實亡，僅為春秋二季祀孔時一個釋奠習禮之地了。

第六節　科舉

一　緒言

　　清代科舉以國家情形複雜，故科名也較明代複雜。我們可別為三類：第一為特科，第二為常科，第三為翻譯科。特科如山林隱逸科、博學鴻詞科及經濟特科，大半在網羅明末遺老以消滅他們恢復故國的思想所特設的。此類不限一定的程序，亦沒有定期，舉行的次數也很少。翻譯科意在提倡滿洲、蒙古文字，藉以保存他們的國俗，這是滿洲統治階級所特有的，其程序確與常科同，但只限於特別情形。清代科舉所最重要而最普通的，仍是常科一類。此類又分文科、武科兩種，所以表示文武並重。[3] 但在事實上還是右文左武，也是積習使然，到末了武科更屬無用，所以取消時較文科為早。茲先敘常科，後敘翻譯科，特科從略。

二　常科之手續

　　清代常科手續差不多與明代完全相同。考試時也是分三步：第一日鄉試，舉行於順天府及各直省；第二日會試，舉行於京師；第三日殿試，舉行於天子殿廷。三年舉行一次，舉行的年月，應試者的資格，及獎給中式的學位，與明代初無二樣。殿試放榜以後，還是有朝考考選庶吉士及入館讀書，也是一樣。不過有兩點與明代不同的：（1）明代鄉試有「充場儒生」一例，清代則非儒學生員不能應試。（2）國子監的貢、監生在明代地位較高，可以直接應會試，但在清朝只能與生員一律應鄉試了而後應會試。

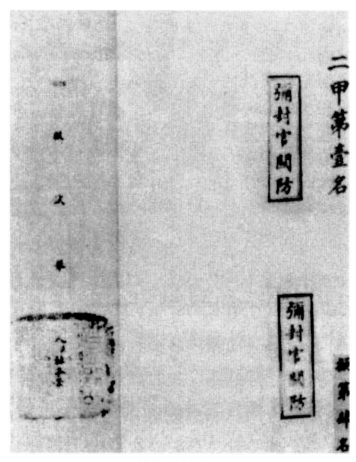

清代殿試卷封面

三　常科之內容

　　鄉、會兩試一律分為三場。每場考試的內容，不僅順治與乾隆兩時不同，即《皇朝通典》、《通考》及《大清會要》三書所載亦有不同。我們若是根據《會要》所載，則鄉會試第一場試書藝三道、論一道，第二場試經藝四道、五言八韻排律一首，第三場試時務策一道。舉子平日可

以自由選修，各占一經，考試經藝則按照本經出題。對於解經的標準，《四書》以朱子《集注》，《易經》以程、朱二《傳》，《詩經》以朱子《集傳》，《書經》以蔡氏《傳》，《春秋》以胡氏《傳》，《禮記》以陳澔《集說》為主。由這一點看來，可知清廷教育完全以宋儒學說——尤其以程、朱學說為標準。鄉、會試試驗律詩，始於乾隆二十年。按順治年間的規定，鄉、會試第二場有判五道，詔誥表內科一道，沒有律詩——這是清代科舉的一小小變更。殿試寸由天子御製策問，令貢士條舉以對，試目較為簡單。總之凡三試，關於經書文以雅正為佳，關於詩的作品以清華為尚，關於策對以切實為主。

武科鄉、會試的年月，與文科完全一致——鄉試定於子午卯酉年，會試定於辰戌丑未年。不過考試的內容大有不同：分術科與學科兩類，尤以術科為主，第一、第二場考試術科，第三場考試學科。第一場術科試騎射，第二場試步射。學科試論二道，試策一道。論題一道以《論語》、《孟子》為範圍，一道以《孫子》、《吳子》及《司馬法》為範圍。

四　翻譯科

清廷除常科外，對於八旗滿、蒙子弟另有一種鼓勵的辦法，即如能將漢文譯成滿文或蒙古文者，一律給以秀才、舉人及進士等名號，與常科同。我們無以取名，因名曰翻譯科。每三年之內，考取秀才二次，舉人一次，進士一次。考試翻譯秀才的內容，滿洲人初試馬步箭，正式試驗則譯《四書直解》三百字為滿文；蒙古人不試術科，只將清字日講四書限三百字，譯成蒙文。翻譯滿文的鄉、會試仍分三場：第一場將《四書釋義》、《易經解義》、《性理精義》、《孝經衍義》、《大學衍義》、《古文淵鑒》、《資治綱目》等書限二百字內出題三道，譯成滿文；二場由漢主

考官或判論或表策，自擬二篇，令舉子翻譯；三場翻譯於入場後，取現到通本一道為題。但開始照例必考試馬步箭，方准入場。翻譯蒙古文的鄉、會試較為簡單，第一題翻譯清字日講四書三百字，第二題翻譯清字奏疏一道。總之滿洲翻譯科是譯漢文為滿文，蒙古翻譯科是譯滿文為蒙文。兩科鄉、會試均合為一闈，一在東文場考試，一在西文場考試，而出榜時也是一榜張掛。此翻譯科只是滿清政府的一種特殊科舉，其內容仍不脫離宋儒學術以外，則知清廷之推崇程、朱已由手段而變為目的了。

第七節　結論

　　清代教育以科舉為重，全國知識分子——無論士族的或庶民的——莫不趨向於科舉一途，地方儒學不過為「科舉入門」——取得應科舉的資格罷了，可說是科舉的初步。儒學既等於具文，平日不負實際教育的責任，那麼在未入學以前的一段教育怎麼辦呢？這一段教育完全由民間自由處理，政府毫不過問。所謂由民間自由處理，即是由有子弟的父兄自由選擇良師，教育他們的子弟，名曰「私館」。富貴之家，私館即設在他們的家庭裡面，一家聘請一教師；貧寒之家，則聯合一村或數村開設一私館，聘請教師來教，或由教師自開私館，合附近子弟自由來學。此項私館分兩級：低級是專教兒童的，又名「私塾」；高級是專教成人的，又名「經館」。

　　私塾中的課程分讀書及習字二類：讀書以《三字經》、《千字文》及《四書》等書為教材，而以《三字經》為最初入門人人必讀的一本書；若是女生，則讀《女兒經》。兒童年齡稍大一點，或將以上各書都讀過了，預備將來加入士族階級，則加讀五經及《千家詩》；不預備加入士族階級，只求為一稍識字的庶民，則加讀《幼學》及各種實用雜字。習字最

先寫「上大人」，其次寫「六十花甲」，或「五言絕句」，其次則寫「百家姓」。兒童初入私塾，由教師用硃筆開一紅影本，教兒童執筆在上填黑；迨後則用墨筆開黑影本，令他們以白紙蒙上，照樣寫就。教法只有課讀與背讀兩樣，講解時很少。每日上午讀書一次，下午讀書一次，中午時每日寫字紙一張。此項私塾的兒童，多半走讀，寄宿的很少。其師資不過地方粗識字義的自由農民，還沒有走上士族階級一途，只借此為生活而已。修學的長短，隨兒童家長的志願，教師沒有限制的權利。在一年之內，分三個學期，或五個學期，放假大概在清明、端陽、重陽等節氣前後。

至於經館，則地位大不同了。師資至少在秀才以上，或地方的碩學經師，差不多他們都是已經列入士族階級了的知識分子或豪紳。學生則由兒童而入於成人時期，年齡有至三十歲以上不等。他們入館讀書大概是預備將來投考儒學、從事科舉的，或投考失敗而再來補習的。其中課程分讀書、講書兩類：如五經、《古文觀止》及選印《墨卷》等書，皆須讀熟成誦的；如《四書味根錄》、《五經合纂大成》、《御批通鑒輯覽》及其他詩文，是由教師講解的。他們沒有習字，以作文代習字，作文不外練習「制義」，即八股。作文的時間，大概每月六篇，每逢三七日須作文一篇，但亦不定。此項經館學生，少則七、八名，多至二、三十名。他們都是成年人，他們皆是將來的士族階級，而經師已為士族階級了，所以他們在社會上很有一點勢力。經館在一地方，形成了一個土豪劣紳的集團，他們除了讀書之外，即實演其豪紳的行為——包攬詞訟，欺壓民眾，一切作奸犯科的事情，他們都做得出來。所以某地有了經館，不是該地方的幸福，實是該地方的災害。經館的修業無限期，聽任學生自由出入，或三年五年，甚至一年半載，也可以走的。在一年之內，分三個學期，或兩個學期，大概隨各地方習慣去定。

以上種種情形，卻不限於清朝一代，我想自有科舉以來，即有同樣的罪惡，不過以前史書記載缺乏，而清代尚可從故老口中探求出來。國家實際上所負的教育責任，只有書院一種。清代書院的性質，即等於前代學校的性質。國子監初雖規定坐監月數，到後來也只是具文。

本章參考書舉要

（1）《大清會典》

（2）《大清通禮》

（3）《皇朝通典》

（4）《皇朝文獻通考》

---

[1] 《大清文獻通考・學校考・宗學》順治十一年諭宗人府：「朕思習漢書、入漢俗，漸忘我滿清舊制。前準宗人府、禮部所請，設立宗學，令宗室子弟讀書其內，因派員教習滿語，其原習漢語各聽其便。今思既習滿語，即可將翻譯各項書觀玩，著永停其習漢字諸書。」又《選舉考》二：「康熙二十八年，奉諭旨：滿洲以騎射為本，原不礙讀書考試學人進士亦令騎射，倘將不堪者取中，監箭官及中式人一併從重治罪。旋經奏準，奉天八旗考試亦如之。」

[2] 《學部奏咨輯要・奏編國文必讀課本分別試行折》：「伏維我聖祖仁皇帝御製聖諭十六條，我世宗憲皇帝御製《聖諭廣訓》，先後頒行天下，凡士子歲科試敬謹默寫，著在令甲，久經遵行，而地方官吏敬謹宣講，以曉軍民，亦復垂為故事。」

[3] 《皇朝通志》卷七十二：「國家選舉人材共襄治理，文武尤宜並用。今科中式武舉應照文進士例，一體殿試，朕將親行閱視。」

第三十八章　清代教育家及其學說（一）

第一節　概論

本章所舉教育家五人，除陸稼書一人完全為清代學者外，其餘都沒有臣服過清廷，可以說是明末的遺民。但他們皆是性理學派，他們的學說影響於清初的力量較大，又皆及見清廷第二代帝王康熙大帝而後死，所以我們敘述清代的教育家，以他們五人為首。此五人中，又可分成兩派：孫夏峰與李二曲二人，是折中於朱、王兩家之間的，他們的學說含著明末思想的成分很豐富，所以排在最先；張楊園、陸桴亭及陸稼書三人是反對陽明，崇拜程、朱的，到了稼書反王尊朱的旗幟尤為鮮明，已經在攻擊明學以回覆宋學之舊了，所以排在次首。至於這班人的教育主張之特點：

（1）一律提倡實學，要從人倫日用上切實做工夫，不尚空談，不主浮誇。

（2）多半注意到兒童教育，以兒童教育為成人教育的基礎，要成就一個良好人才，及培養良好風俗，務必自教育兒童始。

（3）對於教法及讀書法，也有相當的注意。

（4）尤其是桴亭對於小學教育與大學教育的理論，及讀書的主張，處處有價值，足以打破歷來學者抄襲陳舊的煩悶，令吾人讀了耳目一新——足為本章的特色。其餘關於教育宗旨及性論等項，所論不多，亦極平常，不過因襲前人的說話而已。

第二節　孫夏峰（西元 1584 年—西元 1675 年）

一　生活小史

　　孫氏生於明萬曆十二年，死於清康熙十四年，享有九十二歲的高齡。假使他在六十一歲時便死，那完全為明朝的人物，乃鼎革以後又活了三十一歲。他的思想是融和考亭與姚江為一的，且近於甘泉一派，恰恰是明末思想界的產品。不過他的教育生活影響於清朝初年很大，凡清初的北方學者，差不多大半受其洗禮，我們援江漢之例，所以列入清初教育家第一人。

　　孫氏名奇逢，字啟泰，號鐘元，是河北容城縣人。燕、趙地勢高亢，往往產生慷慨悲歌之士。先生少年尚節義，喜任俠，或亦北方之強者。他的祖父兩代皆取得科名，列入士族階級；他有昆仲四人，兩兄一弟皆為邑庠生，己則於十七歲時領得鄉薦。他們雖不很闊綽，總算是容城裡較大的士紳家族，因此得與鹿伯順論交，得與左、魏諸公為友，無形中受了他們忠義之氣的感化，所以能夠成就他這一副急公仗義的身手。當熹宗天啟五、六年間，魏閹亂政，先生年已四十一歲，乃冒大危險，舉幡擊鼓，以營救左、魏諸公，義聲震於海內。哪知後來折節為理學，氣質一變而為極和氣、極平易的教育家了。其實先生自二十八歲以後，就開始研究理學，而氣質的變易則在四、五十歲以後。初年篤守程、朱學說，迨後才傾向陽明學，這個傾向也是受了鹿伯順的影響，因為鹿氏是信仰陽明的。先生自四十歲以後，名聲早已鵲起，明廷屢次請他出山任事，他總不肯出；到了清朝，也是屢請不出，綜計前後共徵十一次，而他終守清貧，做一個自甘淡泊的教育家，所以時人皆稱他為「徵君」。

先生講學生活，自二十九歲起，到老死為止，綜計六十餘年。在京師講學二次：一自二十九歲至三十二歲，約五年；一自三十八歲至三十九歲，約二年。在易州、雙峰及百樓間，往來講學，共六年，自五十五歲至六十歲。到了晚年，六十七歲時，慕蘇門百泉的勝景，又遷到夏峰，隱居講學了二十五年。除此以外，或在故里，或在江村，往來講學，約計二十餘年。雙峰地勢可以避盜賊，先生因明末盜賊蜂起，來此避亂，一方守禦，一方講習，自此門人反日益多了。[1] 夏峰在河南輝縣有田廬數頃，是衛河使馬玉筍贈與的。先生晚年得此機遇，遂為終老之計，率子弟躬耕，而自己則講誦不倦。有親友來從游時，他亦給田他們耕耘，不數年此地遂成一小小村鎮。清初理學家而兼名臣的湯潛庵，就是在此時從學於先生的，夏峰先生的稱號也是此故。「其持身務自刻砥，與人無町畦。有同學者，隨其高下淺深，必開以性之所近，使自立於庸行。上自公卿大夫，及野人牧豎，工商隸圉，武夫悍卒，一以誠意接之；因此名在天下，而人無忌嫉者。山中花放，鄰村爭置酒相邀，咸知愛敬。」這是江元度編先生事略所稱先生的一段話，我們由此可以想見此老之為人，及晚年的生活一斑。至其求學的精神，到老不倦，且隨年齡而加進。嘗自述：「七十歲工夫較六十而密，八十工夫較七十而密，九十工夫較八十而密」（本傳），氣魄之壯確是超人一等。

二　教育要旨

夏峰《教子家訓》有這樣一句話：「古人讀書取科第，猶第二事，全為明道理做好人。」「明道理做好人」六個字，恐怕就是他的教育宗旨。好人是什麼樣的人？自低一層說，做到忠厚和平循循規矩的士紳階級，便是好人。我們只讀他的《孝友堂家規》及《教子家訓》兩篇言論，即

可以看得出來。自高一層說，好人就是聖人，請看他在四書近指序上開首的一段話：

　　或問「學何為也哉？」曰：「學為聖人而已。」曰：「聖人可學而能乎？」曰：「可。孟子曰：『乃所願，則學孔子也。』」曰：「仲尼日月也，猶天不可階而升也，烏能學？」曰：「日在天之上，心在人之中，天與日月不可學，亦學吾之心而已。心以天地萬物為體，欲在日用飲食之間，故曰不離日用常行內，直造先天未畫前，盡心知性以知天，而聖人之能事畢矣。」

　　人心即天地之心，愚民與聖人莫不相同。不過聖人天理常存，能盡此心；愚民多半被物慾充塞，不能盡此心。假令吾人能夠明得道理，就可以盡心知性；能夠盡心知性，就可以知天，就可以與天通，就可以學到聖人。「故為天地立心，為生民立命者，聖賢之事也。」（《語錄》）

　　吾人雖渺小，而此身關係很重，「前有千古，以身為承；後有千古，以身為垂」（《語錄》）。此身既然有這樣重的關係，所以教育為必要。受了教育才能擴大吾人之身，在空間能與天地萬物合為一體，在時間能與上下古今聯為一氣，做到第一等人，才不愧天地父母生我一場。且退一步說，要扶持名教，有益於社會，也須教育造就一班好人。再退一步說，要回覆個人的善性，矯正不好的習氣，也須借教育的力量。其實三種功用只是一種，把他在九十一歲時答門人的一段話來證明：「學問原是全體大用、一了百當之道，學者只從事於此一事，更無不盡。所謂一事者，復性而已。」（《年譜》）但教育雖為必要，而兒童教育尤關重要，因為吾人一生之為好為壞，全在兒童時期所受的教育如何。且兒童初生，原來本好，因得不到好的教育，所以學壞了。他教誨他的孫子說：

　　孩提知愛，稍長知敬，此性生之良也。知識開而習操其權，性失初矣。古人重蒙養，正以慎所習，使不漓其性耳。今日孫子轉盼便皆長

成。此日蒙養不端，待習慣成性，始思補救，難矣。(《家訓》)

爾等未離孩提稍長之時，正在知愛知敬之日。為兄者宜愛其弟，為弟者爾愛其兄，大家和睦，敬聽師言，行走語笑，各循規矩。程明道謂灑掃應對皆精義入神之事，莫謂此等為細事也。聖功全在蒙養，從來大儒都於童稚時定終身之品，爾等勉之！(《家訓》)

關於教人的方法，孫氏採取兩種——誘掖與磨煉。對於初學的人，施行誘掖法，「但據現在一念，多方接引，絕不苛求，如孔子成就互鄉童子，孟子引齊宣王」之類。對於學力較深的人，則施行磨煉法，「通照其平時細加簡點，毫不假借，如孔子成就及門諸弟子，孟子謂樂正子徒哺啜之類」(《語錄》)。

三　修為論

修為論就是討論做人的工夫，也可以說是求學的工夫。夏峰對於這個工夫講論的很多，約之不外「隨時隨處體認天理」八個字。這八個字的表面雖與湛甘泉所舉相同，但闡發意蘊的地方，不盡相同。我們先將夏峰的原文引兩段出來，再加以解釋。他說：

問「學下手處」。曰：「日用食息每舉一念，行一事，接一言，不可有違天理、拂人情處，便是學問。隨時隨處體認此心此理，人生只有這一件，所謂必有事也。」(《語錄》)

學人用功，莫侈言千古，遠談當世，吃緊處只要不虛當下一日。自子而亥，時雖不多，然事物之應酬，念慮之起滅，亦至變矣。能實實省察，有不處非道富貴之心，有不去非道貧賤之心，常常不放，則自朔而晦，而春而冬，自少而老，總此日之積也。一日用力而力足一日，一日不用力而心放矣。澄心靜觀，自子而亥，至者幾時，放者幾時，此際戒

懼之功，豈容他人著力。(《語錄》)

由這兩段看來，可謂發揮盡至了。所謂「隨時」就是當下一日，「隨處」就是眼前一著，「體認天理」就是切實省察自己的行為，以求無違天理與拂人情之處。在當下一日的眼前一著，打點清楚，不使有絲毫放肆，不使有絲毫不合於天理人情。但這種工夫，不是靜的觀察，是動的體認，是要從「日用食息」上面切實體驗出來。在日用食息上隨時隨處用力，終身行之而不懈，這才是夏峰的修為工夫。若是離開了日用食息，或是侈言千古、遠談當世，或是悠悠忽忽、空言一貫，皆與夏峰的意旨不合。這種工夫，尚實際不尚理想，重躬行不重口說。理想雖高，口說雖巧，而未曾躬行實踐過，就不是實在的學問，所成就的人才就非有用之才。「古人吃飯著衣，便是盡性至命。吾人談天論地，總非行己立身！」(〈勵學文〉) 這兩句話，便足以概括他的修為主義。

第三節　李二曲（西元 1627 年—？）

一　生活小史

> 盩厔，今作周至。

李二曲名顒，字孚中，是明末的遺民，是清初的大儒，是學兼朱、王的一位教育家。他以明天啟七年生於陝西盩厔縣，十六歲就死了父親（父名從信，以壯武從軍為材官，於崇禎十五年討賊殉難於河南襄城），家境貧寒，母子二人生活且難維持。是時二曲只粗解大義，以無力繳學費，從師數人，皆被拒絕。賴有賢母彭氏親自教導，縱令日不舉火，也不令他失學，而他因此更加發憤。家中無錢買書，乃向人借書來讀，凡經、史、百家以至佛、老之書，無不觀閱，其結果竟成一代大儒。他的

父親以忠君死難，他的母親以節義自守，且日以「忠孝節義」的話勉他，因此鑄成他的人格，天性至孝，感情極富，節義之概溢於面背，一生誓死不肯臣事清廷。自三十歲以後，他已從事於講學生活，在四十歲以前，他的學行業已響鳴於天下了。當時清廷為康熙大帝，屢開特科，藉以羅網一般明末遺民，二曲亦在羅網之列。承宣大吏嘗以威嚇利誘的手段逼他就範，但他誓死不屈，卒能保持其初衷。康熙九年，他的學生駱鐘麟為揚州守，乘他在襄城掘骸之便，請來常州講學，所以東南人士遂得仰見其風采，親聆其講說。每到一處，從游極眾，在常州一帶日夜講演了三個月，卒以思親心動，匆匆北返了。自此以後，足跡不大遠行，常築一塈室自居，自名「二曲塈室病夫」，所以學者稱他為二曲先生。二曲死於何年，史書沒有明文可考，但看他於康熙二十七年在其父親忌日，猶率兩子設饌祭過了一次的，則他至少活了六十二歲。此六十多年的老翁，純粹是一個平民，講學生活至少有三十年之久，康熙大帝很欽佩他的學行，親贈以「關中大儒」四個大字，李氏可以當之而無愧。

二 靈原論

李氏論性也是遵守孟子的性善說，也是折中程子的性兼氣質說，毫無新的貢獻，對於性與心的區別及關係，未嘗談及。不過在《學髓》裡面曾擬設了一個本性圖，且再三說明此圖之意義。大意是：人生最有價值的只是一點「靈原」，這一點東西是絕對的渾然一體的，又是純粹至善無一毫人欲之私的。「與天地合其德，與日月合其明」，與時間同其長久，吾人初生即具此靈原，吾人既死而它依舊永存。當它念頭未起時，極其精微，具有萬理，吾人一切成覺及能力皆由此發生。當它念頭初起時，又極其危險，非常活動，所有善的惡的、公的私的，莫不由此顯

現。念頭初起，合於天理便是善的念頭，起於人欲，便是惡的，但無論念頭如何，吾人本來的一點靈原未嘗不善。本來既然是善的，何以能發生人欲之念而有惡的行為呢？他答覆如下：

天地之性，人為貴。人也者，稟天地之氣以成身，即得天地之理以為性，此性之量本與天地同其大，此性之靈本與日月合其明，本至善無惡，至粹無瑕。人多為氣質所蔽，情慾所牽，習俗所圍，時勢所移，知誘於物，旋失厥初，漸剝漸蝕，遷流弗覺，以致卑鄙乖謬，甘心墮落於小人之歸。甚至雖具人形，而其所為有不遠於禽獸者，此豈性之罪也哉。(〈悔過自新說〉)

吾人所以發生惡念，其原因有二：一方由於先天的氣稟，一方由於後天的物誘。稟受之初，倘是氣質已遍了，再加以環境的引誘，引誘不已，因之成為小人，因之近於禽獸。但結果雖然這樣壞，而其本來的一點靈原，仍然完存，未嘗絲毫損壞。譬之明鏡，外面雖蒙些塵垢，而光體未嘗不在，只要把一些塵垢洗剔乾淨，這個鏡子依然透明可照。由此看來，李氏以吾人本性只是一點靈原，純粹至善的，因「氣稟」與「物誘」的原故，才有種種惡的行為發生，而惡之形成不過起於最初一念，所以這一念最是吃緊，教育的工夫就當在這一點上著力。

三　悔過自新與講學

「悔過自新」四個字，是李氏對於教育的意義之解釋。吾人本性如同明鏡，當其原始之初，意念未起之時，一塵不染，瑩澈無瑕，而又能明照萬物，所以又名靈原。倘能永遠保持原狀，雖有意念而所起無不善，則他的行為自然合於天理，也是一塵不染，瑩澈無瑕。只是聖人才有這樣程度，至於一般人多半受了物誘的引誘，環境的習染，有了塵垢，有

了瑕疵，就與原狀不相同了。這種塵垢或瑕疵，李氏謂之「過」。過悔而新自常，猶如垢去而明自見，所以教育的意義就是教人悔過以自新。但吾人的過失無論大或小，全是起於一念之頃，一念不善，滋長起來，就為害無窮，可以悔過的工夫須於「起心動念處」下手。他說：

> 同志者苟留心此學，必須於起心初念處潛體密驗：苟有一念未純於理，即是過，即當悔而去之；苟有一念稍涉於懈，即非新，即當振而起之。若在未嘗學問之人，亦必且先檢身過，次檢心過，悔其前非，斷其後續，亦期至於無一念之不純，無一息之稍懈而後已。(〈悔過自新說〉)

但過於善界在幾微，非至精至明不能剖析，吾人一向紛紜煩擾，如何能夠於動念初起處即覺察而悔改之，所以悔過的初步還須一段靜坐的工夫。靜久則精神自能收斂，收斂時則心自明澈，可以察覺其隱微，可以主持其動念。在此念頭初起之頃，是善的，則用力存養；是惡的，則用力克去。存聲養念固然是新，克去惡念而新亦自見。但悔過的初步雖須靜坐，卻不是空虛的，是要從日用常行中用力；不是高談的，是要從極淺極近處用力。[2] 於日用常行中極淺極近處澄心體察，切實改悔，「悔而又悔，以至於無過之可悔；新而又新，以至於日新之不已」。如此用力，繼續不已，到了最後，人欲全消，所發無非天理，工夫才算成熟，教育才是成功。到了此時，可以窮理盡性，以至於命，可以優入聖人之域。

關於教育宗旨，李氏是主張培養「明體適用」的通儒的。明體而不適用，謂之腐儒；適用而不明體，謂之霸儒；既不明體，又不適用，謂之異端；通儒是既明體而又能適用的。怎樣謂之明體適用？他說：

> 窮理致知，反之於內，則識心悟性，實修實證；達之於外，則開物成務，康濟群用，夫是之謂明體適用。(〈盩厔答問〉)

換句話說，「明體」即是「窮理盡性」，「適用」就是「至於命」，能窮理盡性以至於命了，才是明體適用，才是有德有能的通儒，而工夫

仍不外於「悔過自新」四字。關於明體所應讀的書，則「先觀象山、慈湖、陽明、白沙之書，闡明心性，直指本初，以洞斯道之大源，然後取二程、朱子及康齋、敬軒、涇野、整庵之書玩索，以盡踐履之功」。（〈先正事略〉）關於適用所應讀的書，則有《大學衍義》、《文獻通考》、《資治通鑑綱目大全》，及農田水利等書，以為經國濟民之工具，由此亦可以知二曲之不偏於一家之說了。李氏一生以昌明聖學為己任，所以對於講學看得非常重要。「講學」二字也可以當做「教育」解釋，故他認為教育是很重要的。他說：

　　天下之大根本莫過於人心，天下之大肯綮莫過於提醒天下之人心。然欲醒人心，唯在明學術，此在今日為匡學第一要務。洪水猛獸，其為害也止於身；學術不明，其為害也根於其心，非大有為之君子以擔當斯道，主持名教為己任，則學術何自而明，心害何自而極？天下之治亂由人心之邪正，人心之邪正由學術之明晦，學術之明晦由當事之好尚。（〈匡時要務〉）

　　這一番沉痛的語句，不是明明以天下治亂的責任放在教育上面嗎？有了好的教育，才有好的學術；有了好的學術，才有好的人心，人心正了而天下自治。所以他又說：

　　立人達人，全在講學；移風易俗，全在講學；撥亂反正，全在講學；旋乾轉坤，全在講學——為上為德為下為民，莫不由此。此生人之命脈，宇宙之元氣，不可一日息焉者也。（〈匡時要務〉）

四　反觀自省的教學法

　　二曲既以悔過自新為工夫，這種工夫須自己體驗，自己省察，方能辦到，所以他的教學法採用「反觀自省法」。病痛只有自己才知道，知

道自己的病痛之所在了，當下施以克治工夫，則病痛自去。非他人所能代辦，也無庸他人代辦。且各人所受的病痛也不一樣，有好聲色的，有好貨財的，或好名好高的，若教者施以同一藥方，這等於庸醫殺人，不如教以一個原則，令受病者各因病自治，比較可靠多了。關於這種教學法，他有一段說得很痛快：

問入問下手之要可得聞乎？先生曰：我這裡論學本無定法，本無一定下手之要，唯要各自求入門自圖下手耳。……只要各人迴光返照，自覺各人受病之所在，知有某病，即思自醫某病，即此便是入門，便是下手；若立一個入門下手之程，便不對症矣。（〈兩庠匯語〉）

教育就是治病，病去了則身心才能復原，才能健全。苟所病不除，即「終日講究只成畫餅，談盡藥方仍舊是一個病夫」，所以他有這一番慨嘆，病要「自克自治，自復其元」，教者不過略施提撕喚醒的力量，不是代人為謀的，這種自發活動的教學，頗有相當的價值。

李氏在關中書院講學很久，訂有會約，分講授規程及自修學程兩部，無妨節錄於下：

（一）講授規程：（1）每年四仲月會講一次。（2）開講以聲鼓為號，退席以擊磬為號，各擊三聲。（3）講前及講後各對孔子及先賢，舉行四拜儀式。（4）座次以年齡為序。（5）開講之初，須靜坐片晌，把心志收斂了，然後申論。（6）講後如有懷疑，或肯於研究者，可到講者私寓問難。

（二）自修學程：（1）每日須早起。（2）每日默坐三次：早起一次，午飯後一次，夜晚就寢時一次，每次以焚香一炷為限。（3）每日讀書亦分五節：早飯前讀經書，早飯後讀四書，午飯後讀《大學衍義》及《衍義補》，申酉之交如精神疲乏時，則擇詩文之痛快醒發者從容朗讀，以振作精神，夜晚燈下閱《資治通鑑綱目》或濂、洛、關、閩及河會、姚涇

語錄。（4）公置功過簿一本，逐月記載同學的言行之得失，公同評判。（5）每月初一及十五兩日開會一次，相與討論功課，及評判得失。

第四節　張楊園（西元 1611 年—西元 1674 年）

一　生活小史

張氏名履祥，字考夫，是浙江桐鄉縣人。他所住的村莊名楊園村，所以學者稱他為楊園先生。楊園可算明末清初的一個貧苦教育家，生於明朝萬曆三十九年，死於清朝康熙十三年，一共活了六十四歲，在明、清兩朝差不多各有一半的生世。他在明朝僅一縣學生員的資格，當明統滅亡之年，他將進三十四歲，自此以後即不復求活動，隱居江、浙間，為私人講授生活以終老。他始終維持民族固有的人格，死守「忠臣不事二君」的信條，照他的志願應列為明末處士一流。但他的思想是反王學而崇朱學的，即反明學而復宋學的，實開清代學術復古運動之先聲，所以在哲學史或教育史方面，則當認為本期的人物無疑。

楊園幼年本是一個孤童，九歲就死了父親，由祖父及母親訓育成人，十歲以前完全在家庭受教育，十一歲以後才出門求學，一共從師五人。從劉蕺山先生問學時，年已三十四歲，正當北京陷落、福王監國之年。但受教不過四、五月，蕺山殉國，而楊園亦避亂以歸隱了。他的講學生活，始於二十三歲，以至老死，合計不下四十年，設館差不多有十處之多，不外浙江、江蘇各縣近海一帶。一面講學，一面躬親操作，是學者，是紳士，又是自耕農民，與吳康齋差不多同一行徑。雖一度從劉蕺山，但他是程、朱的信徒，平生極端反對王學的。對於程子則尊守「存心致知」四字，對於朱子則尊守「居敬窮理」四字。他說：

程門四字教，曰存心，曰至知。朱門四字教，曰居敬，曰窮理。居敬所以存心也，窮理所以致知也，一也，而朱益緊切矣。學者舍是更無學法，未有入室而不由戶者。(《初學備忘》上)

他平日是主張實事求是的，是提倡實學的教育家，所以力講篤實踐履，最反對廣交遊、盜虛聲的一般虛偽學者。講學四十年，及門之士也很多，但沒有一次正式舉行師徒子之儀式，他認為這是明末士大夫所常蹈的交遊氣習，借講學以相號召，完全失掉講學的真義，所以力加矯正。張氏中年求學特別勤苦，一面講學，一面自修，嘗終夜不就枕席者十餘年，所以精力早衰。平生短篇著作很多，思想總不脫離程、朱的範圍，死了後由門人編輯成書，名曰《楊園全集》[3]。

二　教育論

張氏平日是「祖述孔、孟，憲章程、朱」的，①所以他的思想即是孔、孟的思想，他的方法即是程、朱的方法，對於教育並沒有特殊意見。私設講壇四十年，所以諄諄訓練學生的，不外「辨心術」、「求實學」兩點，前者是為人的始基，後者是為人的工夫。他說：

讀書先要正其心術，心術者為木之根、谷之種。根先壞，千枝萬葉總無著處，種稂莠，栽培滋養適為害耳。(《初學備忘》下)

學者起足第一步須是路途不錯，此處一錯，無所不錯。(《願學記》二)

「心術」即「思想」，吾人的行為隨心術為轉移，即受思想的支配。如果思想純正，所聞所見皆以充實此純正之思想，則所行所為自然純正。如果思想不純正，所聞所見適以助長此不純正之思想，則所行所為盡屬壞事。所以兒童開始受教時，即學者開始為人時，就當教他們辨別心術，何者為正，何者為不正，對於正與不正辨別清楚了，即從正的一

點立根。從此一點立下根基，譬如走路一樣，路途正，所走皆是正路；譬如種穀一樣，種子良，所生必是嘉禾。哪一種心術才算正，哪一種才算邪呢？據他的意見，不外善惡義利之分。吾人存心向善為義，則謂之正的心術；吾人存心向惡為利，則謂之邪的心術。所謂向善為義，就是肯做一個有道的君子；所謂向惡為利，必然走入自私自利的小人一路，所以這一點關係極其重要。辨心術也可以說就是「立志」，開始立一個什麼志向，就可以做一個什麼人，所謂「凡初為學先須立志，志大而大，志小而小，有有志而不道者矣，未有無志而有成者也」（《初學備忘》上）。心術辨正以後，即志向立定以後，務須腳踏實地做去。所謂「人既有志，正須下篤實工夫，方得稱志」（《願學記》二）。所謂「此志一定，卻須堅確不移。凡平日誦讀講習，與夫目之所見，耳之所聞，其為我志所願，勉而求之；其為非我志所願，決而去之，自能向上」（《初學備忘》上）。實學即切己為人之學，苦吃苦掙的精神，實下進德修業的工夫。這種工夫，不是如名士之純盜虛聲的，也不是如學究之博聞強記的，也不是如怠惰者之悠悠忽忽的，更不是如禪家學者之一幾而頓悟的。這種工夫，即孔子下學而上達的工夫，即朱子居敬窮理的工夫，以不敢一刻少懈的精神，從人倫庶物上點點做去，不要浮誇，不要等待，不要間斷，要綿密，要堅實，今日如此用力，明日也是如此用力，時時刻刻莫不如此用力，迨日久純熟，自然一旦豁然貫通，即是成德的君子。這種學問，就與為人一致，這種教育就與生活一致，誠所謂無一念非學問，無一事非學問了。

以上兩點，是他看為最重要，平日對學生諄諄訓誨不忘的。此外還有幾點：

（1）關於訓練方面，他嘗舉幾個德目以開示學者。「立身四要：日愛、日敬、日勤、日儉」（《訓子語》上），這是陶冶品性的標準。「教子

弟只四語是綱領：入則孝、出則弟，言忠信、行篤敬」（《備忘》二），
這是處世為人的標準。至於「辨心術、明義理、治性情、正容德、謹言
語、慎事為」（《備忘》一）六條中，除一、二兩條已說明於上外，其餘
四條皆是關於品性陶冶的。

（2）關於教材方面，不外宋儒學術，而以《小、學》及《近思錄》
二書為入門必讀之書。「學者不從二書為門庭戶牖，積漸以進，學術終是
偏枯，立身必無矩法」，這是他在《初學備忘錄》所指示於他的門人的
話，可以知道他對於這兩書的注意了。除此以外，如《顏氏家訓》，如
《白鹿洞規》，如《二程全書》，如宋儒各家語錄，皆是必讀的書。他在
三十三歲時，編了一部書《名經正錄》，是取朱子《訓學齋規》、《白鹿
洞規》，司馬溫公《居家雜儀》及朱子《增損呂照鄉約》四種編輯而成的。
在這書的凡例裡面，並敘了這幾句話：

《齋規》為小學之事，蒙養以正作聖之基，故居於首。《洞規》大
學之事，由小學而及於大學，不躐等也。師舍是無以教，弟子舍是無以
學，二者所以修身也。《雜儀》齊家之事，故次之；《鄉約》御邦家之事，
故以終焉。（《年譜》）

由這幾句話，不僅知道他平日教授學生的程序，即訓練學生的標準
也可推見一斑。（3）關於師資方面，他也有兩點意見：一為選擇師資，
「須擇老成之士有品行、有學識者，方能造就得子弟」（《備忘》一）。二
為教師須負全責教誨弟子，善於教導。若「子弟教不率從，必是教之不
盡其道，為父兄師長者但當反求諸己，未可全責子弟也」（《備忘》一）。
至於借設教以相號召，或無教導的能力者，皆不是良教師。（4）讀書
法。張氏謂讀聖賢的書，當要以聖賢的言行作為吾人立身的規矩準繩，
須時刻照著去行。以這種態度來讀聖賢的書，所以第一步務必讀熟，不
要貪多，不要求速。第二步提取書中的要領，慢慢地涵泳其意味。涵泳

之時，一方「體之於心」，一方「驗於身」，務求古人的言行與日用行習
貼切，務求日用行習與古人的言行一致。倘此中發現有未安的，則「靜
以思之，詳以問之」，終必「見得聖賢所說道理無非先得我心之所同然。
由此積漸以厚，則讀書才有用處，方是實學」。

三 修養論

　　張氏為人，是主張居敬窮理的，是要檢點克治的，所以他的修養也
是本著這種精神——苦吃苦掙的精神，須當「夙夜匪懈」，須當「無終食
之間違仁」。換句話說，一日存在須當做人一日，一息存在須當一息不敢
少懈，所謂「言有教、動有則、晝有為、宵有得、瞬有存、息有養」的
工夫。這種工夫，他自己確實能夠做到，史稱他「平居雖盛暑，方巾深
衣，端拱若泥塑，或舟行百步，坐不少欹」，（《先正事略・名儒篇》）我
們就可以想見這位道學大家的古怪樣子。但他關於修養論所說的確是透
闢痛快，有精神、有血脈，足以訂頑貶愚，而言詞又極淺近，吾人無妨
直接抄錄二段於下。他嘗說：

　　吾人自著衣至於解衣，終日之間，所言所行，須知有多少過差。自
解衣至於著衣，終夜之間，所思所慮，須知有多少邪妄。有則改之，此
為修身第一事。

　　這自然是極呆板的道學的行徑，凡朱學的教育，大半有這樣子，當
否自當別論。

　　又嘗說：

　　吾人一日之間，能隨時隨事提撕警覺，便不到得汩沒。當睡覺之
初，則念雞鳴而起為善為利之義，平旦則念平旦之氣好惡與人相近否，
日間則念旦晝之所為不至枯忘否，以至當衣則思不下帶而道存之義，臨

食則念終食不違之義，及暮則思向晦瞑息以及夜以繼日記過無憾之義。如此則庶幾能勿忘乎。若其稍忘，即自責自訟不已。（均見《學案小識》）

由上兩段話看來，張氏夙夜匪懈的工夫，真有如昔日顏子之無終食聞違仁及曾子之一日三省的遺風，其行為雖不免呆板，但亦不愧為篤實人格者。

第五節　陸桴亭（西元 1611 年—西元 1672 年）

一　略傳

陸桴亭是明末一個處士，與張楊園的行徑相同，始終未臣服過清朝。但楊園在明朝猶取得縣學生的資格，其生平事蹟有年譜可考，而桴亭處境更窮，名尤不顯，直到滿清乾隆以後，經海內學者闡發幽光，才與陸清獻並稱為清初朱學正宗的二陸。因為這個原因，所以關於他的生活史，無多事蹟可述。桴亭名世儀，字道威，是江蘇太倉縣人。雖篤守程、朱學說，可是志氣豪邁的一位學者，與楊園之迂拘古板，自有不同。在明末北京陷落時，曾上書當道，建平寇的計策。南京陷落以後，感故國淪亡之痛，遂鑿一地穴，在裡面建一所亭子，取名桴亭，自己隱處其中，故後世稱他為桴亭先生。康熙庚子年間，他已五十歲了，曾講學於東林書院數年，到丙午年又講學於昆陵，後來又歸而講學於其裡中。我們把他的生活分析起來，在明亡以前，其前半生尚有志於功業；在清廷建設以後，其後半生則始專力於講學，以教育寄其懷抱。他與楊園同年生，早死二年，享壽六十有二歲。對於教育學理的貢獻，極為切實合理，且有些地方特別新色可取，已開了近代教育思想之端，比較以前一般教育學者要進步多了。至於他做人為學，都是非常切實，寸步而進，終身不息的，真有昔日朱子居敬窮理的精神，亦足令人景仰。

二　本性之研究

　　陸氏自二十七歲始從事於本性的研究，到四十九歲方得到一個定論。在此二十二年中，對於本性的認識，經過了四次轉變，即達到了四層的進步，可算為用心之勤了。在二十七歲以前，他只跟隨當時教師的談說，承認性有兩種，「有義理之性，有氣質之性」。並喜歡同禪家及別家討論人生以上，或未生以前的性體。自二十七歲以後，開始研究程、朱學說，對於「性」之一字才想自己立定主張，探出一個究竟。此時所得力的，為「理先於氣」一句話。這句話的解釋，即「理居先，氣居後；理為主，氣為輔」，自以為理氣二物，分得條理清晰，不相紊亂了。這是他對於本性的研究之第一層的進步。迨後他又覺得照這樣說法，未免將理氣分得太開，未能融合為一。再下工夫，才悟到「理一分殊之旨」，理與氣是一貫的，不過理只一個而氣有千萬不同。這是第二層進步。迨後，他又懷起疑來了，既是理一而分殊，則人與萬物之性有何同異，如何同異？因讀朱子「論萬物之一原，則理同而氣異；論萬物之異體，則氣猶相近而理絕不同」兩句話，於是又識得「天地萬物本同一體處」的道理，則人與萬物之所以同，及所以異，又瞭然了。這是第三層的進步。到了這一步，對於性的認識，如理與氣，及人與物，似有相當的明澈，但於「性善」二字仍守陳說，是就「繼之者善」說的。照這樣說法，則性與氣質仍舊是可以分離的。到四十九歲以後，再加玩索，又有一番覺悟。性是不離氣質的，一說到性便屬於氣質了；若離氣而言性，則性無著落，亦不成其為性了。孟子所謂「性善」，是就「成之者性」說的，是就有生以後說的，是合了氣質而言的。於是得到一個結論：

　　性為萬物所同，善唯人性所獨，善性之旨正不必離氣質而觀也。

這是他最後的進步。拿這個結論，遍與宋儒諸家的性說比較與參證，於是對於自己的主張，相信益堅，但猶不敢發表。到了五十六歲以後，人已漸漸老了，在康熙丙午年間，講學於昆陵時，才以二、三十年所研究的結果公布於社會，並將他的思想之變遷的經過也一一說明。這種研究的精神及有系統的敘述，是從來論性的人所未曾有的（見《學案小識》）。

凡宇宙萬象莫非一氣之流行，流行之所以然謂之理。此「理與氣在天為天之命，在人為人之性」。性與命是一體，都是包攝理氣的。吾人稟受天命而為「性」，既有是性則由性生「情」，由情生「意」，意之堅決處謂之「志」，志之浩然盛大處謂之「氣」，合情、意、志、氣等要素，再加以擴充了謂之「才」。此六種不是並立的，是遞生的，演成的，其原始則謂「性」，其集成則謂「心」；所以心是統性、情、意、志、氣、才六種而言的，是合神與形而名的（見〈答友人問〉）。

三　小學教育

陸氏的教育理論，以關於小學為最進步。他定小學教育為十年，以五歲至十五歲的兒童為受小學教育時期。在此時期的兒童，生機活潑，一片天籟，且富於可塑性，最易被人引誘。教者應當順著他們的天性與興趣，依照正常的軌道，因勢利導，將來才可以成就一個「人」。古代「人心質樸，風俗淳厚」，兒童至七、八歲時知識尚未大開，所以定八歲為入學始期。近代人心風俗皆較以前複雜，兒童的知識發達亦較早些，若仍遲至八歲始入小學，與兒童發達不相合，施教必感困難，所以應定以五、六歲為入學始期。

關於兒童的訓練，宜主寬不宜主嚴，蓋這個時候正是他們身心發達

時期，過於嚴了，阻喪了他們的意志，有礙發育，不如持以寬和的態度，逐漸誘導，較有效力。他又以朱子的「去其外誘，全其真純」八個字為訓練的綱領。外誘如「樗蒲、博弈及看搬演故事之類」，皆為不正當的事情，而最易引誘兒童。兒童一被引誘，即放蕩而不習正業了，所以應當杜絕；外誘杜絕了，真純自然可全。但要杜絕兒童的外誘，首先就要為父兄師長的自己沒有外誘，能夠以身作則，而且無親外誘的機會，他們自然易就正軌，以全其真純。

關於兒童的教材，陸氏似若分為兩期：在十歲以下為第一期，在十歲以上為第二期。第一期的教材，有讀物、歌舞及寫字三項；第二期，有讀本及禮樂二項。從前小學教師多以朱子所輯《小學》一書為初學兒童讀物，他認為很不適宜。他的理由是：該書內容屬高深學理，不是兒童所能懂的；其中所引禮節多為古禮，與時代不合，不能應用；且開卷難字太多，尤不便初學。若以此書為初學兒童讀物，只是令他們茫然不曉，徒足以耗費時光而已。在陸氏的意見：當五、六歲的兒童初入學時，語音尚未清朗，不能誦讀長句，應編一種字句很短的韻語，作為兒童讀物。該讀物的內容，須選擇適合於兒童興趣，及不與時代相背的材料，以韻語的格式、淺近的文字，編成三字一句或五字一句，取名《節韻幼儀》。照這樣辦，兒童才容易通曉。年齡稍長，加課以《小學》、《四書》等書。兒童天機活潑，最喜歌舞，教師宜乘時教導，以發展其天能，以鼓舞其興趣；且歌舞即禮樂的初步，此時習會了歌舞，將來升歌習禮更有底。兒童習字，宜仿宋人教小兒習字法，先令兒童影寫趙子昂大字《千字文》。年齡稍長，再合習智永《千字文》。字數由少而多，初為影寫，後乃臨寫，每日如此，練習久了自然運筆如飛，不至走樣。且寫字時不僅教他們寫得好，也可以多識生字，而收記誦之功。

兒童到了十歲以後，所讀的內容更豐富了，不僅四書、五經在所必

讀,即天文、地理、史學、算學之類也宜選擇較有價值的編成韻語了,令他們誦讀。陸氏以兒童在十五歲以前,記憶力最強,此時是他們誦讀的時期,也是記憶的時期,宜選擇人生必需的教材,令他們多讀熟記,不可錯過。至於禮樂一項的教材,也須重編,宜參酌古今之制,把冠、昏、祭及鄉飲、鄉射諸禮的內容編輯成一部禮書,又把文廟樂舞及宴飲、升歌諸儀編成一部樂書,與讀本同時學習,遇了令節,或重典,或閒暇的日子,特別演習。升歌習禮的價值,不僅是模仿古人,且可以「涵養氣質,薰陶德性」,無形中增加訓育的效能最大。

關於小學教法,陸氏主張「即讀即教法」,即是「知行並進法」,尤其對十歲以下的兒童必須採用。他說:

如頭容直,即教之以端正頭項;手容恭,即教之以整齊手足;合下便教他知行並進,似於造就人才之法更為容易。

這種教法我們可名為「知行並進,訓教一致」的辦法,頗合於教育原理。關於禮樂的教法,他主張「由粗以及精,因年而進」之法,亦有價值。

除以上各條外,陸氏對於小學教育還有兩點意見:一為家庭教育,二為女子教育。他認家庭教育是輔助學校教育的,不僅居在輔助的地位,且居在並行的地位。當兒童未入學以前,或出學門以後,均在家庭生活,倘家庭沒有相當的教育,隨他們做惡習非,甚至於家人「戲教以打人、罵人,及玩以聲色玩好之具」,氣習先已教壞了,再入學校,想圖矯正,殊不容易,所以家庭教育至關重要。如灑掃、應對、進退等事,亦家庭所應當教的。至於女子教育,他也看得很重要,女子也必須受教,但他對於女子教育的觀念則不同男子。他說:

教女子只可使之識字,不可使之知書義,蓋識字則可理家政、治貨財,代夫之勞,若書義則無所用之。

又說：「『無非無儀，唯酒食是儀』一語，真教女子良法。」原來他主張女子教育是只令識些文字了，可以料理家務，做一個無才便是德的賢妻良母罷了。至於書義毋庸多讀多懂，因為沒有用處，不僅沒有用處，且恐壞事哩。法人盧梭著《愛彌兒》（Emile）一書，提倡自然主義教育，處處表現不朽的價值，而對於女子教育則輕視極了，其主張很與陸氏相似。由此，你們可以得到一個結論，凡未曾脫離封建時代思想的人物，無論他的教育理論如何進步，而對於女子教育總是畸視的。（均見《思辨錄·小學類》）

四　大學教育

陸氏說：「予以為古人之意，小學之設是使人由之；大學之教，乃使人知之。」（《思辨錄·小學類》）這是他對於小學與大學兩段教育的解釋。兒童在十五歲以前，智力尚未發達，小學教育不過指導他們如何動作，如何讀書，如何生活。到了十五以後，進了大學，才教以學理的研究，及研究一切之所以然。教育宗旨，在教學生怎樣做「人」，換句話說，即教他們做一個聖賢。但這個宗旨，在小學時代不能講明，因為他們不能聽懂，所以課《幼儀》、授《小學》，用知行並進的方法，不過矯正他們的行動與習慣，引導他們向著聖賢路上走就是了。到了大學時代，一方面教以怎樣為聖賢，一方面教以所以為聖賢；且一方面由聽講而得，一方面更要由自己研究而得。但「人」不是容易做的，「聖賢」不是容易學的，在這時期所以進學之始便須立志。他說：

學者欲學聖賢，須是立志第一。志是入道先鋒，先鋒勇，後軍方有進步，志氣銳，學問乃有成功。（《思辨錄·立志類》）

意志決定了，即著手做工夫，不要期待，不要選擇，「只在這所在、

這時候做去」。做人的工夫是什麼？不外「居敬窮理」四個字。[4] 無論千聖千賢的道理，總不出此四字的範圍，所以吾人應當依此四字做去。但此四字中，居敬是工夫的主宰，窮理是工夫的進步，以居敬的態度來窮理，在窮理的進程中不忘居敬。照這樣做去，思想才純一，工夫才切實，這才是實學，這才是程、朱的教法，這才可以為聖賢。

大學校址宜擇一國中勝地，風景佳美，遠離城市，才宜於研究學問。學校之旁還須多建房屋，為學生寄宿，一則可以朝夕聽講，二則可以互相觀摩。大學的課程宜仿湖州學的辦法，分科教授。如經義一系，則又分為《易》、《詩》、《書》、《禮》、《春秋》等科；治事一系，則又分為天文、地理、河渠、兵法諸科。每科設一科長，聘請專門名家充當；另設學長一人，以總其成。如此辦法，則大學才有成績，人才可從此養成。否則學生散處四方，教師不過濫竽充數，如明末學校的情形，學校徒有其名，怎樣望其有成功？

五 讀書法

他的《思辨錄·格物編》裡，關於讀書方法，講論頗詳，很有些可取的地方。我們無妨分條敘述於後：

（一）讀書分年。陸氏把吾人讀書生活分作三節，每節十年，共計一生可讀三十年的書。第一節自五歲至十五歲，這十年謂之誦讀時期。第二節，自十五歲至二十五歲，這十年謂之講貫時期。第三節，自二十五歲至三十五歲，這十年謂之涉獵時期。十年誦讀之書，為《小學》、《四書》、《五經》、《周禮》、《太極》、《通書》、《西銘》、《綱目》、古文、古詩及各家歌訣。十年講貫之書，為《四書》、《五經》、《周禮》、《性理》、《綱目》、本朝事實、本朝典禮、本朝律令、《文獻通考》、《大學衍

義》、《衍義補》、地理書、水利農田書、兵法書及古文古詩。十年涉獵之書，為《四書》、《五經》、《周禮》、諸儒語錄、《二十一史》、本朝實錄及典禮律令諸書、諸家經濟類書、諸家天文、諸家地理、諸家水利農田書、諸家古文、諸家詩。以上各書，力能兼的則兼習，不能兼習則涉獵諸書可以從略。

　　（二）讀書分類。以上各書，只是分期學習，可未曾分類，而分類也要緊。分類之法，如研究史學，凡關於史學諸書列為一類；如研究經學，凡關於經學諸書，別為一類。這樣分類讀法，「不唯有益，且兼省心目」。

　　（三）讀書分等。書籍愈傳愈多，吾人一生不能遍讀，務必分別輕重，哪些書是非讀不可的，哪些書可以讀可以不讀的。陸氏分別輕重為三等：（1）如《四書》、《五經》、《性理》、《綱目》等書，最重要，這是終身所當誦讀不忘的。（2）如水利、農田、天文、兵法諸書，為次要，亦須一一尋究，得到其中的要領。（3）其餘子史百家等書，性質更次，不過視其大意而已，不必一一誦讀。

　　（四）讀書須窮理。讀書不在背誦文字，誇示博雅，若以此態度讀書，陸氏所謂「玩物喪志」。吾人讀書，須要窮理，所謂窮理，要求得書中的義理，與己身相合，又與事實相合。求與己身相合，須拿書中所說的放在自己的身心上體貼；求與事實相合，須按照書中所說的切實做去。如此讀書，才能嚼得出滋味來，才覺得古聖賢所說的句句親切，才能因讀書以指導其行為，因讀書以涵養其品性。

　　（五）讀書要開闊。讀書要不為書所困，能使書為我用，這非有開闊的心胸不能辦到。陸氏開闊心胸的一段話，寫得極好，我們可以直接抄錄出來：

　　凡人讀書用工，或考索名物，精研義理，至紛賾難通，或思路俱絕

處，且放下書冊，至空曠處游衍一遊衍，忽地思致觸發，耄然中解，有不期然而然者，此窮理妙法。又或發憤下帷，三冬兩夏，滿腹中詩書義理盈溢充足，卻出來游衍一兩日，真覺得水流花放，雲行鳥飛，滿空中是活潑地景象。此孟子所謂生矣境界，不知手之舞之，足之蹈之者也。（《思辨錄・大學類》）

（六）讀書要寧靜。在鬧市的地方讀書，殊不相宜，地方越寧靜越好。陸氏主張在山中讀書，果能離家入山，拋開了一切俗事，而讀書才能寧靜，才能專一。在這時候，計算應讀何書，計算讀書幾年，然後分年來讀，每年讀一項，每項做一結束。如此讀法，不僅十年，即三五年之後，亦必有相當的成績。

第六節　陸稼書（西元 1630 年—西元 1902 年）

一　生活小史

前二節所述楊園、桴亭二人，尚不離為明末的處士，至稼書則完全為清初的人物了。稼書生於明崇禎三年，死於清康熙三十一年，一共活了六十三歲。當鼎革之際，他不過年方十四歲的一個少年而已。這個少年，姓陸氏名隴其，稼書是他的別號。他是浙江平湖人，屢代為官宦之家，在幼年時代曾受過很好的家庭教育。他的政治生活，亦不算怎樣發達，當四十一歲時才中進士，以進士的資格補過兩次知縣，拜過八次御史。知縣生活共有九年，一在嘉定二年，一在靈壽七年，以清廉為本，兩處成績卓著，尤以在嘉定的治績評為天下第一。至入都拜御史時，他已六十一歲了，為期不久，不過年餘之譜，便罷官歸了故鄉。綜計陸氏一生政治生活，不過十一年，而他的教育生活則有三十一年——自

二十一歲開始設帳，到老死為止，除去服官時期外，全為私人講學時期。但在服官期內，亦未嘗離開教育生活，如在靈壽當知縣時，且規定講學條例，編有松陽講義，可說從二十一歲造成老死為止，此四十餘年中無日不在講學。不過陸氏講學的時期雖長，而講學的聲勢並不大，因為他是一位提倡實學的教育家，不肯呼朋引類、虛張聲氣以為號召的。

二　性格及思想

「平湖陸稼書先生，以名進士兩為邑令，八拜御史。其正學清德，惠政嘉謨，浹洽於人心，流傳於士口，稱之為醇儒、為循吏、為直臣，至有目之為聖人者」。這是他的門人侯開國在〈三魚堂全集序〉上讚揚他的幾句話。陸氏「積誠勵行，風清格高」，所做一事，即盡瘁一事，確不愧為本色的賢士大夫，如他的門人之所讚揚。但我們以為陸氏時代的價值還不僅此，他是以提倡實學，振飭學風，擁護朱子為宗旨的一位大教育家。

清初程、朱的忠實信徒，世人皆以二陸並稱，但桴亭雖力闢王學，態度尚屬和緩，而稼書則處處以尊朱黜王相號召，旗幟鮮明，詞氣嚴峻，真有非打倒王學不止之氣概，真有如昔日孟子「辟楊、墨，閑先聖」之遺風。陸氏以學術關乎風教，風教關乎國家的興亡。明朝之所以遭破亡，由於士風太壞，一般人失了正常的教化；而風教之壞由陽明及其門徒倡為放誕詭異的學說，援儒入墨，以偽亂真。王氏以有力者的地位，登高一呼，而其學又極簡易，所以天下讀書人莫不樂於趨從，天下讀書人皆口談王學，漸漸放棄規矩，師心自用，甚至於禮法也不遵守了。讀書人為民眾的領袖，而皆不講實學，不守禮法，教化安得不壞！這種學術之敗壞人心，等於清談之禍晉，明朝安得不亡！[5] 要挽救人心，當然

從振飭學風著手；要振飭學風，當然力尊朱子，以朱子的實學矯正王學的空疏，以朱子的繩墨矯正王學的放誕。所以他對湯潛庵說：「今之學者必尊朱子而黜陽明，然後是非明而學術一，人心可正，而風俗淳。」在他的〈外集經學篇〉裡面，亦說：「今之論學者無他，亦宗朱子而已，宗朱子者為正學，不宗朱子者即非正學。漢儒不云乎，諸不在六藝之科、孔子之術者，皆絕其道勿使並進，然後統一可紀，而法度可明。今有不宗朱子之學者，亦當絕其道勿使並進。朱子之學尊，而孔子之道明，庶乎知所從矣。」以朱學為教育標準，以此標準來振飭學風，挽救人心，把關係說得這樣重大，而提倡又盡畢生的熱誠，陸氏對於朱子可謂真正的忠實信徒。至於效董子「學術一尊」主義，已含了一種學閥的風味，但總不失為一個熱心於風俗教化的教育家。

三　兒童教育之重要

「崇尚實學，培養淳風」，為陸氏的教育宗旨。要培養社會的淳樸風氣，須社會上有一般循規蹈矩、講求實學的讀書分子為表率。要使社會上的讀書分子循規蹈矩、講求實學，須平日有這種習慣；這種習慣的養成，其關鍵全在童子時代，所以童子教育最關重要。陸氏推論當時風俗敗壞而未已的，都是由於當時兒童沒有受過好的教育。當童子時代，為父兄師友的，平日既不教以灑掃應對日用倫常之事，朱子所集《小學》一書棄而不讀，即或每日課以《四書》，亦不過借此為應科舉取利祿的階梯。至於孔、孟之如何教人為人，是不管的。迨他們年齡稍長，為父兄師友的，則教以如何應科舉，如何取利祿，如何立奇異，挑動他們專用機詐的心機，獎勵他們崇尚浮華的趨向，至於學問之實在不實在，行為之正道不正道，是不問的。科舉考試的日子來了，一旦僥倖獲取，便自

以為學問已成，無所不能，不復知人間尚有當讀之書及當為之事。這一班人，自己既莫名其妙，以他們去領導社會、表率群倫，則風俗怎樣不壞，社會怎樣不亂！我們一推論其原因，則由於昔日童子時代的教育受壞了，所以當今最重要的莫如童子教育。童子應當教些什麼呢？他說：

> 教之道必以小學為基址，以濂、洛、關、閩之書為根本，以先王渾醇厚樸之文為轂率。使自孩提有識，即浸灌於仁義中正之中，游衍於規矩準繩之內，如水之汪洋浩淼而不得越乎其防，則文章不期正而自正，風俗不期厚而自厚矣。（〈歷科小題永言集序〉）

陸氏又說：

> 吾每教童子作文，未嘗不戰戰兢兢，唯恐一言之病中於其心，異日將碩大蕃滋，邑茂修達，不可救藥。蓋今之聰明，當擴充於範圍之內，不當擴充於範圍之外。（〈歷科小題永言集序〉）

由這兩段話看來，陸氏教兒童是當立一標準，要他們遵守的，定一範圍要他們在裡面活動，不可踰越的。他的標準就是程、朱，他的範圍就是宋儒學說，凡能謹守繩墨的才是好學生，否則便是不好的學生。當兒童時代，能謹守繩墨，到了成人時代便是循規蹈矩的士君子，才是講求實學的人才；這種人才必不放誕猖狂，犯上作亂。影響所及，風俗自然淳樸，國家自然安定，這是陸氏的教育理想。所以他平日教人「必授以《小學》及《程氏讀書分年日程》，俾學者循序致功」（〈先正事略〉），以期達到他的理想。吾人以為陸氏的教育理想固高，但他的頭腦究竟腐敗，尤以不許踰越範圍，未免過於束縛兒童的智力之發展，所有教育理論以與桴亭所論的比較，相差遠了。

本章參考書舉要

（1）《清儒學案》的各家本案

（2）《先正事略》的各家本傳

（3）《夏峰全集》

（4）《李二曲先生集》

（5）《張楊園先生全集》

（6）《思辨錄》

（7）《論學酬答》

（8）《陸稼書集》

（9）《三魚堂全集》

---

[1]　《先正事略‧孫夏峰事略》：「時畿內盜賊數駭，先生率弟子門人入易州五公山，結茅雙峰，戚族相依者百家，乃飭戎器糧糧，部署守禦。又以其暇賦詩習禮，絃歌聲相聞，盜賊屏跡，時以方田子春之在無終山焉。」

[2]　《傳心錄》：「講問自新之功當從何處著力？先生曰：最上道理只在最下修能，不必騖高遠、說精微，談道學、論性命，只就日用常行綱常倫理極淺極近處做起，須整頓精神中常惺惺，一言一動並須體察，必使言無妄發，行無妄動，表裡精神，無一或苟，如是則潔淨透脫，始可言功。」

[3]　《楊園全集‧訓門人語》：「辛亥三月門人姚瑚同弟至語溪力行堂候先生，先生以為學當祖述孔、孟，憲章程、朱，諄諄數十語。」《學案小識》嘗云：「三代以上摺中於孔、孟，三代以下折中於程、朱。」

[4]　《思辨錄‧居敬類》：「居敬窮理四字，是學者學聖賢第一工夫。徹首徹尾，總只此四字。」「或問：居敬窮理是吾子宗旨否？予曰：儀亦不敢以此四字為宗旨，但做來做去，覺得此四字為貫串周匝，有根腳，有進步，千聖千賢道理，總不出此。」

[5]　《稼書文集‧上湯庵書》：「自陽明王氏援儒入墨，以偽亂真，天下雖然響應，皆放棄規矩，而師心自用，學術壞而風俗氣運隨之：比之清談之禍晉，非刻論也。」
〈學術辨〉上：「故愚以為明之天下，不亡於寇盜，不亡於朋黨，而亡於學術，學術之壞，所以釀成寇盜朋黨之禍也。」

第三十九章　清代教育家及其學說（二）

第一節　概論

梨洲，即黃宗羲（西元 1610 年 - 西元 1695 年），明清之際思想家、學術史家。字太沖，號南雷，學者稱梨洲先生。一生著作 20 餘種，最能反映其思想的是《明夷待訪錄》。

本章的教育家也不少，我們為避免重複計，只選取黃梨洲、顧亭林及顏習齋、李恕谷四人作代表。黃、顧二人不是理學家，是有志用世的經世學者，我們可以稱他們為經世學派。他們是富有豪傑氣的學者，最稱熱血的志士，種族觀念非常強烈，中年皆參與過民族復興運動，事雖不成，但終身是不肯與滿清政府合作的。他們對於學風的趨向，皆由反明以達於宋，但梨洲因其門戶關係，尚未直接攻擊王學，而亭林對於王學則攻擊詆毀，不遺餘力。他們對於學術的興趣，皆趨重在經學方面的研究，但梨洲作《明儒學案》尚喜談心性，而亭林則絕不願講求這一套腐話，並提出「經學即理學」的口號，謂「舍經學而言理學者，乃墮於禪學而不自知」（《先正事略》本傳）。總之注重博學多識以反明學之空疏，注重經世致用之學以反宋、明理學家之腐敗，則兩人是走在一條路線上的。關於教育方面，在學理上兩人毫無特殊的研究，不過對於教育制度皆提出了改良的意見——經世學者往往只能如此。梨洲的特點，在以學校為監督政府的機關，為社會輿論的中心，而立於一種特殊地位。亭林的特點，在採用科學的方法，研究學問，重客觀而不取主觀，重創造而反對因襲，一掃明末八股的陋習，而開清代考證學的先鋒。

顏、李二人則較黃、顧更進一步。他們不僅反對王學，連朱學也反對；不僅反對朱學，且反對一切後儒之法，直接模仿孔、孟的教法。他

們以詩書、六藝為教材，以習禮、習樂為教法，不空談性命，完全重在實習實行，故我們稱這一派為實用主義者。他們自身皆能吃苦耐勞，以身作則，所演習的禮節雖不脫古代的儀式，而以動作易口說，面目為之一新，也是本期教育史上的一點特色。

第二節　黃梨洲（西元 1610 年—西元 1695 年）

一　生活小史

　　黃氏名宗羲，字太沖，號梨洲，是浙江餘姚人。他是忠臣黃尊素的長子，生長在明末很有身分的一個家庭。尊素與楊、左諸人為同志友，同死於魏閹之亂，且亦理學名家，曾與劉蕺山相往還，可知梨洲在幼小時所受家庭教育已與一般人不同。「初錮之為黨人，繼指之為遊俠，終廁之於儒林，其為人也蓋三變而至今」（《年譜》）——這是梨洲自題的幾句話，自是得當。他的父親尊素之遇害，梨洲年僅十七歲。當十九歲時，袖長椎入京，手刃父仇，忠義慷慨之氣在此時已大露頭角。當二十歲時，正式遊學於蕺山之門，邀約吳、越知名之士六十餘人，相與切劘，對於其師之學敵石梁陶氏之說施以猛烈的攻擊。當三十五歲時，北京陷入於闖賊了，即在吳中糾合約志，召募義勇，且率家人子弟共赴國難，自此從事於勤王的生活，奔走播遷了五、六年。當此之時，先生一心以勤王保族為職志，終不得逞，而魏閹餘黨且時施構害，屢遭危險，然先生忠義之氣不為少挫，且於得閒時一面著述，一面講學。先生講學生活，雖始於三十歲以後，而在四十歲以前完全為黨人遊俠一流。自四、五十歲以後，看破清廷統治力太強，明室恢復之無望，才折節斂氣，復舉證人書院開講會，專門於教育生活，發揮其先師蕺山之緒餘，而變做

一位名理派的儒者了。雖然為一儒者，而昔日豪氣依然存在，講學於江、浙間，好以師門為標榜，大江以南門弟子遍天下，差不多在當時為東南思想界之中心。

先生生於明萬曆三十八年，死於清康熙三十四年，享年八十又六歲，綜計講學生活不下五十年。先生學問賅博，於各家書籍無不窺閱，在劉氏之門最稱高足弟子。雖為劉氏高足弟子，終以經學、史學擅長，而對於史學尤有特識，開清代研究史學者之先鋒。平生著作宏富，合計三十餘種，八百多卷，而以《明儒學案》及《宋元學案》為有系統之學術史，影響於教育思想者不少。至於《明夷待訪錄》一書，其中除開於教育主張外，盡量發揮其民本主義的政治哲學，對於二百餘年後之排滿革命思想之啟示，影響尤大。

二　言心與性

蕺山之學在明末雖自成一派，究不出陽明心學的範圍。梨洲為蕺山的忠實信徒，平日對於政治與教育的主張雖標榜「通經致用」，而對於心與性的解釋依然偏於陽明一派。他以心為一切主宰，充塞乎宇宙，心之活動變化不測，此宇宙形色所以萬殊。吾人修養只在心之本體上用工夫，所謂「窮理」即窮此心之萬殊，非窮萬物之萬殊；迨此心本體通達靈明，萬物莫不畢照，蓋心如規矩，有了規矩自然能範圍一切方圓。[1]

天地萬物莫非一氣之流行，吾人耳、目、口、鼻之運動，惻隱、羞惡之表現，亦此大氣流行之一。大氣在天地，有春、夏、秋、冬之運轉，而秩然有條不紊者，名之曰理。大氣之在吾人，有耳、目、口、鼻之運動，惻隱、羞惡之表現亦秩然有條理者，名之曰性。故曰「理是有形之性，性是無形之理」（〈與友論學書〉）。換句話說，在宇宙者謂之

理，在人類者謂之性，其實莫非此一氣之流行。性既為氣之秩然有條理者，所以吾人以善名之；此性之善無人不有，無時不存。所以他說：「夫性之為善，合下如是。到的如是，擴充盡才而非有所增也，即不擴充盡才而非有所減也，不為堯存，不為桀亡。」（〈致陳乾初論學書〉）

三　教育主張

先生論心學雖采陽明、蕺山之說，但論教育則力闢明代學者的空疏無用。他的主張是要博通經史，明之於心，致之於實用。「讀書不多無以證斯理之變化，多而不求諸心則為俗學」（《先正事略・名儒》本傳）。即由博而約的工夫，其目的則在致之於實用。先生志在用世，所以平日教學者亦以經世相期許，而對於當時空疏無用的學風，曾有一次很痛切的攻擊：

儒者之學，經緯天地，而後世乃以語錄為究竟，僅附答問一、二條於伊洛門下，便廁儒者之列，假其名以欺世。治財賦者則目為聚斂，開閫捍邊者則目為粗才，讀書作文者則目為玩物喪志，留心政治者則目為俗吏；徒以生民立極，天地立心，萬世開太平之闊論鈐束天下。一旦有大夫之憂，當報國之日，則蒙然張口如坐雲霧。世道以是潦倒泥腐，遂使尚論者以為立功建業，別是法門，而非儒者之所與也。（〈贈編修弁玉吳君墓誌銘〉）

這一段話固然是對於當時王學末流之空疏無用痛下針砭，也就是他的教育主張，講學宗旨。梨洲不僅不滿意於當時的學風，且對於當時的教育制度亦表示不滿，並在積極方面提出自己的意見。他的教育意見分學校與取士兩類，於學校則主張廣大其意義，於取士則主張廣開其門徑。吾人試按照《明夷待訪錄》上所載分類敘述於下。

（一）學校。據梨洲先生的主張，學校不僅為養士之機關，且為政府與社會衡論一切是非的場所，學校是超政治的一種組織，同時又是監督政府的最高機關。負學校行政責任的首領，在太學稱「祭酒」，在郡縣學稱「學官」，他們的地位應尊於一切政府官吏。太學祭酒推擇當世大儒充當，或就退休的宰相充當，其重要與宰相相等。除平日處理學校政務及製造輿論外，再逢朔日，公開講演一次，此時祭酒南面講學，天子率領百官咸就弟子之列，北面聽講。講學以外，凡關一國政治的得失，祭酒可直言陳述，令負有責任者採納改良。郡縣學官不由政府選除，由地方公議推請名儒主持，其資格不限階級，自布衣以至宰相之謝事者，只要學行相稱，皆可充當。學官的權限非常擴大，在學校以內，如教師的聘請，學生的考試及升降，校舍及校產的管理；在學校以外，如書籍的檢定，出版的審查，名勝古蹟的保管，先賢陵墓祠宇的修飾與表彰，民間吉凶儀式的規定，及風俗的改良，一切地方的學校教育與社會教育，皆在學官職責範圍以內。除此以外，每逢朔望等日，舉行公開講演一次，凡一邑的縉紳士子皆須到會，郡縣官吏亦就弟子之列，北面聽講。在這個時候，凡關於地方政治的得失，亦得直言糾繩，貢獻主張於地方政府。

在學官之下，郡縣設有五經師及兵法、歷、算、醫、射等科教師，皆由學官擇聘。郡縣學多設在郡縣城內，凡城外人口稠密之大市鎮，亦得設學置經師。凡經師所教，皆屬於高等學校性質。其外還設立小學，為民間兒童受教的地方，充當小學教師的謂之蒙師。除原有學宮外，凡地方寺觀庵堂，無論在城在鄉，一律取消，大的改為書院，小的改為小學，所有產業即撥充學校經費。

由以上看來，先生對於學校的性質，是擴充到極大，對於學官的地位與職權又提升到極高。但同時對於學生的權利亦非常注重，學官有品行不良及不稱職的，學生可由公決而更換之；郡縣長官年少無實學，且

亂施壓力於學官及各儒者，學生可群起而驅逐之。學校是社會的中心，學生可以在規律之內發揮民權，這種教育思想含著極重大的革命意義。

　　（二）取士。明代政府取士，只科選一途，而既取之後任用太驟。梨洲先生深致不滿，乃立一改良的標準，「寬於取士，而嚴於用人」。所謂「寬於取士」，即為士子多闢幾條出路，而國家得以盡量收羅人才。先生所擬出路共有八條：一為科舉，二為薦舉，三為太學，四為仕子，五為郡邑佐，六為辟召，七為絕學，八為上書。出路既多，士子進升的機會多，凡有一技一能者，庶不致湮沒無聞，國家得以治理，社會得以安定──先生以為。但一方雖廣開門徑，一方還要防止浮濫，所以又有「嚴於用人」的限制。在嚴於用人的原則之下，八條門徑皆有規定，而以改良科舉之法為較詳。改良科舉的辦法，是採取朱子的〈貢舉私議〉，以分年、分科考試為原則。每次分四場：第一場試經，第二場試子，第三場試史，皆分年各考試數種；第四場試時務策三道，不分年。試經仿唐代墨義的辦法，而稍為變通，即凡答經文者須先條舉註疏大全，及漢、宋諸儒之說，然後以己意申加按語，作結論──或折中諸家之說，或自由發表創見，不要拘守一家的說法。梨洲謂照這樣辦法，既可以免掉空疏的毛病，又可以養其自由研究的精神。

今平催蕎相過皆閱讀諧語難復不惡
坐論文互若有所缺耳
兄天資高邁學業勇徃正在今日切願不
塵務干懷恨鏡完上前者聊以為戲兩
兄乃云必有所償安得此流俗之論乎少
斷歲乃古本也歇租陽一首今以二十冊奉
煩前見架上歐陽文忠公集紙校新亮兩
架上者幸候來命進數月又可轉換也
弟夢頓首
道濟道兄

黃宗羲手跡

第三節　顧亭林（西元 1613 年—西元 1682 年）

一　生活小史

　　崑山亭林先生，名炎武，字寧人，生於明萬曆四十一年，死於清康熙二十一年，享年七十歲，與黃梨洲完全同時。兩人皆為明末遺老，不肯臣事清朝者，但梨洲豪邁，而先生耿介絕俗。先生狀貌奇特，雙瞳子中白而四邊黑，三歲因病又眇一隻右眼，其貌似不足稱，但其博學多識，志大氣剛，差不多推為清初第一人。他的家世雖不及梨洲高貴，但也算是縉紳之家的子弟，七歲入蒙學，十一歲讀《資治通鑒》。嗣母王氏頗有學識，當十七歲時，以其嗣父的未婚妻資格自請歸來守節，作寡婦生活，性情亦算特別。平日以古今忠臣烈士的傳記訓誨先生，當南京陷落絕食死難時，她又遺囑以勿事二君為勗勉，則先生的性情為嗣母王氏所陶鑄者為不少了。先生是一位明體達用的通儒，富於民族思想的志士，一生遍遊關山險要，以寄其懷抱。四十五歲以前，多在江南一帶，四十五歲以後，足跡遍北方各省，凡邊塞地方尤所注意。到晚年，乃卜居於陝西的華陰，即以此終老。

　　先生精力絕倫，最精於經學與音韻學，為清代考證學的開山老祖。一生極不滿意陸、王空疏虛誕的學法，對於陽明學派攻擊尤烈。他說：

　　今之君子，聚賓客門人數十百人，而一皆與之言心言性，舍多學而識以求一貫之方，置四海困窮不言而終日講危微精一之說，我弗敢知也。（〈答友人論學書〉）

　　試過細玩索這一段話，該是何等痛切！所以他平日不言理學，不談性命，只講求實用，講求通經致用的學問。亦不肯多開講會，號召門徒，他以為這是學者純盜虛聲的手段，徒足以鼓動人心，敗壞風俗——

這是與梨洲相左的地方。[2] 平生著作宏富，以《日知錄》一書尤為畢生精力薈萃之作。關於教育論文，除《日知錄》外，散見於《亭林文集》中，留待下面另述。

二　教育思想

亭林先生看出明末社會有兩大毛病：一為學者徒尚空談而無實用，二為流入狂禪而不講氣節。後者為王學末流所演出的現象，前者除了王學的影響外，還有教育制度的關係。當今社會以士族階級為中堅，倘這一班人既空疏無用，而又寡廉鮮恥，失了中堅的資格，結果必致於亡國以亡天下。亡國不過「易姓改號」，其禍尚小；亡天下則「仁義充塞，而至於率獸食人，人將相食」，其禍最烈。他是具有極大抱負的一位賢士大夫，既看出當時兩大毛病，而這毛病已演出極不良的結果，所以不惜大聲疾呼以圖挽救。挽救的方法，對於前者則提倡能夠致用的實學，對於後者則提倡尊廉尚恥的美風。觀其與友人論學書，處處以有用之學及移風易俗為言；觀其《日知錄・世風篇》內，屢屢以名教廉恥為倡，可以知其宗旨之所在了。我們歸納起來，他的言論，不外「博學於文，行己有恥」八個字，這八個字就是他的教育原則。他說：

> 愚所謂聖人之道者如之何？曰博學於文，曰行己有恥。自一身以至於天下國家，皆學之事也；自子、臣、弟、友以至出入、往來、辭受、取與之間，皆有恥之事也。嗚呼！士而不先言恥，則為無本之人；非好古而多聞，則為空虛之學。吾見其日從事於聖人而去之彌遠也。（〈與友人論學書〉）

以「博學於文，行己有恥」為原則，其目的在養成「成德達材，明先王之道，通當時之務，出為公卿大夫，與天子分猷共治」（《亭林文

集‧生員論》上）的治術人才。這種人才，有學有行，有為有守，在朝可以治國安民，在野可以移風易俗，不必高談心性而心性之理自在辭受取與之間。

三　對於教育制度的建議

亭林先生對於當時的科舉制度，深表不滿。他所視為毛病的有四點：（1）考試的程序太多，非常特異之才無由拔出。（2）考試的範圍太狹，則淺學無識之徒稍一預備，皆可僥倖中式，難以培養實學。（3）程文的格式太板，一則違反作文的原則，二則徒以養成抄襲剿說，及浮誕無根的習慣。（4）取士太濫，而任用又太驟，結果生員遍天下，皆為害民亂政的蟊賊。四點毛病中，尤以第三、第四兩點為最。[3]

改良的方法亦有四：

（1）取消歲貢與舉人二法，以辟舉及生儒兩制為取士的途徑。辟舉之制，不問生員與否，只要學行優良，皆得由地方政府薦之於中央。生儒之制，平日養之於學校，迨學業有相當的成就，即可由地方政府遴選送入中央，直接應禮部試驗，不必經鄉試一道手續。

（2）生員養於郡縣學校，待遇從優，而名額從減，每人挑選亦極嚴格，在禮部取中以後，雖成進士，所授不過簿尉親民之職，則士子幸進速成之心自然可以消弭。

（3）試題範圍須擴大，「凡四書、五經之文皆問疑義，使之以一經而通之於五經；又一經之中亦各有疑義。四書、五經皆依此發問，其對者如朱子所雲通貫經文，條舉眾說，而斷以己意。其所出之題，不限盛衰治亂，使人不得意擬，而其文必出於場中所作，則士之通經與否可得而知，其能文與否亦可得而驗矣」（《日知錄‧科舉》）。

（4）取消八股程文，令士子自由創作，而俊異之才自然可出。總之，政府以實學為教，士子則以實學為學。政府取士力求嚴格，而士子亦必束身白愛，奮勉有加。行之數年，則真才實學自然養成。按亭林先生這種改良意見，與梨洲所見大同小異，不過梨洲偏重在學校方面，而先生偏重在科舉方面。

四　研究方法

亭林所以推為清代考證學的祖師，他的學術思想所以影響於後代的，一方由於其實學之提倡，他方更在於其科學的研究方法。他平日頗推崇朱子，不僅所謂「博學於文」，秉著朱子的「下學上達」之教，即研究學問的精神亦與朱子近似。我們把他的科學研究法列舉數條於下。

（一）貴有創造。先生謂著書之所以難，在能「自成一家言」，即是從研究中有心得，有創見，以自己所有的心得與創見自由發表而為文章，才能「自成一家言」。例如「司馬溫公的《資治通鑒》、馬貴與的《文獻通考》，皆以一生精力成之，遂為萬世不可無之書」（《日知錄・藝文》）。創造的反面即因襲或剽竊，這是亭林所最痛惡的。他說：「有明一代之人，其所著書無非竊盜而已。……今代之人但有薄行而無俊才，不能通作者之意，其盜竊所成之書必不如原本，名為鈍賊何辭？」（《日知錄・藝文》）所以在他的改良科舉意見裡面，有這樣說法：「蓋救今日之弊，莫急乎去節抄剽盜之人」，「今日欲革科舉之弊，必先示以讀書學問之法」。（《日知錄・科舉》）所以他自己一生著作，完全按照這種精神，絕無一語蹈襲古人，尤以《日知錄》一書為最好的例子。「愚自少讀書，有所得輒記之，其有不合時，復改定，或古人先我而有者，則遂削之」，由他自序其《日知錄》的一段話，即可以看出他力避蹈襲的精神了。

（二）多方實證。每著一篇書，或研究一個問題，必從多方搜取證據。證據分本證與旁證兩類：「列本證、旁證二條，本證者詩自相證也，旁證者采之他書也。二者俱無，則宛轉以審其音，參伍以諧其韻。」（《音論》）這是他自述治音韻學所用的法則，關於其他著述也是一樣。亭林不僅從書籍裡面尋找證據，並從地理或社會方面實地考察。全祖望說：「凡先生之遊，載書自隨，所至厄塞，即呼老兵退卒，詢其曲折，或與平日所聞相合，即發書而對勘之。」（《鮚埼亭集・亭林先生神道表》）《天下郡國利病書》及《肇域志》等書，莫不本此精神作成，這種客觀的實證法，值得讚美。

第四節　顏習齋（西元 1635 年—西元 1704 年）

一　生活小史

實用主義的教育之提倡者，當推博野的顏習齋先生。先生對於宋明理學諸家一律反對，除了胡安定一人外；他的主張是要直接仿照孔子的教法，以詩書六藝為教的。既是以實用主義相號召，所以他都是以身作則，能夠吃苦耐勞，能夠節制嗜欲，做一個實行者，凡宋、明學者的雍容自得的態度，靜坐讀書的習慣，完全破除了。他的這種思想，雖因看不慣明末性理之學的空疏所起的反動，但他的性質卻於他所處的環境及幼年所受的教育很有關係。

習齋名元，字渾然，生於明崇禎八年。他的父親名詠，原籍博野，以貧無聊賴，投入蠡縣某胥吏朱家為養子，遂為蠡縣人。在習齋年將四歲時，顏父因與朱翁感情不相融洽，乘清兵入關的當兒，亡命遼東，以後不知下落。過了數年，朱翁續配，生了一個兒子，待遇顏氏母子更

薄，顏母又難安於其家，因此改了嫁。當此之時，先生才十二歲，所以少年時代是很孤苦的。先生年將弱冠時，朱翁經過一次訟案，家產蕩盡，凡一家生活費用全由他擔負。先生一面讀書，一面耕田種菜，勞苦淬礪以奉養他的恩祖父母。在這困苦憂患中，自然經過很大的磨煉，逼得他對於人生社會上另有一種認識。加以幼年時所從的塾師為一異人——善於騎射劍戟及百戰神機之術，而又以治醫為生之人。所以在他三十歲以前，性質特殊，興趣屢變，忽而學仙，忽而學醫，忽而學兵，後來又研究理學，到最後才歸於實用。

習齋先生自二十三歲至三十四歲的十年間，專心研究宋、明性理之學——初喜陸、王，後信程、朱。將他的書屋取名思古齋，自稱思古人，對於程、朱的信仰是極高的。當三十四歲時，遭恩祖母的喪事，從喪禮中感覺朱子家禮之不合人情，由此大悟宋、明性理之學及講學之法皆錯了，皆不是孔、孟的舊說。於是幡然改悔，捨棄宋、明學者的一切成法，直接以孔、孟之學為學，直接以孔、孟教人之法為法，把思古齋改為習齋，特別注重一個「習」字，所以世稱習齋先生。先生教書生活始於二十四歲，當初自然謹守程、朱成法，至十年之後，特標異幟以來，很能引起社會上的注意，所以從游的人也很多。康熙三十四年，先生已五十七歲，南遊洛陽，與理學諸家開了一次辯論。三十三年，肥鄉郝公聘請主教漳南書院，再三推辭不了，才應命前往，在這裡即實行他的教法，習樂習禮起來，計劃也很大，但不到半年，因水災之故遂辭職歸里。再過十年，先生乃終老，享壽恰近七十。先生以養子的地位，十七歲取得縣學生員的資格，終身未曾做官，以耕田而兼教書的生活，堅苦奮鬥一生，其教育主張雖在當世特放一異彩，但不再傳而即淹沒，可知習俗之力的偉大。

二 論性質

　　習齋先生反對宋儒之說有二：一為性的解釋，二為講學的方法。我們暫把第二點放在以後討論。先生認性與氣質是一件東西，性固然是善，氣質也是善的。氣質為二氣四德所結聚而成。二氣即程、朱所謂「氣」，四德即程、朱所謂「理」即「性」，是氣即性之質，性即氣之理，既說性善，又說氣惡，此乃不通之論。那麼，惡是怎樣來的？他以惡是從外面所生的，即由外面環境的引誘，吾人的感官被它矇蔽了，失了正常的作用，於是有惡之名。不過環境之所以引誘，由於氣質之本然力量未曾養得純熟的緣故，否則惡亦引誘不來。先生並以視覺器官及視覺來說明氣與性之關係，有一段話解釋得極好：

　　譬之目矣，眶皰睛氣質也，其中光明能見物者性也，將謂光明之理專視正色，眶皰睛乃視邪色乎？余謂光明之理固是天命，眶皰睛皆是天命，更不必分何者是天命之性，何者是氣質之性。只宜言天命人以目之性光明能視，即目之性善；其視之也，則情之善；其視之詳略遠近，則才之強弱：皆不可以惡言，蓋詳且遠者固善，即略且近者亦第善不精耳，惡於何加？唯因有邪色引動，障蔽其明，然後有淫視，而惡始名焉。然其為之引動者性之咎乎，氣質之咎乎？若歸咎於氣質，是必無此目而後可全目之性矣，非釋氏六賊之說而何？（〈存養編〉）

　　先生後來並以衣水及牆壁等實物來比喻性與氣質之關係，總不外認氣為性之體，性為氣之用，二者實是一物，原來皆善，惡是後來習染一類的話，我們毋庸多引。至於宋儒「學以變化氣質之說」，他也認為有毛病。氣質既然是善的，何用變化？所謂「變化」二字，只可當成培養解釋，將嫩濯的氣質培養到壯盛，將枯槁的氣質培養到豐潤，如「德潤身

晬面盎背施於四體」一樣。若謂「變化氣質之惡以復性」，乃是不通之論。譬如衣服謂之氣質，蔽體禦寒等作用謂之性。衣服原無汙穢，後來所著汙穢，當然是由外面染上的，教育不過洗濯後來所染的汙穢，於衣之本質毫無變化，當不難明了。

三　習行主義的教育論

　　宋、明諸儒既以氣質為惡，所以全部的教育都在變化氣質上面做工夫，這種工夫又偏於講論，所講論的不外性命之理。性命之理無論講得如何通透，終是鏡花水月，難以捉摸，即有所捉摸，不過高談元妙而已，於實際生活無關，結果儘教成一班無用之腐儒。習齋先生的教育宗旨是要造成全體大用的通儒，這種人才，五官健全，氣象活潑，能耐勞苦，有實在學力而能實用的。吾人要培養這一等人才，須一洗宋、明埋學家的陋習，直接模仿周公、孔、孟的教法。所謂周公、孔、孟之教：重實習，不重講論；重力行，不重涵養；重活動，不重靜坐。即或有聽講論，也只可以講明性命之作用，不能講論性命之理由。所謂性命之作用，即詩書六藝之類。詳細些說，性命之作用即堯、舜之六府三事，周公之三物，孔子之四教，及兵、農、錢、谷、水、火、工、虞一類的知識。總之應以社會國家實用的知識為教材，教學生如何習行，在習行的進程中遇到不懂時才加以講說，所講亦不過占習行的時間十分之一二。以這樣為教，注重一個「習」字，體格也鍛鍊了，氣象也活潑了，知識又切實，自然能夠教成一班有用的通儒。先生關於教育很有價值的一段話，我們寫在下面：

　　僕妄謂性命之理不可講也，雖講人亦不能聽也，雖聽人亦不能醒也，雖醒人亦不能行也。所可得而共講之、共醒之、共行之者，性命之作用——如詩書六藝之類而已。即詩書六藝亦非徒列坐聽講，要唯一講

即教習，習至難處來問，方再與講。講之功有限，習之功無已。……唯願主盟儒壇者，遠溯孔、孟之功如彼，近察諸儒之效如此，而垂意於習之一字，使其為學為教，用力於講讀者一二，加功於習行者八九，則生民幸甚，吾道幸甚。(〈存學篇〉)

先生一方面提出自己的主張，一方面攻擊宋、明諸儒的教法。他說：「宋、元來儒者卻習成婦女態，甚為可羞。無事袖手談心性，臨危一死報君王，即為上品矣。」(〈存學篇〉)這都是看不慣明末王學末流的空疏，而發此過激之論的。先生謂即或講性命之理也當放在作用之後，若先講理而後講作用，未免難易倒置，於教育原理不合。即先把性命之理講懂了，後來亦無法教以六藝之術，一因為自以為高明不肯作此瑣繁事，二因強不知以為知，三因筋骨已嬌脆，亦不能日日習禮習射了。最後他以學琴一事為譬，更見明快：

譬之學琴然，詩書猶琴譜也，爛熟琴譜，講解分明，可謂學琴乎？故曰以講讀為求道之功，相隔千里也。更有一妄人指琴譜曰：「是即琴也，辨音律，協聲韻，理性情，通神明，此物此事。」譜果琴乎？故曰以書為道，相隔萬里也。(〈存學篇〉)

所以先生於宋儒中只取胡安定，以安定分科設教，重實學不重空言。至於教育目的，仍是學為聖人，所謂「全體大用之儒」，就是「聖人的本領」，沒有新意。

四　教法

先生既以習為學，所以平日教諸生也特重一個習字。所習的什麼？年齡幼小的，教他們學習灑掃、應對、進退等儀節；年齡較大的，教他們分日習禮、習樂、習射、習御、習書、習數，此外所要研究的，不外

兵、農、水、火、錢、谷等類有用的知識。假如我們走進習齋去參觀，架上所布置的不是《性理大全》，是詩書六藝之書；室內所陳列的，不是太極八卦圖，是琴瑟管弦及弓箭之類；師徒所演習的，不是瞑目靜坐，是進退揖讓，或歌謳舞蹈一類的動作，雖然不脫一套古禮，但總呈一堂活潑氣象，有威有儀，比較宋、明理學家之靜的教育有價值多了。在他四十一歲時，因門人來學的逐日增加，訂了一個教規，共計二十一條，可以分成五類。第一類關於道德方面的有四：（1）孝父母，（2）敬尊長，（3）主忠信，（4）申別義。第二類關於品格方面的有三：（1）禁邪僻，（2）懼威儀，（3）肅衣冠。第三類關於課業方面的有九：（1）勤赴學，（2）重詩書，（3）習六藝，（4）敬字紙，（5）習書，（6）講學，（7）作文，（8）六日課數，（9）戒曠學。第四類關於社交方面的有五：（1）行學儀，（2）序出入，（3）輪班當值，（4）尚和睦，（5）貴責善。其中所要注意的有二點：關於課業方面分講與習兩類，每日講說兩次，習字一次，六藝則分日學習。「輪班當值」一條，即服務之意，如灑掃、汲水、燃火一類的事務，多半由十五歲以下及程度較劣的學生充當。但無論何人，如犯了過失，則罰令做這些小事，又寓有懲罰之意。先生又以當世社會所通行的兒童教科書——《三字經》開章便說「人之初，性本善」，是宋儒所編，不合兒童之用。他自己寫了一部《三字書》，囑他的門人李恕谷押的韻，——共有一百二十七韻，三百五十一字。他的全部教育主張，皆包含在這裡面，雖然比較淺近切實，但完全返乎周、孔之古，沒有新的發明。

第五節　李恕谷（西元 1659 年—西元 1733 年）

一　生活小史

　　習齋有高第弟子二人：一為李恕谷，一為王崑繩。崑繩名源，工於文章，性情恢奇，歸於遊俠一流，於教育方面毫無表現。恕谷名塨，字剛主，生於河北蠡縣，是最能遵守習齋家法的一個人。他的父親明性，是明朝的諸生，極講孝道，世所稱「孝愨先生」。習齋也是一個純孝子，孝愨晚年認識了他，所以讓自己的兒子拜他為老師。恕谷生於順治十六年，兒童時已受了很好的家庭教育，拜習齋之門已是二十一歲了。二十三歲即在家中開設私館，教授生徒，二十七歲時始往京師講學，三十二歲中了順天府的鄉試，以後仍舊繼續他的教授生活。他的性情也是特殊，忍苦耐勞，差不多與他的老師一樣。家中雖極貧困，但不肯做官，於講學之外往往兼務農、行醫以維持生活。他也很善於耕稼，領了他的妻妾子婦，在田中一齊耕作，有時收穫雖豐，他們的用度還是極其儉約。到六十歲才做了通州學正一點小官，做了兩個月就辭職歸家了。在中年時，李氏遷居到博野，一方為習齋建祠堂，一方在那裡收召後學，所以他在博野的時間很長。但他的學問很博雅，所從教師很多，不止習齋一人，不過以習齋之學為主要，他的教授方法及對於教育主張，完全採取習齋的。他活了七十五歲，卒於世宗雍正十一年。平生著作很富，關於教育方面的，有《大學辨業》四卷，《聖經學規》二卷，《小學稽業》五卷，及論學雜著數篇。

二　講學大要

李氏講學完全遵守習齋的家法，重實用，重習行，對於朱、王兩家一律反對，尤其反對王學。他反對朱、王之說有兩點：一謂他們的太極、良知等說過於虛想，不切實際，且沒有事實證明，不足為憑；二謂專主靜坐讀書，既與社會隔絕，又失了活潑氣象，結果養成一個無用的白面書生而已。關於第一點，他以畫鬼與畫馬來比喻：

管廷耀問學。予曰：畫家言畫鬼容易，畫馬難，以鬼無質對，馬有證佐也。今講河洛、太極者，各出心手，圖狀紛然；而致良知者又猖獗自喜，默默有物，皆畫鬼也。子志於學子臣、弟友、禮樂、兵農，亦畫馬而已矣。（〈李氏遺書論學〉）

關於第二點更有很沉痛的話：

耽志讀書，則不嫖不賭耳，非聖賢專以讀詩書成也。讀閱久則喜靜惡煩，而心板滯迂腐矣。……可知學文不專書冊，而謂解書冊不足學矣。故起誚者之口曰白面書生，曰書生無用，曰林間咳嗽病獼猴，而謂誦讀以養心誤矣。（《恕谷後集・與人論讀書》）

由這二點看來，李氏是不以專門讀書為學問的，反對靜坐，反對性命、良知等說的，他是要以習行為學問，講學有證據，讀有用的書，做有用的人。古人教人為學，只是教人如何做人，如何做事，以期為世大用；乃朱、王一班講學者，注重誦說，提倡靜坐，結果造成一班無用的病夫。吾人負有教育後生的責任，所以應當力闢朱、王以挽此頹風。按李氏所說較習齋更為激烈，可惜仍舊是「法古」，沒有新闢的精神。

關於他自己學習的訂有課表三種：一種訂於二十三歲，名「一歲常儀功」，即週歲學業自課表。內容在分日習六藝：一日習禮，三日習樂，

五日習律，七日習數，九日習射。一種訂於二十四歲，名「日課」，即身心自修表，共列十三條，大要關於言笑坐立及性情方面的修養。一種訂於二十九歲，才是真正日課，即「每日三分商治道，三分究經史，三分理制藝，一分習醫，而以省身心為之主」（均見《年譜》）。

關於教學生學習的，亦訂有三種：一種訂於康熙二十年，名「修學規」，共計十八條，與習齋所訂教規大同小異。一種訂於雍正元年，名「為學操程」，只有五條，是應一位學生的請求而訂的。一種名「恕谷學教」，是最普通的一種教規，他自己說此教規是斟酌習齋的修改而成，所以共計十七條，也是大同小異。

關於教材，李氏自編了兩種：一種是為小學生用的，名《小、學稽業》；一種是為大學生用的，名《聖經學規》。這兩種書頗有價值，井井有條，逐步漸近，比較習齋進步多了。《小學稽業》共分五卷：第一卷為小學四字韻語，彷彿概論。第二卷共分八段，即：食食、能言；六年數數、方名；七年別男女；八年入小學、教讓；九年教以數日；十年學幼儀、一切日常生活的知識。第三卷為「學書」，第四卷為「學計」，第五卷又分三段，即：學樂、誦詩、舞勺——關於十三歲兒童的學程。《聖經學規》分成二卷：第一卷有《論語學規》三十九條，《中庸》三條，《孟子》十一條，第二卷有《尚書》三條，《易經》一條，《詩經》一條，《周禮》八條，《禮記》九條。每條錄取關於論學的經文，下附以自己的解釋，意在以三代以上的聖人求學教人法則作為榜樣，以開示學者。

本章參考書舉要

（1）《南雷文案》

（2）《明夷待訪錄》

（3）《亭林遺書》

（4）《日知錄》

（5）《顏李遺書》

（6）《李恕谷集》

（7）《清儒學案》的各家本案

（8）《先正事略》的各家本傳

（9）《清代學術概論》（梁啟超）

---

[1] 《明儒學案序》：「盈天地皆心也，變化不測，不能不萬殊。心無本體，工夫所至即其本體，故窮理者窮此心之萬殊，非窮萬物之萬殊也。」

[2] 《亭林文集・與友人論門人書》：「伏承來教，閔其年之衰暮，而悼其學之無傳，其為意甚盛，然欲使之效曩者二三先生，招門徒、立名醫，以光顯於世，則私心有所不顧也。」

[3] 《日知錄・科舉》：「愚以為八股之害等於焚書，而敗壞人才有甚於咸陽之郊所坑者。」《亭林文集・生員論》中：「廢天下之生員，而門戶之習除；廢天下之生員，而用世之才出。」

《日知錄・科舉》：「今則遐陬下邑，亦有生員百人，即未至擾官害民，而已為遊子之徒，足稱五蠹之一矣。」又：「其中之劣惡者，一為生員，即思把持上官，侵噬百姓，聚黨成群，投牒呼噪。至崇禎之末，開門迎賊者生員，縛官投偽者生員，幾於魏博之牙軍，成都之突將矣。」

第四十章　清代教育家及其學說（三）

第一節　概論

　　考證學啟蒙於康熙初，年到乾隆時而大盛。由乾隆而嘉慶，由嘉慶而道光，這三朝一百多年，由政府的蓄意提倡，由利祿的有力驅使，加以二三宿學為之推動與宣揚，風氣所播，上下成習，雖荒村學究，莫不談經服古，這一學派於是占了學術界的全面積。開山老祖為崑山顧氏，繼續努力的有太原閻氏、德清胡氏，至長洲惠氏、婺源戴氏遂集此學之大成。這一學派人才太多，若是一一敘述，殊嫌重複，且有些於教育史上無大關係；所以我們拋開啟蒙時期，逼直從全盛時期敘起。在全盛時期，也只取長洲惠氏及婺源戴氏兩係為代表，嘉定王、錢二氏介於惠、戴兩系之間，略與惠氏接近，合計十人，其餘一概從略。惠氏一系，絕對墨守漢儒家法，對於宋、明理學——無論程、朱，陸、王——一概攻擊，可稱作純粹漢學家。戴氏一系，於漢學的成績雖較惠係為大，但於理學只攻陸、王之空疏，並不反對程、朱，且對於朱子的淵博處表示相當的崇拜。尤其居考證學派的盟主地位的戴東原氏，於性理學且有嶄新的發明，透徹的了解，力反宋、明理學家的陋說，而自闢一種「戴氏哲學」，影響於教育思想方面頗為偉大。這一學派雖自命為實學，其實大家的精神完全消磨在故紙堆中，於實際生活毫無關係。他們性情尚多耿介，行為亦多狷潔可風，雖多涉獵過政治生涯，但皆以講學著述為本業，對於誘掖後進、鼓動風氣，個個皆具有相當的熱心，所以吾人也可以教育家稱他們。至於他們一班人所貢獻於教育上的，除戴氏外，沒有什麼教育理論，卻在於他們的研究方法。他們所研究的對象雖然不能純屬於科學，但他們確實採用了科學方法。這種方法的唯一條件要「客

觀」，在客觀的條件之下，須有證據、有比較、有綜合，才能由假說而成為定論；且要能自樹立，能自闢新境，不為成見所拘，不為陳說所囿，才有價值。考證學派在學術方面所以奏空前的偉績，全賴有這種方法與精神；這種方法與精神，實給予後來研究學問者以許多啟示，與宋儒空談「玩索」或「體驗」者完全兩樣。

第二節　吳中惠氏

一　緒言

　　惠氏先代本為甘肅扶風人，在南宋初年，高宗南遷，居於浙江湖州；再傳五代，又遷於吳縣，遂為江蘇籍了。他們屢代以經學名家，即取經術為教授，頗有漢代經師家的遺風。開始以經術教授者為樸庵先生，由樸庵先生一傳到元龍，再傳至天牧，三傳至定宇，官階以元龍、天牧二代為盛，而經學到定宇則更達於精深。樸庵名有聲，尚為明時人，是一個歲貢生，以九經教授於鄉里。元龍名周惕，一字研溪，已為清代人物了。他在清廷已取得庶吉士的資格，本可以位全列卿，只以不習滿洲文，僅做了幾任知縣完事，可算倒楣。但以少傳家學，長又師事徐坊、江琬諸人，又遍遊四方，與當代名士往還，所以學術日進，很有著述。由元龍而傳至其子若孫，則惠氏經師家之門戶乃屹然高聳。

二　惠士奇

　　士奇先生字天牧，自號半農居士，生於康熙十年，卒於乾隆六年，活了七十一歲（西元 1671- 西元 1741 年）。十二歲便善詩，二十一歲補

了博士弟子，三十八歲始成進士。在成進士以前，學問已有深造，凡六藝九經諸子及《史》、《漢》等書莫不博通。三十八歲以後，屢主文衡，而以在廣東成績最大，聲名亦由此鵲起。拜廣東督學之命，他已四十九歲。在廣東提督學政任內，消極方面，以廉潔自誓；積極方面，以經學為提倡。提督學政的職權，在管理一省教育行政，兼司考試，而先生以提倡學術、獎掖後進、開化地方為己任，頗具教育家的精神。[1] 到任之日，即頒布教條，以九經為主要教材，凡諸生來學能背誦五經及背寫三禮、《左傳》的，皆給以獎勵。三年之後，粵東士子棄時文而專攻經術的日多，明學空疏之病為之一掃。在職六年，培養的人才不少，當地人士也至為感戴；所以於他離開廣東之後，留下了不少的去後之思。

三　惠定宇

定宇先生名棟，號松崖，是天牧的次子，是惠氏家學之大成，是清代漢學家之泰。但僅以縣學生員終老林泉，一生以私人講學為業，門生弟子遍東南，又是一位純粹的教育者。先生生於康熙三十六年，二十歲頃補了諸生，二十四歲隨天牧於廣東官所。天牧講學粵中，門徒濟濟，而以蘇珥、羅天尺、何夢瑤、陳海六為高才生，稱惠門四子。這四人與先生為莫逆交，但論到學問該洽，則皆自以為遠不及，蓋此時先生的學業已有很大的成就。惠氏屢代傳經，家中藏書甚富。先生既生長在這饒有書味的家庭，而又天性篤志好學，所以有這樣偉大的成功。在幼小時，自經史諸子百家雜說，以及釋、道二藏等書，無不窺閱，著意探討；五十歲以後，才為專門的研究，以經術為本務。經術之中，以《易經》一門學力尤邃，所著《周易述》一書，盡三十年的精力，易稿四、五次，猶不許為定本，這種研究的精神殊足以令吾人欽佩。惠氏雖以屢代科甲

出身，兩世入詞館，但天牧以晚年遭讒，罰令毀家修城；所以到先生時，家境已極貧寒了。先生雖「凝重敦樸」，或亦感於清廷之喜怒無常，所以不問世事，寧守淡泊，專門以著述講學寄託其精神，較為閒逸。但他所講為專門漢學，與漢代經師家的興趣同樣，全在故紙堆中討生活。平生著述頗多，雖對於古書的真偽若辨黑白，古書的意義有新解釋，其探討闡發之處，全具科學的精神；但對於學理方面絕少貢獻，且評斷是非，全以古今為標準，似若凡漢儒以上所說皆是對的，不免有些褊狹之見。但惠門弟子傳其學業有成的很多，即王鳴盛、錢大昕、戴震諸人亦曾執經問難，則惠氏家學之影響於當代學風，蓋亦不小。[2] 先生一生未嘗遠離家鄉，只晚年赴北京一次。及應兩淮鹽運使的聘請往邗上講學一次。至乾隆二十年去世，享年六十有二歲。

四　惠門弟子

惠氏受業弟子，以余蕭客江聲為最知名。余氏字仲林，別字古農，為吳縣人。狀貌奇偉，頂有二肉角，疏眉大眼，口侈多髯如軌革。性情亦極特別，負有奇才，而終身不得志。幼年受母氏的教育，以家貧不能買書，為一書店主人所賞識，贈以許多經史，因此更引起其讀書的興趣，閉戶潛修，博覽群書。年二十二歲，受業於松崖先生之門。後來設館於同縣朱氏之家，朱家藏書極富，因得遍讀四部之書，學業由是益博。嘗往元妙觀閱道藏經，往南禪寺閱佛藏經，日夜誦習，精神虧損太甚，雙目為之失明，然已著述不少了。目力既失，不復能著述，乃以經術教授鄉里，閉目口授，門徒極盛，時人稱為「盲先生」。

江氏字鱷濤，後改叔沄，與余氏為同鄉。少時與其兄震滄同學。即對於《古文尚書》有懷疑，中年師事松崖先生，得讀所著《古文尚書考》

及閻氏《古文疏證》，乃知古文及孔傳皆晉時人偽作。於是集漢儒諸家之說，成《尚書集注音疏》一書，其所發明往往為閻、惠二人所未及。性情耿介，不慕榮利，終身不為括帖事，以著述講學老其身。在晚年，自以性情不與世俗合諧，取反背之義，自號艮庭，學者稱艮庭先生。

第三節　江永（西元 1681 年—西元 1762 年）

清代考證學的盟主，應推婺源戴氏；而戴氏的學問多半出於其同鄉江氏。清之江、戴，與漢之馬、鄭，同以師徒而皆為一代經師大儒，相距一千五百年間，而有此後先相輝映的一對人物表現於中國寰宇內，確是教育史上的一種特色，但江氏的學力超過於馬氏，戴氏的學力亦超過於鄭氏。戴氏不僅為一代經師，且富有創造的思想，於學理方面很多貢獻；而江氏對於宋學亦有極深的淵源；他們實兼考據與義理為一的一代學術界的巨子，則前賢應當讓後生了。

江氏名永，字慎修，是安徽婺人。平生著作滿家，約計近二十種，凡有一百七、八十卷。史稱他「讀書好深思，長於比勘，於步算鐘律聲韻尤精」。（《先正事略》及戴震《江先生傳》）先生對於周、秦以前的禮制，用力很深，仿照朱子《儀禮通傳經解》編了一部《禮書綱目》，凡八十八卷。又集注了朱子的《近思錄》十四卷，自謂此注是此錄的牡鑰。先生生長在朱子的原籍，對於本鄉先賢不免有很深的印象，他平日未曾攻擊過宋學，這兩部書就是他的理學的表現，也許暗示自己為朱子的繼述者，——我們在他自序這兩部書裡頭的語氣，可以發覺出來。

先生總算是一個貧窮的教育家。平生未曾有過政治生活，自二十一歲補縣學生員，至六十二歲始充歲貢生，而竟以此終老。在諸生時代，即從事於私人講學生活，於自己家鄉私設講壇，一面著書，一面授徒，

既不問外事，而亦沒有問事的機會。[3] 終身在教育方面討生活者垂六十年，開皖系學者之先河；至於性情的恬淡，行為的謹練，比較馬氏誠超人一等。先生生於康熙二十年，死於乾隆二十七年，享有八十二歲的高齡。

第四節　戴東原（西元 1723 年—西元 1777 年）

一　生活小史

戴氏名震，字東原，少於他的老師江氏四十一年，當他往從游時，江氏已是六十一歲的老人。戴氏與元和惠氏齊名，而其學力實超過於惠氏。[4] 戴氏所生的環境遠不及惠氏，惠氏世承家業，研究容易；戴氏的學業有同崛起，而成就這樣的偉大，總算是豪傑之士了。戴氏又是個奇人，生到十歲才能言語，但一讀書則過目不忘。善於推究，一字不得其義不肯放手，此時讀《大學章句》，即以《大學》的作者一問難住了他的塾師。十六、七歲即有志於聖賢之學業，已博通群經。但他所謂聖賢之學與宋儒不同，他是要從聖賢遺下來的制度名物裡面去研究，以求所謂「聖賢之道」──關於這一點可從他的年譜及《鄭學齋記》中看出來。[5] 戴氏一生研討與講學，皆不超乎這條門徑；不僅戴氏，凡清代考證學家也多半遵守這一門徑。這是本期的一種特別學風，此時名物度數以及訓詁、音韻等專門學科所以特放異彩，原因在此。他的考運不佳，二十九歲始補縣學生，四十歲始領鄉薦。領鄉薦以後，屢次會試不中，直到五十三歲，蒙高宗的特視，許與會試中試者一體殿試，賜以同進士出身。但他的學問久已名滿天下，在五十歲以前，即以舉人的資格被召充四庫館的纂修官。成進士不久，以用心過度，積勞成病，乃於乾隆

四十二年死於官所，享年僅五十五歲，可謂學術界的一大損失。戴氏除在京師四庫館當纂修官外，一生以講學為業，凡北京、山西、揚州、邵武以及其家鄉，皆有其講學的蹤跡。及門弟子較惠氏尤多，而以金壇段氏、高郵王氏為最著。一生著作宏富，以《原善》及《孟子字義疏證》二書為發表其哲學思想的創作，關於他的教育理論我們也從這裡面搜討出來。

二　性理新解

戴氏之所以偉大，不僅在其精審的考證，尤在於其創獲的哲學思想。他的哲學思想，於其《原善》、《論性》、《孟子字義疏證》等篇中，及與當代學者往還的信札裡面，反覆辯說的很多；而以《孟子字義疏證》三卷所說更為精粹。戴氏原來的意思是不滿意於宋儒「理」字的解釋，後因「理」字以溯及「性」字，再因「性」字以推廣到「理」和「欲」字，於是「情」、「才」及「善」等類的字，凡關於千年來理學的公案，莫不重行解釋一番，組成很自然的人生哲學。我們在此地，還是按照舊樣，以「性」字為綱領，逐一敘述於下。他說：

有天地然後有人物，有人物於是有人物之性。人與物同有欲，欲也者性之事也。人與物同有覺，覺也者性之能也。事能無有失，則協於天地之德理至正也。理也者性之德也。（《原善》卷上）

性者分於陰陽五行，以為血氣心知品物，區以別焉。舉凡既生以後，所有之事，所具之能，所全之德，咸以是為本，故易曰成之者性也。（《孟子字義疏證》卷中）

人生而後有欲，有情，有知，三者血氣心知之自然也。給於欲者聲色臭味也，而因有愛畏。發乎情者喜怒哀樂也，而因有慘舒。辨於知者

美醜是非也，而因有好惡。聲色臭味之欲資以養其生，喜怒哀樂之情感而接於物，美醜是非之知極而通乎天地鬼神。……是皆成性然也。（《義證》卷下）

　　由這三段話看來，凡人與物皆本陰陽五行以成，陰陽五行即天地。人物受生之初即有人物之性，性是與生俱來的。性是所以區別人與物或人與人之品類的命名，與人物的本身是同一的，非自別於人物而另有一物。人物有血氣心知，即有血氣心知之性，凡人物本身所有之內容即其人物之性。人生有「欲」，有「情」，有「知」，這三樣全是人的本性。欲是性之「事」，表現於聲色臭味。情由欲而生，也是性之「事」，發而為喜怒哀樂。知又名「覺」，是性之「能」，可以判斷美醜是非。欲、情、知三樣可歸納為事和能兩種，這兩種全是人的本性，是自然有的。欲和情是通於耳目百體的，知是通於心的。通於耳目百體者而能順其自然，謂之「其事無失」；通於心者而能達於必然，謂之「其能無失」。事能沒有差失，則可與天地之德相協和，謂之「性之德」，此即吾人所謂「理」。故理並非一種特殊東西，凡事物之有秩序、有條理者即謂之理。事能沒有差失，即知、情、欲三樣皆能得其中正而為有秩序的合於常道的表現時，則謂之合於理。凡事與能全是自然的，謂之血氣心知之性，凡德是必然的，謂之天地之性——天地之性為血氣心知之性的中正者，其實是一物。

　　血氣心知之性既屬於自然，其中所有情慾等事也是人生自然的。凡人生自然有的，必是人生之所需要的；凡人生所需要的，絕不可遏止或消滅，所以情慾不得謂之私，更不得謂之惡。吾人所以與禽獸不同的，有兩種本能：一為「恕」，一為「節」。凡我所欲的，同時必要推及他人與我有同欲，謂之「恕」。既推及人與我有同欲必要節我之欲，以從人之欲，謂之「節」。既能恕，又能節，則情得其平，而社會得以安寧，是為

依乎天理。[6] 情慾既能依乎天理，「強恕而行」，「有節於內」，由「自然」以達於氣，「必然」使人人各遂其欲，各得其情，此孟子之所謂「人之性善」，為戴氏所折中的。換句話說，凡情慾能與天下人共同的，則謂之善，吾人的情慾既能依照天理——既恕且節，必能夠與天下共同。這種共同之心，就是人的本性，所以他又說：

善以言乎天下之大同也，性言乎成於人人之舉凡自為，性其本也。所謂善無他焉，天地之化，性之事能，可以知善矣。(《原善》卷上)

人有天地之知，能踐乎中正，其「自然」則協天地之順，其「必然」則協天地之常。孟子道性善，察乎人之材質所自然有節於內之為善也。(《讀孟子論性》)

由這樣看來，人性之所以為善，一方以它所具之情慾不是壞的，一方又有依照天理節制情慾的本能。不過吾人因所處環境不良，或材質較差，難免有任情縱慾的行為——過量的發洩；於自己有過量的發洩，於他人則有侵略的行動，這樣才謂之惡了。所以「善」非別物，乃情慾之適當的發洩——依乎天理；「惡」非別物，乃情慾之過量的發洩——縱乎人欲。最好的教育，在「通民之欲，體民之情」(〈與某某書〉)，使人人各遂其欲，各達其情；如有過量時則設法為之節制，以達到孟子「養心莫善於寡慾」的程度。但節制時至多不過至於「寡」，切不能說「無」，更不可言「滅」。「無慾」與「滅欲」，是宋儒援釋氏的陋說，違反人情，戕賊人生的意義，更非天理了。

欲與覺為性之事能，屬於血氣心知之性，一般人所謂「材質」。理為性之德，屬於天地之性，一般人所謂「理義」。所以性之內容是包含材質與理義兩種而言的，心要兼材質與理義才可以言人性之全——戴氏是這樣主張的。所以他說，「古人言性，不離乎材質，而不遺理義」(〈讀孟子論性〉)。戴氏言性多半折中孟子的說法，不僅不肯同意宋儒的見解，即

使是告子與荀子二人的言論亦表示反對。他說：

> 凡達乎《易》、《論語》、《孟子》之書者，性之說大致有三：以耳目百體之欲為說，謂理義從而治之也；以心之有覺為說，為其神沖虛自然，理欲皆後也；以理為說，謂有欲有覺，人之私也。（《原善》卷中）

由第一說，所以產生荀子的「性惡論」來；由第二說，所以產生告子的「性無善無不善論」來；由第三說，則為宋儒「性即理」的根據。戴氏以為這三說全錯了。材質由陰陽五行而成，即性所由別，乃性之事與能；離了材質就沒性了。事能沒有喪失其本然之德，即為理義，理義乃事能之中正者，材質之全德者，人心之同然者，遺了理義則性亦不全。所以必該兩種，才可以言人性之全。告、荀二家之所以錯，乃遺理義而主材質；宋儒之所以錯，乃遺材質而主理義，均與孟子所說不合。

人性既然是善的，所有人類之性相同不相同呢？戴氏謂人性雖善，只能相似不能相同，不過人與人的差異較小，人與物的差異較大。所謂「人與物成性至殊，大共言之者也。人之性相近，習然後相遠，大別言之也。凡同類者舉相似也」（《字義疏證》卷中）。人與物同由五行陰陽分之以成形，不過人類所稟是完全的，所以其性全；物類所稟不完全，所以其性限於一曲。但人性於全之中，也有智愚、厚薄、清濁的不等，往往限於一曲，不過可以由教育的力量，使不全者變而為全，此人類所以較所有其他有生之物為優秀。

總之，戴氏承認人性是善的，是包含材質與理義而得其全的。理義乃人性之「必然」，不是勉強加入的；情慾乃人性之「自然」，不可以罪惡看待的。理不是如宋儒所說，「具眾理而應萬事」之理，凡順乎人情的就謂之理，凡事得其條理的就謂之理。理義為人心之所同然，但它是客觀的判斷，不是如宋儒以一己的意見為理。理亦不是與欲相對的，它是與欲並行的，欲之有節而得其中正者就謂之理。天理不是人欲的反面，

它是自然的條理，它是順乎人情的人欲，故人欲之順者就是天理。由以上種種看來，戴氏所說雖有許多折中孟子的主張，但創獲的地方卻也不少，獨闢新解，力反千年來宋、明理學的舊說。尤其對於「理」字的解釋，特別新穎有力，推翻了宋儒「性即理」的口號，銷毀了他們以「理」字為殺人的利器，打倒了千年來「天理」二字的權威，在性理方面，在倫理方面，放射一道解放的火花，使我們讀了頓時頭腦一新。依他的解釋，則人類才有生趣，才有情味。社會的維繫不是理，亦不是法，全靠著人類生而有的同情心；所以他這種理論的價值，於思想方面的貢獻，於教育原理方面的影響，比起他的考證學大得多了。

三　教育的意義

戴氏認識清楚了性的內容，於是由性以論教育；教育是救人性之偏失的。性之大別分事與能，事屬於欲，能屬於知。欲的偏失為放縱，知的偏失為愚昧；放縱由於私，愚昧由於蔽，這是人生兩大毛病，人之所以不能盡其才，原因在此。所謂「天下古今之人，其大患，私與蔽二端而已。私生於欲之失，蔽生於知之失，欲生於血氣，知生於心」（《孟子字義疏證》卷上）。救欲的偏失，工夫在一「恕」字，引起其同情心，使他自節於內，由多欲變而為寡慾，由獨享化而為共享。所謂「去私莫如強恕」（《原善》卷下），所謂「君子之教也，以天下之大共，正人之所自為」（《讀易繫辭·論性》）。救知的偏失，工夫在一「牖」字，啟發其心知，開通其愚昧，增益其德性，自能使愚者轉變為明，柔者轉變為強，所謂「解蔽莫如學」（《原善》卷下），所謂「唯善可以增益其不足，而進於智」（《疏證》卷上），所謂「學以牖吾心知，猶飲食以養吾血氣，雖愚必明，雖柔必強」（〈與某某書〉）。但去私雖在強恕，卻不是如宋儒以消

極的工夫，克制人欲，他是要用積極的工夫，體其情以遂其欲，不過使人人得到一個正軌就行了。解蔽雖在學問，卻不是如記問家只求強記，不求消化，一味生吞梗嚥下去，他是要如孟子的培養工夫，逐漸培養，日長月益，自然能使愚者轉明，曲者得全。所以他說：

　　苟知學問猶飲食，則貴其自化，不貴其不化。記問之學，入而不化者也。（《字義疏證》卷上）

　　學以牅吾心知，猶飲食以養吾血氣，雖愚必明，雖柔必強。可知學不足以益吾之智勇，非自得之學也，猶飲食不足以長吾血氣，食而不化者也。（〈與某某書〉）

四　戴門弟子

　　集清代考證學之大成的戴氏，及門弟子較惠氏的所造亦多宏達，如任大椿、孔廣森、段玉裁、王念孫輩皆為一代碩學鴻儒，而以段、王為尤顯著。段氏金壇人，名玉裁，字若膺，一字茂堂。十三歲為諸生，很受學使尹元孚的知遇，尹氏授以朱子《小學》，遂有志於學問。二十七歲成進士，二十九歲始仕京師入戴氏之門，三十五歲與戴氏往山西，主講壽陽書院。其後兩拜知縣，一在貴州玉屏縣，計三年，一在四川巫山縣，計九年。四十七歲以後，遂退居家鄉，不復與問時事了，專門講學著述以至老死。平生講求古義，對於小學研究尤精，所著《說文解字注》一書，最為膾炙人口。段氏生於雍正十三年，享年八十有餘。

　　王氏高郵人，名念孫，字懷祖，學者稱石臞先生。生於乾隆九年，較段氏少九歲。他的父親王安國，官至吏部尚書，以經學而為名臣；他的兒子王引之，屢官禮部尚書，又以名臣而為碩學；他自己亦以進士資格官至四品，學問精核且超過他的同門金壇段氏。王氏畢生以著述自

娛，於音韻、小學及校讎等學無一不精專，創獲之處嘗為惠、戴二氏所未及。除漢學外，還工於河道水利，前後任治河工程者十餘年，王氏可謂多才多藝之士了。一生歷乾隆、嘉慶、道光三朝，享有九十歲的高齡。

第五節　王鳴盛與錢大昕

一　兩人的傳略

在考證學派中，於惠、戴二系外，有兩人為我們所不能忽略者，一是王西莊，二是錢竹汀。此二人不僅為考證學派中的兩個健將，且同屬於極名貴而又很恬淡的教育學者，他們生平的一切，且處處有相同之點，真是學術史上的一種異觀，讓我們有合敘的必要。

王氏名鳴盛，字風喈，晚號西莊，是江蘇嘉定人。錢氏名大昕，字曉征，晚號竹汀，也是江蘇嘉定人。王氏生於康熙五十九年，死於嘉慶二年，活了七十八歲；錢氏生於雍正四年，死於嘉慶九年，活了七十七歲，兩人差不多完全同時，而享壽之大只相差一歲。他們生而穎悟，當兒童時皆有「神童」的稱呼，皆以十餘歲補諸生，皆以二十餘歲領鄉薦，唯成進士則錢氏較早於王氏者數年。他們的官階同至三、四品而止，且同居於清要的地位，同主過學政，不過王氏所主學的次數較錢氏稍短罷了。他們的學力差不多沒有上下，但兩相比較，則錢氏所得尤為該博。兩人皆長於經史，除此以外，王氏兼工詩文，錢氏尤嗜金石文字。史稱錢氏「博極群書，不專治一經而無經不通，專攻一藝而無藝不精」，且處處有創獲，不似王氏一意以許、鄭家法為滿足，可知尤為健者，所以戴東原稱他為當代學者中的第二人。

二　兩人的教育生活

　　王氏教育生活可分成兩期：自三十九歲至四十一歲的三年間，為第一期，自四十三、四歲以後，到老死為止，共三十餘年，為第二期。第一期初在宮廷裡面充日講起居注，後來被派出京典試福建鄉試，全屬於國家教育生活。自典試福建還朝以後，大概有些恃才傲物，受人攻擊，降了官階，因此不免有些憤懣。不久，巧逢他的母親死了，遂藉故還鄉，不復出山問世。母喪以後，遷居到蘇州，以賣文為生，深自斂藏，不願與當時貴人往還。但以其名位久張之故，四方學子前來受業的望風雲集，而他的聲望更高了。在此時期中，王氏一面著書，一面講學，粹然為　代經師人老，而「偃仰自得者垂三十年」。

　　錢氏教育生活亦可分成兩期：自三十四歲至四十九歲為第一期，約十五年；自五十歲至老死為第二期，約三十年。前者屬於國家教育生活，後者屬於私人講學生活。在第一期充過山東、湖南、浙江、河南四省鄉試的主考官，充過會試的同考官，又充任廣東省的學政，且教授過了皇子讀書的。在第二期，歷主過鐘山、婁東、紫陽等書院的講席，而以主講紫陽的時期最長，有十六年之久。錢氏較王氏尤為淡泊，對於教育青年、啟迪後進，具有十分的熱心，歸田三十年，門下之士積至二千人，講席之盛可以想像了。

　　這兩人雖有很長久的教育生活，究竟不是純粹教育家。他們所講授的不過只在考證學的範圍裡面，對於教育理論完全隔閡，如錢氏以小說為敗壞風俗，以語錄為辭氣鄙倍這一類的話，尤為可笑。[7] 他們即有理論，也極膚淺，這些地方似難與宋、明學者比較了。

本章參考書舉要

(1)《漢學師承記》的各本傳

(2)《先正事略》的各本傳

(3)《耆獻類征》的各本傳

(4)《戴氏遺書》

(5)《高郵王氏遺書》

(6)《經韻樓集》

(7)《潛研堂文集》

---

[1] 錢大昕〈惠先生傳〉：「先生嘗言漢蜀郡僻陋，有蠻夷風。文翁為蜀守，選子弟就學，遣雋士張寬等東授七經，還以教授。其後司馬相如、王褒、嚴尊、揚雄相繼而起，文章冠天下。漢之蜀猶今之粵也，於是毅然以經學倡。」

[2] 王昶〈惠先生墓誌銘〉：「先生生數千載後，思旁訊，探古訓不傳之祕，以求聖賢之微言大義，於是吳江沈君彤，長洲余君仲霖、朱君楷、江君聲等先後羽翼之，流風所煽，海內人士無不重通經，通經無不知信古，而其端自先生發之，可謂豪傑之士矣。」

《漢學師承記》卷一：「至本朝三惠之學盛於吳中，江永、戴震諸君繼起於歙，從此漢學昌明，千載沉霾，一朝復旦。」

[3] 《先正事略》本傳：「為諸生數十年，鍵戶授徒，束修所入盡以購書。遂博通古今，尤專心於十三經註疏。自壯至老，丹黃不去手。」

[4] 梁啟超《清代學術概論》第二：「惠戴齊名，而惠尊聞好博，戴深刻斷制；惠僅述者，而戴則作者也。受其學者，成就之大小亦因以異，故正統派之盟主必推戴。」

[5] 《東原文集‧鄭學齋記》：「不求諸前古賢聖之言與事，則無從探其心於千載下，是故由六書九數制度名物，能通乎其辭，然從後心相過心相遇。」《東原年譜》：「先生嘗曰：『經之至者道也，所以明道者詞也，所以成辭者字也。必由字以通其詞，由詞以通其道，乃可得之。』又曰：『僕自十七歲時，有志聞道，謂非求之六經孔、孟不得，非從事於字義制度名物無由以通其言語。』宋儒譏訓詁之學，輕語言文字，是

猶渡江河而棄舟楫，欲登高而無階梯也。」

[6]　《孟子字義疏證》卷上：「一人之欲，天下人之同欲也，故曰性之欲。好惡既形，遂己之好惡，忘人之好惡，往往賊人以達欲。反躬者以人之逞其欲思身受之，情也，是為好惡之節，是為依乎天理。」

[7]　《潛研堂文集》卷十七〈正俗〉：「小說演義之書，未嘗自以為教也，而士大夫、農工商賈無不習聞之，以至於兒童婦女不識者，亦皆聞而如見之，是其反較之儒、釋、道更廣也。釋、道猶勸人以善，小說專導人以惡。……世人習而不察，輒怪刑則之日煩，賊之日熾，豈知小說之中於人心風俗者，已非一朝一夕之故也。有覺世牖民之責者，亟宜焚而棄之，勿使流播。」

　　《十駕齋養心錄》卷十七〈語錄〉：「釋子之語錄始於唐，儒家之語錄始於宋。儒其行而釋其言，非所以重教也。君子之出辭氣必遠鄙倍，語錄而儒家有鄙倍之辭矣。有德者必有言，語錄則有德不必有言者矣。」

第四十一章　清代教育家及其學說（四）

第一節　概論

　　本章教育家包括兩派：一為古文學派，一為史學派。古文學派自康熙以至乾、嘉，代代有人，雖不能與正統派的考證學家爭雄，而以「文以載道」的口號號召天下，一般青年學子受他們的影響卻也不少。其中，我們特提出方望溪與姚姬傳二人為代表。另一派為章實齋，章氏本無所屬，而又不同於其他各派，但因他以史論擅長，我們所以稱他為史學派。方、姚二氏一生以講學為業，對於教育理論雖少發表，而其品格高尚，足以表率群倫，維持風化，在封建社會裡面確是大可稱述的。章氏性情特殊，遭際不佳，一生講學時期也很長。他的思想極其宏通，在教育理論方面，教授取自動主義，學習重在行事，這一類的話頗有價值。不過總不脫離中古時代的思想，於女子教育所論太近於鄙陋一點。

第二節　方望溪（西元 1668—西元 1749）與姚惜抱（西元 1731—西元 1815）

一　方望溪

　　方氏桐城人，名苞，字靈皋，老年自號望溪，學者稱他為望溪先生。先生生於康熙七年，以世代宦學，讀書很早，年將十歲，五經便能成誦。二十二歲，補縣學生；三十二歲，舉鄉試第一；三十九歲，成進士第四名。一生除兩為修書總裁，一為內閣學士兼禮部侍郎約五年外，全在講學期間。他的講學生活，始於二十六歲，到老死為止，差不多有

了五十年之久。當康熙五十年，先生正四十四歲，以嫌疑逮至京師坐牢一年，釋出之後，留在宮中教授皇子及王子，仍是教育生活。七十五歲，歸老鄉里，杜門著書，而杖履求教的依然不免。先生身體長瘦，目光如電，膽弱的人一見輒生畏憚。但為人忠厚，一舉一動，皆有禮法。晚年尤好學，每日必有課程，誘導後進，凡有所講說，常娓娓不倦，不愧為純正教育家的態度。

先生善為古文，在諸生時代，業已名動京師。他的文章自成一格，「簡而中乎理，精而盡乎事，隱約而曲當乎人情」，品格之高可以上繼韓、歐。嘗以「文所以載道」勉學子，所估文章的價值全看它的內含有無此種成分。先生為學，兼治漢、宋，而以程、朱為宗，不喜陸、王一派的學說，其性情剛直，行為方正，也為程、朱學說所陶鑄。交遊中有王昆繩、李剛主等人。彼等皆實行主義者，頗菲薄程、朱，嘗與先生作學術的攻辯，其結果卒被先生折服。平日最喜研究三禮，著有《禮記析疑》、《周官集注》、《春秋通論》及《望溪集》等書。

二　姚惜抱

姚氏名鼐，字姬傳，嘗以自己所住的房子取名惜抱軒，所以學者又稱惜抱先生。先生生於雍正九年，晚望溪六十三歲，也是桐城人。好為古文，文格與望溪相類，在當時漢學鼎盛時期，他們卻另樹一幟，故世稱他們為桐城學派。先生不僅文章與望溪相類，其為學兼治漢、宋，折中程、朱，及品格高尚之處，無一不類。

先生成進士於乾隆二十八年，時方三十二歲。其後，為山東、湖南兩省的鄉試副考官二次，為會試同考官一次，做官至刑部郎中，曾參與過四庫全書館的纂修。但他的性情恬淡，四十三歲以後，即辭官南旋，

專門從事於講學生活。自乾隆三十八年起，主梅花、紫陽、敬敷、鐘山等書院講席者四十多年，門生遍東南，其道德文章之被仰望，如同泰山北。當嘉慶庚午，先生年已八十歲，以督撫薦舉，重赴鹿鳴宴。嘉慶二十年，老死於鐘山書院，享年八十五歲。平日講學以「扶樹道教，昌明正學」為宗旨；所為文章亦以「載道」為主；所治經學以闡發義理為要。嘗把學問分成義理、考證及文章三類，此三類各有功用，不可偏廢；所以對於當時考證學者之專求古人名物制度、訓詁書數這一類的學問，非常攻難，說他們是玩物喪志。先生著有《惜抱軒文集》，及《經說筆記》等書；所編《古文辭類纂》，尤為後世文章家所取法。

先生與望溪，平日所論，只關於哲理、倫理的發揮，及學派的分析與文章的作法，對於教育理論殊少貢獻，但他們一生沉埋於教育生活裡面，其品格與行為亦足以表率後進，較有理論的教育家更足稱述。

第三節　章實齋（西元 1738 年—西元 1801 年）

一　略傳

章氏晚姚氏七歲，乾隆三年，生於浙江會稽縣。名學誠，字實齋，在清代學者中另成一派。他的性質比較特殊：在二十歲以前，好似一個低能兒，讀書駭滯，苦無所成；自二十一歲以後，則豁然大開其竅，讀書為文進展極速，對於史書尤具特別的興趣與慧心。不僅性質特殊，即一生遭際也特殊。少年久不能志，屢應鄉試不中，在國子監讀書五年，碌碌無所表現，更為同學所不理。到了三十歲以後，得到祭酒歐陽瑾的特別賞識，章氏的才學始漸為國人所注意。但此時場屋的機會仍不見佳，再過十年始中鄉試，明年接手成進士，章氏已四十一歲了。成進士

以後，依然過他平日的落魄生活，除了講學以外，就是著述。有一次遊河南，中途遇到盜賊，完全喪失他四十四歲以前的稿子，更覺可惜。章氏自四十歲起，綜計一生講學二十餘年，而以在北方所講時間較久，定州的武定書院、清漳的清漳書院、永平的敬勝書院、保定的蓮池書院、歸德的文正書院，皆有他的足跡。五十三歲以後，由湖廣總督畢沅聘請來武昌編修史籍。於筆作之暇，兼以講學，住了五年，給了湖北學子不少印象。嘉慶六年老死，活了六十四歲。

　　章氏具有史家的天才，「六經皆史」一句名言，誠發前人未發之奧。有名的《文史通義》一書，著手於三十五歲，他的全部思想大抵皆包括在這裡面。他是一位思想宏通的學者，平日講學漢、宋兼修，朱、陸並採，對於專攻考證學的戴東原頗有不滿。他又是一位扶持正教、拘守禮法的教育家，特別攻擊浪漫的袁簡齋。在章氏的著作裡面，關於教育理論的文字很多，我們歸納為兩點寫在下面。

二　教學大意

　　怎樣謂之學？章氏說：「學也者，效法之謂也」（《文史通義·內篇·原學上》）。怎樣謂之效法？章氏又說：「平日體其象；事至物交，一如其準以赴之，所謂效法也。」（同上）為學的目的，在使人們的行為適當其可，即求合於為人的準則。如何才能達到這種目的？平居無事時，體會為人的道理；到了處事接物時，則拿平日所體會的與事實相參照，以求得到一個極合理的境地，這就是效法，這就是學。換句話說，所謂學即學做人的意思。至於學做人的方法，章氏分成兩點：一從行事上學，二從誦讀上學。關於第一點，即從日用生活上求個適當其可；關於第二點，即在參考古昔聖賢在日用生活上求個適當其可的法則；而後者

又重於前者。但人生稟氣有厚薄，智慧有大小，不能人人皆能自知適當其可的準則，於是教育應此需要而發生。施教者謂之先知先覺。先知先覺者施教時，非教生徒捨己以從人，不過教他們自知適當其可之準；故「教」不過提示之意，提示生徒以能自知自行而已。先知先覺者不僅應有教育個人的能事，且負有教育社會的責任。所謂教育社會即維持風氣之意，此章氏所謂「學業者所以關風氣也；風氣未關，學業有以開之；風氣既弊，學業有以挽之」（《文史通義·內篇·天喻》）。關於兒童教育，章氏不主張示以題目蹊徑，應將利鈍、華樸雜陳於兒童之前，令他們自擇。照此辦法，則門徑闊大，兒童才可自由發揮其個性，而不致為環境所拘牽。兒童讀物，不外經、史兩類。經解先讀宋人制義，兼參以貼墨大義，由淺入深，使兒童易於領受。史論先讀四史論贊，次及晉、宋以後的史論。因四史論贊本著左氏假設君子推論的遺意，詞深意婉，其味無窮，於陶冶性情亦有借助。

三　女子教育

章氏以女子教育的目的與男子不同，是要養成閨門以內的賢妻良母的，所以應該以「靜」為方針，以「禮」為根本。所謂靜即幽閒貞靜之類，能夠把受教的女子都養成這種態度，才是善良的教育，這種女子才可以做賢妻良母。靜的反面就是動，女子而好動是章氏最反對的，因為好動就失了幽閒貞靜的態度，恐要發生不好的影響。[1] 禮即是禮教，所謂「德言容功」之類。先施以婦德、婦言、婦容、婦功種種教誨，把她們的心思耳目全束縛在禮教裡面；有餘力，再施以詩文等文字教育，才無流弊。否則不講禮教，徒在文字上面逞其才華，不僅無益於女子，反有傷於風化。此章氏所謂「學必以禮為本，舍其本業而妄托於詩，而詩

又非古人所謂習辭命而善婦言也，是則即以學言，亦如農夫之舍其田，而士失出疆之贄矣，何足征婦事乎？」（《內篇‧婦學》）但章氏的「由禮以及於詩」，並非指一般女子而言。把女子分成兩等：凡生而秀慧能通書的女子；則可由禮以通於詩，其目的可學到班姬、韋母一流的女子；如女子生而質樸，則不必多受教育，但使粗明內教不陷於過失就行了。章氏這種論調，仍是中古時代的思想，與他的史論的價值，不可以道里計，所以他還是一個史論家。

本章參考書舉要

（1）《方望溪全集》
（2）《姚惜抱詩文集》
（3）《章氏遺書》
（4）《章實齋先生年譜》
（5）《先正事略》的方望溪及姚姬傳先生事略
（6）《清儒學案》的方、姚兩先生

---

[1]　《文史通義‧內篇‧婦學》：「女子佳稱謂之靜女，靜則近於學矣。今之號才女者，何其動耶，何擾擾之甚耶！」

初期資本主義時代的教育

第一期 自英法聯軍至中日之戰（西元 1862 年─西元 1894 年）

第四十二章　社會之變遷與新教育之產生

第一節　社會的變遷

一　外因

在光緒元年，因臺灣事變，李鴻章上德宗的奏摺有這樣一段話：

今則東南海疆萬餘里，各國通商傳教，往來自如：麇集京師及各省腹地。陽托和好之名，陰懷吞噬之計，一國生事，諸國構煽；實為數千年來未有之變局。輪船電報之速，瞬息千里；軍器機械之精，工力百倍：又為數千年來未有之強敵。外患之乘，變幻如此，而我猶以成法制之，譬猶醫者療疾，概投之以古方，誠未見其效也。

這一段話，描寫當時門戶業已大開，描寫西人來中國通商傳教已成習慣，描寫各省內地均有外人居住，描寫帝國主義者武器之厲害，描寫他們對中國陰懷侵略的野心；並認定為中國數千年來從未有過的變局；且知道我們仍若拘守成法絕難以應付環境而圖自立，可謂繪影繪聲了。本期確為中國「數千年來未有之變局」的一個時期；這個變局開端於一千八百四十年的鴉片之役。在這一役以前，西洋也有教士來我內地傳教，西洋也有商人來我沿海通商，中西文化也時常交換與溝通，但不能使中國數千年來立國的基礎發生影響，不得稱做「變局」。由這一役以後，則局勢大變了。但僅是鴉片之役，不過為變局的開端，如庭院古樹只被微風吹動了幾片枝葉一般，尚未搖動其本幹。自此以後，接著有英、法聯軍之役（西元 1858 年及西元 1860 年），接著有天津教案之起（西元 1870 年），接著有伊犁事件之發生（西元 1871 年），接著有臺灣之變，接著有馬江之亂，五十年來，東西帝國主義者接二連三的相逼而

來，使中國人受到空前沒有的撼動。這種撼動，如同狂風猛雨，四面攻打，把豎立數千年的古樹震撼得差不多至於傾斜，於是中國局勢從此大變了。第一，為心理上的變動，第二，為物質上的變動。在心理方面，從前以天朝自居的，現在知道海外還有強國，他們的武力實在比自己屬害；從前以文明自詡的，現在知道列強的科學進步實足驚訝，須當降心相求；從前只知受四鄰朝貢的，現在卻被敵人攻打了，更當講求抵禦的方法。在物質方面，從前抱守閉關主義的，現在因被迫而開放門戶了；從前以農業立國的，現在要講求商業政策及工業製造了；從前以中國自足經濟為生活的，現在要與全世界發生經濟關係了。由心理的變動，允許西人來內地通商傳教，容納西洋的科學知識，模仿列強的新式武器，因以促成產業的進步。由物質的變動，商業經濟逐漸替代了農業經濟，科學製造逐漸戰勝了八股詞章，昔日荒村野港，今已變為繁盛市場，因以促成思想的發達。因外力的壓迫，打動心理，推進物質，而心理與物質又交相影響，於是演成了本期今日之社會，這是一個什麼社會？本期社會是由數千年以農業經濟為基礎的封建社會變成以商業經濟為主要的商業資本主義社會，此李氏所以驚為「數千年來未有之變局」。

二　內因

本期社會之變遷，除了列強以武力及經濟的壓迫所造成之局勢外，還有內因存在。內因有二：一為人口的增加，二為內亂的迭起。滿清自康熙大帝建設帝國以來，歷雍正到乾隆三朝，一方培養國內的實力，一方向外面發展，經一百餘年的休養生息，於是人口一天增加一天。據宣統年間的統計，在康熙五十年，僅有人丁二千四百六十餘萬，即有人口一萬三千五百四十餘萬；到了乾隆四十年，則有人口二萬五千六百萬

了，已增加二倍以上；到了道光二十二年，則有四萬一千四百餘萬了，較乾隆四十年差不多又增加二倍（《國風報》第九號〈中國人口問題〉）。人口這樣突飛地增加，於是發生兩件事情：或是移殖，或是內亂。東南各省的人民，自明末以來，即有紛紛向海外移殖的事實——大半移殖在南洋群島。到清朝中葉，因人口的蕃滋，移殖運動更形發達。這個時期，移殖分兩條路線：一向東南，仍往南洋群島；一往東北，遷居於東三省一帶。東北一支，從事荒地的開墾，依然守著昔日農耕生活，於社會之進步毫無助力。東南一支，多半經營商業，又與西洋諸民族日相接觸，這一班僑民頭腦所含的就不是昔日的思想了。他們擁有巨大的資本，富有經商的能力，直接間接皆可以促成中國內地產業之進步。內亂之起，一方由於人口的過剩，他方也由於政治的腐敗。滿清帝國因帝王專制太甚，養成官僚階級兩種劣性：一為巽懦，二為貪汙。以巽懦為心，則遇事只求敷衍；以貪汙為懷，則於民大事剝削。由第一個惡習，演成百般廢弛；由第二個惡習，弄得民不聊生；所以自乾隆末年，內亂的種子業已下得很深。加以過剩的人口日受饑荒的壓迫，素日不滿意於政府的草澤英雄，以飢民為群眾，莫不蠢蠢欲動，洪、楊之徒所以於一千八百五十年揭竿而起。洪、楊勢力消滅以後，接著有教匪、回匪，擾亂遍十餘省，經年不絕。由這些內亂，又產生了兩個結果：第一，滿清政府的弱點完全暴露，這一班執政的腐朽已無統御全國的能力。第二，討平洪、楊大亂，固然由於帶有宗教性的湘軍，而賴西洋新式武器的幫助卻也不少，於是國人對於西洋科學進步的認識增加了一種力量。總結起來，內因第一，由人口的過剩，影響物質的變遷；內因第二，因內亂的迭起，影響心理的變遷；物質又與心理互為影響，加以外力的壓迫，所以造成中國「數千年來未有之變局」——商業資本主義社會。這個社會到第二期更形發達，且同時發生工業資本主義。

第二節　新教育之產生

　　國際情形既然改變了，社會的經濟組織既然變遷了，則舊日的生活方式許多也要應時代的需要隨著改變。舊日的生活方式既要改變，在舊生活裡頭所產生的舊教育，到現在當然感覺不適用了。梁啟超在《戊戌政變記》的按語裡面，有這樣一段話：

　　經義試士始於王安石，而明初定為八股體式。尊其體曰代孔、孟立言，嚴其格曰清真雅正。禁不得用秦、漢以後之書，不得言秦、漢以後之事；於是士人皆束書不觀，爭事帖括，至有通籍高第而不知漢祖、唐宗為何物者，更無論地球各國矣。然而此輩循資按格，即可致大位作公卿，老壽者即可為宰相矣，小者亦秉文衡、充山長為長吏矣；以國事民事託於此輩之手，欲其不亡，豈可得乎！況士也者又農工商賈婦孺之所瞻仰而則效者也，士既如是，則舉國之民從而化之，民之愚國之弱皆由於此。昔人謂八股之害甚於焚書坑儒，實非過激之言也。（《戊戌政變記》卷一三十九至四十頁）

　　張之洞作〈勸學篇〉，也有同樣的一段話：

　　科舉自明至今，行之已五百餘年，文勝而實衰，法久而弊生。主司取便以藏拙，舉子因陋以徼幸，遂有三場實止一場之弊。所解者，高頭講章之理，所講者坊選程、墨之文，於本經之義，先儒之說，概乎未有所知。近今數十年，文體日益佻薄，非唯不通古今，不切經濟，並所謂時文之法度文筆而俱亡之。今時局日新，而應科舉者拘瞀益甚，傲然曰吾所習孔、孟之精理，堯、舜之治法也，遇講時務經濟者尤鄙夷排擊之，以自護其短，故人才益乏，無能為國家扶危禦侮者。（《勸學外篇‧變科舉》）

　　舊時教育以科舉為主腦，科舉所注重的是八股，此外還當講求小

楷。以八股小楷為學業，以坊選程文為教材，以孔、孟口吻為模仿，以獵取科第為目的——舉國讀書分子畢生的精力和思想完全消磨在這上面。這樣閒暇的空疏的教育，只有在閉關時代農村經濟的社會裡面才能適用，現在門戶大開，萬國往來，火車輪船馳驅的迅速搖花了目力，長槍大砲轟擊的猛烈震破了耳鼓，哪能容許你靜坐書房，再作無病的呻詠，讀八股，寫小楷，以求封建的科舉之虛榮，此舊時教育所以要崩潰了。且中國到了滿清末季，舊時教育流弊之極，不僅不適於新的生活，就是在舊社會裡亦屬無用，其結果，正如梁氏所謂「不知漢祖、唐宗為何物」，張氏所謂「非唯不通古今，不切經濟，並所謂時文之法度文筆而俱亡之」。

當時中國人，自經 1840 年的鴉片之戰，及 1860 年的英、法聯軍之役，雖兩次失敗，結下許多城下之盟，並未減少幾許自大的心理，不過把他們昔日頑固的頭腦擊開了一些新的感應結子，使他們知道強敵之強，使他們知道敵人新式的槍炮實在較自己舊式的弓箭屬害，應當講求對付的方策。他們的對策仍不外昔日「以夷制夷」四個字，既採這種對策，勢不得不「取人之長，以補我之短」，此李鴻章所謂「我非盡敵之長，不能制敵之命，故居今日而言武備，當以其人之道還治其人；若僅憑血氣之勇、粗疏之材，以與強敵從事，恐終難操勝算」（〈創設武備學堂折〉）。既知道自己的武器之短了，使用舊式武器的技能同時也歸無用了，於是聯想到訓練舊式技能的舊時教育也無法獨存於今日。

由以上兩個原因，一為應付新生活的要求，一為抵禦強敵的企圖，致使支持千餘年來的神聖教育發生動搖，以致於將近崩潰，而新式教育於是應運而誕生。促成新式教育的動機為英、法聯軍之役，而總理衙門即創設於此役後的第一年，而京師同文館即創設於此役後的第二年，所以我們寫本期的教育史，以英、法聯軍之役為起點。

第四十三章　萌芽期的新教育之趨勢及種類

第一節　概論

新教育之產生，為應付新生活的要求，所以要學習外國語言文字，要學習天文算學。既為抵禦強敵的企圖，所以要學習輪船槍炮的製造，要學習海陸軍的戰術，也要學習天文算學。前者可以稱做「方言」的教育，後者可以稱做「軍備」的教育。方言的教育既為應付新生活，其目的可別為三項：第一，要造就翻譯人才，以應付中外交涉；有了此項人才，一則可以免敵人之欺矇，二則可以免通事之操縱。[1] 第二，受了方言教育，可以由西洋的語言文字以諳悉其國情，遇有中外交涉時方能收知己知彼之效。[2] 第三，既要「盡敵之長以制敵之命」，則必要多讀西籍以便盡習西洋科學知識及新式的戰鬥技術；但原文西籍不能使人人遍讀，要期速效，勢必提倡譯述，此施行方言教育亦可訓練譯述人才，專事於西籍譯述的工作。[3] 此三項目的中以第一項造就翻譯人才為最初的動機。軍備的教育既為抵禦強敵，其抵禦的計劃則分為海陸兩方面，當時以海上的防禦尤為重要，且為中國昔日素所缺乏的，所以特別注重水師人才的訓練及船政的設施。當時國人既趨重翻譯兼譯述的人才，海陸軍的將才，及制船造械的技術，所以「方言」與「軍備」兩種教育成了本期的教育思潮。——這兩種思潮一直到宣統末年，還有很大的勢力。

雖然有上海、廣東廣方言館的學生，可以升入京師同文館肄業，仍是昔日國子學與郡縣學的辦法，實無明顯的等級。

由以上所述的趨勢，於是產生了兩類的新式學堂，及有派員出洋遊歷和派遣學生留學外國的事情。所謂兩類的新式學堂：第一類為學習方言的方言學堂，第二類為學習軍備的水陸軍學堂。方言學堂，如京師同

文館、上海廣方言館、廣州同文館及湖北自強學堂皆是。軍備學堂又分做兩種：（1）為訓練海軍人才的水師學堂，如福建船政學堂、天津水師學堂等；（2）訓練陸軍人才的，如天津武備學堂、山西武備學堂、湖北武備學堂等。此外廣東還有此類的學堂一所，是兼水陸兩種並設的，名廣東水陸師學堂。以上各種學堂，自同治元年創立的京師同文館，到光緒二十一年設立的湖北武備學堂，恰有三十五年的歷史。在這三十五年中，雖然創立了幾所新式學堂，採用了幾許新的教材，究竟是零星的創造，枝節的模仿，沒有系統的制度，沒有完備的等級。我們如要列它們應入何等，只可說是一類不相統屬的專門學校，其目的只在造就特殊人才及幹部人才，於國民教育毫無關係。這樣教育，我們可以叫做新教育的萌芽期，所有學堂，完全是半新半舊的過渡式的學堂。派員出洋遊歷始於光緒十三年，其考查目的在各國的「地勢險要，防守大勢，以及遠近裡數、風俗、政治、水陸炮臺，製造廠局，水輪、舟車、水雷、砲彈」，或「一切測量格致之學」。派遣幼童留學外國始於同治十一年，其目的在學習外國的「軍政、船政、步算、製造諸學」。兩事目的在盡敵水陸軍備之長了，歸來以制敵之命，仍不外一種軍備教育。

第二節　方言教育

一　京師同文館

　　清廷以英、法聯軍兩次壓迫，逼近京、津、東北，又有俄人乘機南下侵略，感覺外交棘手，遂於咸豐十一年創設總理各國事務衙門，由王大臣組織，專門辦理外交事務。總理衙門即於成立的次年——同治元年——奏明皇帝，請在北京開設京師同文館，造就翻譯人才，以當交涉

之選。開始設立，只有練習英語的英文館，到第二年擴充門類；又開設法文、俄文兩館，並將乾隆時內閣所開設俄羅斯文館歸併在內，統名京師同文館。此時完全學習語言文字，到了同治五年，又由總署王大臣奏請添設一算學館，練習天文、算學。他們說：

此次招考天文算學之議，並非務奇好異，震於西人術數之學也。蓋以西人製器之法，無不由度數而生，今中國議欲講求製造輪船機器諸法，苟不借西士為先導，俾講明機器之原、製作之本，恐師心自用，枉費錢糧，仍無補於實際，是以臣等衡量再三而有此也。（《皇朝道咸同光奏議》卷六〈變法類、酌議同文館章程疏〉）

由這段話看來，此時同文館不僅是單純的造就翻譯人才，且涉及軍備教育方面了。其內容大要如下：

（一）資格。專取正途人員，如舉人及恩拔副歲優等貢生，並由此出身之五品以下京外各官，其年在二十歲以內者為合格。如有平日講求天文、算學，自願來館學習，亦可不拘年齡。

（二）學程。其中規定八年的肄業期間，其學程：第一年，認字、寫字、淺解辭句、講解淺書。第二年，講解淺書，練習句法、翻譯條子。第三年，講演各國地理及史略、翻譯選編。第四年，講求數理啟蒙及代數學、翻譯公文。第五年，講求格物幾何原本、平三角、弧三角，練習譯書。第六年，講求機器、微分積分、航海測算，練習譯書。第七年，講求化學、天文、測算、萬國公法，練習譯書。第八年，講求天文、測算、地理、金石富國策，練習譯書。以上各科，以西語為必修科，自始至終，皆當勤習；至於天文、化學、測地諸學，則可分途講求，其期限以一年或數年不等。

（三）考課。考試分月課、季考、歲考三種。月課、季考以二日完畢，歲考以三日完畢，皆有實物賞賜。每屆三年，舉行大考一次，列入

優等者保升官階，列入次等者記優留館，列入劣等者除名。

（四）假期。館中教習皆聘外國人充當，凡遇禮拜休業日，即加添漢文功課，或試作論策，或翻譯照會，以備他日辦公之用。

（五）待遇。除膳食、書籍、紙筆等件皆由館內供給外，每月加給薪水銀十兩，教試列優等者且有獎賞。

（六）寄宿。各員無論京外，一概留館住宿，其有應送差使及考試等事，仍准照舊辦理。

按由以上所述看來，館規雖極嚴格認真，其實全盜虛聲，毫無成績，到後來不過徒有其名了，所以御史陳其璋於光緒二十二年有疏請整頓同文館的建議。

二　上海廣方言館

此館設於同治二年，由江蘇巡撫李鴻章奏請。李氏奏疏中有這樣兩句話：「京師同文館之設實為良法。……擬請仿照同文館之例，於上海添設外國語言文字學館。」可知此館與京師同文館的性質和目的是相同的。不久收到清廷的答覆，並要廣州將軍查照辦理，於是將軍瑞麟即於同治三年開設同文館於廣州了。上海方言館的目的確重在學外國語言文字，與京師同文館相同，但內容殊不一樣：（1）同文館資格專選取正途人員，此館所選則是近郡年在十四以下的俊秀兒童；（2）同文館以西文為主課，只利用禮拜休業日講授中文，此館則將經史小學列入正課。此館章程計分九條：（1）辨志，（2）習經，（3）習史，（4）習小學，（5）課文，（6）習算，（7）考核日記，（8）求實用，（9）學生分上下兩班。

廣州同文館設於同治三年，其目的與上兩館不同：它是專為培養八旗子弟翻譯人才而設的。學生不過數十人，每十人中以旗籍八人、民籍

十人為標準。當初只授英文，兼授淺近的算學，後來添立了東、法、俄三館，學生名額逐漸增加，到光緒三十一年乃改名譯學館。

三　湖北自強學堂

繼上海、廣東兩處方言館而起的，有湖北自強學堂。此學堂由湖廣總督張之洞於光緒十九年奏請設立於武昌省城，內容較以前各館均覺完備，我們把它的章程擇要寫在下面：

（一）分齋。此學堂功課分方言、算學、格致、商務四科，每科分齋講授，共有四齋。但當招生之初，只許方言一齋的學生住堂肄業，其餘三齋則依書院舊制，寄宿堂外，不必逐日聽講，只按月來堂考課。其後以教授困難，將算學一科改歸兩湖書院講習，格致、商務停辦，實際所存的只有方言一齋，故又稱做方言學堂。

（二）名額。方言一齋教授英、俄、德、法四國的語言文字，謂之四門。每門學生定額三十名，共計一百二十名，分堂授課。

（三）資格。以「資性穎悟，身家清白，先通華文，先通儒書，義理明通，志趣端正」者為合格。

（四）修業期限。學生以在堂修滿五年為畢業，其未畢業以前有借端退學，或改習不正當業務者，追繳其在堂時一切用費。

（五）教習。英文、法文兩門，因中國傳習已久，由國人充當；俄文、德文兩門則聘請俄員、德員為教習，並以華員為助教。

（六）管理。大致有三：（1）學生必「以華文為根柢，以聖道為準繩」。（2）凡在誦堂時須聽教習約束，在齋舍時須聽提調的約束。（3）進堂以後，須專心致志，誦習本課，不准在堂兼作時文試帖，不准應各書院課試，不准應歲科小試，但得請假應鄉試。

（七）待遇。除飯食、書籍、紙筆等均由學堂備辦外，每名每月給膏火銀五元。

第三節　水師教育

一　福建船政學堂

福建總督左宗棠於同治五年創辦福建船政局於馬尾時，即於附近附設船政學堂一所，訓練水師人才。此學堂初名求是堂藝局，分為二部：一稱前堂，一稱後堂。前堂以練習造船之術為目的，採用法文教授，又謂之法國學堂。後堂以練習駕駛之術為目的，採用英文教授，又謂之英國學堂。其操程分三類：（1）主科，即練習造船駕駛之術；（2）輔科，即英法語言文字及算法、畫法；（3）訓練科，凡《聖諭廣訓》、《孝經》必須誦讀，兼習策論，以明義理而正趨向。其中待遇極優，學成以後，即授以水師官職，或派遣出洋學習。此事計劃初定，左氏奉命他調，以沈葆楨繼任，沈氏亦具新政的熱心，故成績尚佳。此學校即中國海軍學校之起源，清末及民國初年海軍人才多半由此出身。

二　天津水師學堂

此學堂分駕駛、管輪兩科，均用英文教授，兼習操法及讀經國文等科。開辦於光緒七年，由李鴻章經理，其辦法雖與福建藝局大致相同，但只習應用，不習製造，其性質殊不一致。計此學堂之創設，上距福建藝局開辦時為十五年，自有此學堂，而海軍人才遂漸漸移於北洋了。

三　廣東水陸師學堂

距天津水師學堂開辦之後六年，廣州又有水陸師學堂之產生。此學堂成立於光緒十三年，由兩廣總督張之洞創辦，其辦法較以前大有進步。

（一）分科。水師分管輪、駕駛兩項：管輪堂學習機輪理法製造運用之源；駕駛堂學習天文海道，駕駛攻擊之法：一律以英國語文為主。陸師分馬、步、槍、炮及營造二項，一律以德國語文為主。

（二）分等。張氏仿王安石的三舍法，別學生為三等：一稱內學生，挑選通曉外國語文算法之博學館舊生充當，定額三十名。一稱營學生，遴選曾在軍營歷練、膽氣素優之武弁充當，定額二十名。一稱外學生，挑選業已讀經史、能文章、年在十六以上三十以下之文生充當，定額二十名。

（三）學課。除各科主要功課外，每日清晨須讀四書五經數刻鐘以端其本；每逢禮拜修業的日子，還要讀習書史，試以策論，使這一班學生皆通知中國的史事及兵事，以適於應用。

第四節　陸軍教育

一　天津武備學堂

李鴻章氏當清末同、光之際，在政治上負全國之重望，在軍事上為北洋之重心。他自咸豐年間，因借英、美兵力討平了太平軍，對於西洋新式武器及科學知識之進步已有很深的崇拜；再經幾次外交的挫敗，更知非模仿西洋不能自立，所以對於軍備的講求，具有極大的抱負。距天

津水師學堂五年又在天津開辦武備學堂，即其抱負之表示。此學堂的辦法一律模效德國陸軍學校，所以教師也遴選德國軍官充當。學生係由各處的營弁挑選而來，如廣東、廣西、四川、安徽、直隸各處都有弁兵送來，其標準以精健聰穎、略通文義者為合格。如有文員願習武事者，一併錄取。其中課程，分學科及術科兩種：學科則研究西洋行軍新法，如後膛各種槍炮，土本營壘行軍及布陣分合攻守等知識；術科則赴營實習，演試槍炮陣式及造築臺壘等技能。學到一年以後，發回各營量材敘用；迨第一批畢業，再挑選二批，賡續不斷。但此學堂初次所招全是弁目，不能直接聽講，須用翻譯轉授，這是與水師學堂不同的地方。迨後把修業期間逐漸延長，入學資格也逐漸改良——招選良家年幼子弟。李氏之後，繼以袁世凱氏，雖中經庚子拳匪之變，全校被毀，但北洋軍閥莫不由此發源，遂以支持清末及民初二、三十年的政局，我輩也沾了不少的餘潤。寫在此處，能不產生特別的感想？

二　湖北武備學堂

張之洞氏在當時也是提倡軍備教育最力的一個人，所以在廣東創設水陸師學堂，在湖北又設立武備學堂。此學堂開辦於光緒二十一年，其課程也是分學科與術科兩類：學科謂之講堂功課，為軍械學、算學、測繪、地圖學、各國戰史、營壘、橋道、製造之法及營陣攻守轉運之要；術科謂之操場功課，為槍隊、炮隊、馬隊營壘、工程隊、行軍炮臺、行軍鐵路、行軍電線、行軍旱雷、演試測量、演習體操等事。教習也是聘請德國軍官充當。學生除學習主科外，如逢暇日，則令他們誦讀四書，披覽讀史兵略，以「固中學之根柢，端畢生之趨向」——這是他在廣東時所慣用的。學生資格專選「文武舉貢生員及文監生，文武候補候選員

弁，以及官紳世家子弟，文理明通，身體強健」者入學肄業——這是與天津不同的地方。學生定額一百二十名，入堂以後有月課、季考及年終大考——這又是與他的自強學堂同樣的辦法。

第五節　留學教育

　　中國有留學教育，始於曾國藩的幕賓容閎之建議。容氏是一位廣東籍的華僑，曾在美國受了七年教育，比較熟悉美國情形，具有以美國新教育轉移中國舊社會之抱負。回國以後，雖經營商業，然時時不忘建議派遣學生赴美留學的計劃。迨同治二年，曾國藩想在上海建設一廣大機器廠，召容氏商辦，遂乘機提出這個計劃，卒被曾氏採納。當初正式建議時，為同治六年，被清廷批准時為同治九年。曾氏乃派陳蘭彬與他為赴美留學生的監督，經營出國事宜，至同治十一年，第一批學生遂乘長風遵海洋而西渡，——是為中國學生留學外國之始。當初規定以一百二十名為定額，分四年派遣，每年派遣三十名；每屆學生留學以十五年為限。學生年齡以自十二歲至十六歲為標準，赴美留學目的，以學習「軍政、船政、步算、製造諸學」。但學生到了美國。除學習軍事科學外，還得兼習中學——課以孝經、小學、五經及國朝律例等書；每逢節日，還要由監督召集學生，宣講《聖諭廣訓》；還要望著闕門行拜跪禮；還要瞻拜孔子的神位。學生按年陸續出發，一共出發了三期，共計九十個學生。到光緒二年，守舊黨吳子登為監督，以留美學生沾染洋氣，不肯向他叩頭，他遂造出一些無謂的誹語中傷學生。清廷被他愚弄，乃於光緒七年，把所有的學生通同招回國來了，直到甲午之役才恢復過來，這確是本期留學中的一段趣史。

　　本期留美以外，還有留歐之事。派遣學生赴歐洲留學始於光緒元

年，為沈葆楨奏派。沈氏時為閩、浙總督，按照船政學堂定章，派遣福建船政學生數人，前往法國學習船政的。到第二年，李鴻章與沈氏合奏，作為第二次的派遣，才定出章程來。所派學生分兩種：一為製造學生，計十四名，外附製造藝徒四名，前往法國學習製造；一為駕駛學生，計十二名，前往英國學習駕駛。兩種學生，各以三年為期，期滿回國敘用。在歐洲留學的學生，也有監督；課餘之暇，也要兼習史鑒等有用之書，這與留美學生須另受本國教育大致相同。不過所派遣的皆是船政學堂的優等學生，在中國國內於語言文學及基本知識已有要柢者，這是比較初次派往美國進步的一點。同年李氏曾單獨派遣武弁卞長勝等七人同赴德國軍營學習兵技。到了七年，他又奏派船政學堂分赴美、法等國一次，其辦法與同治二年大致相同，其後則應列入第二期，我們此外勿容多述了。

第六節　結論

　　本期所有新教育的設施，我們已敘述一個大概了，究竟新教育的成績如何？最好，拿出當時人的批評作論證。鄭觀應在光緒十八年間，有這樣一段文章：

　　廣方言館、同文館雖羅致英才，聘請教習，要亦不過只學語言文字，若夫天文、輿地、算學、化學直不過粗習皮毛而已。他如水師武備學堂，僅設於通商口岸，為數無多；且皆未能悉照西洋認真學習，良以上不重之故，下亦不好。世家子弟皆不屑就，恆招募篡人手下及輿臺賤役之子弟入充學生。況督理非人，教習充數，專精研習曾無一人，何得有傑出之士，成非常之才耶？（《皇朝經世文三編》卷二西學附註）

　　李端棻在光緒二十二年，〈請推廣學校折〉也說：

　　夫二十年來，都中設同文館，各省立實學館、廣方言館、水師武備

第一期　自英法聯軍至中日之戰（西元 1862 年—西元 1894 年）

學堂、自強學堂，皆合中外學術相與講習，所在而有。而臣顧謂教之之道未盡，何也？諸館皆徒習西語西文，而於治國之道，富強之原，一切要書，多未肄及，其未盡一也。格致製造諸學，非終身執業，聚眾講求，不能致精。今除湖北學堂外，其餘諸館，學業不分齋院，生徒不重專門，其未盡二也。諸學或非試驗測繪不能精，或非遊歷察勘不能確。今之諸館未備圖器，未遣遊歷，則日求之於故紙堆中，終成空談，無自致用，其未盡三也。利祿之路，不出斯途，俊慧子弟率從事括帖，以取富貴；及既得科第，遂與學絕，終為棄才。今諸館所教，率自成童以下，苟逾弱冠，即已通籍；雖或向學，欲從末由，其未盡四也。巨廈非一木所能支，橫流非獨柱所能砥，天下之大，事變之亟，必求多士，始濟艱難。今十八行省只有數館，每館生徒只有數十，士之欲學者，或以地僻而不能達，或以額外而不能容；即使在館學徒一人有一人之用，尚於治天下之才萬不足一，況於功課未精，成就無幾，其未盡五也。此諸館所以設立二十餘年，而國家不收一奇才異能之用，唯此之故。（《皇朝道同光奏議・變法類學校》）

陳其璋在光緒二十二年〈請整頓同文館疏〉中曾說：

計自開館以來，已歷二十餘年，問有造詣精純、洞悉時務、卓為有用之才乎？所請之洋教師果確知其教法精通，名望出眾，為西國上等人乎？授受之法固不甚精，而近年情弊之多，尤非初設館時可比。向章有月考有季考，今則洋教師視為具文。……學生等在館亦多任意酣嬉，年少氣浮，從不潛心學習。間有聰穎異人者，亦只剽竊皮毛，資為談劇。及至三年大考，則又於洋教習處先行饋贈，故作殷勤，交通名條，希圖優等。（同上）

由上三段話看來，本期新教育成績之良否可想而知。概括起來，其缺點不外：(1) 諸生未曾認真學習，所習只是皮毛；(2) 教師未能認

真教授，所有月課季考等於具文；(3) 武備水師學堂沒有身家清白的學生，所來入學的全是些無業賤民；(4) 學堂開辦太少，既不分齋授課，又無充分設備，以資實驗。至於成績不良的原因正如梁啟超所謂：

不務其大，不揣其本，即盡其道，所成已無幾矣。又其受病之根有三：一曰科舉之制不改，就學乏才也；二曰師範學堂不立，教習非人也；三曰專門之業不分，致精無自也。(《時務報》卷五〈論學校〉一)

其實，根本結核在於舊教育勢力過大，為其障礙。吾人試冥目一想當時情形：科舉依然舉行，八股照舊考試，小楷猶是練習，四書五經、《孝經》及《聖諭廣訓》猶必日日誦習。在這麼大的舊教育勢力之下，想施行與它相衝突的新教育，當然沒有辦法發達。且當時亦無新教育學者為之鼓吹，所提倡新政的不過身經外交之衝的幾位封疆大吏，所以開辦三十餘年，除少數部分外毫無成績可觀。中華民族神經已疲乏了，非再有長槍大砲猛烈的轟擊是不會驚醒的，這只有掉目以看第二期。

本章參考書舉要

(1)《皇朝經世文編》

(2)《皇朝道咸同光奏議》

(3)《光緒政要》

(4)《李文忠公奏議》

(5)《張文襄公奏議》

(6)《時務報》

(7)《西學東漸記》

第一期　自英法聯軍至中日之戰（西元 1862 年—西元 1894 年）

[1] 《李文忠公奏議》卷九〈請設廣方言館疏〉：「伏維中國與洋人交接，必先通其志，達其欲，用知其虛實誠偽，而後有稱物平施之效。……中國能通洋語者僅恃通事，凡關局軍營交涉事務，無非顧覓通事往來傳話，而其人遂為洋務之大害。……京師同文館之設，實為良法。……臣愚擬請仿照同文館之例，於上海添設外國語言文字學，選近郡年十四以下資稟穎悟、根性端靜之文童，聘四人教習，兼聘內地品學兼優之舉貢生員，課以經史文義。……三五年後，有此一種讀書明理之人，精通番語，凡通商督撫衙門及海關監督應添設翻譯官承辦洋務者，即於學館中遴選承充，庶關稅軍需可期核實，而無賴通事亦稍斂跡矣。」

[2] 〈總理衙門奏議京師同文館疏〉：「伏思欲悉各國情形，必先諳其語言文字，方不受人欺矇。」

《張文襄公集》卷三十〈招考自強學堂學生示〉：「自強之道，貴乎周知情偽，取人所長。若非曉洋文，即不能自讀西書，必無從會通博采。」

[3] 《李文忠公奏議》卷九〈設廣方言館疏〉：「通商綱領固在總理衙門，而中外交涉事件，則兩口轉多，勢不能以八旗學生兼顧。唯多途以取之，隨地以求之，則習其語言文字者必多，人數既多，人才斯出。彼西人所擅長者推算之學、格物之理、測器尚象之法，無不專精務實，渤有成書，經譯者十一二；必盡閱其未譯之書方可探頤索隱，由粗顯而入精微。我中華智巧聰明豈出西人之下，果有精熟西文者轉相傳習，一切輪船火器等技巧，當可由漸通曉，於中國自強之道似有裨助。」

第二期　自甲午之役至辛亥革命

第四十四章　外力之壓迫與新教育之勃興

第一節　外力壓迫之警醒

「吾國四千餘年大夢之喚醒，實自甲午戰敗割臺灣償二百兆以後始也。我皇上赫然發憤，排群議，冒疑難，以實行變法自強之策，實自失膠州、旅順、大連灣、威海衛以後始也。」這是梁啟超記戊戌政變時開頭劈首的兩句警語。

在同、光之際，李鴻章一班頭等疆吏，因多與外國接觸，看見他們的堅船利炮，驚為「數千年來未有之變局」。所以他們一面開方言館，訓練交涉人才，一面創辦水師和武備學堂，訓練海陸軍人才，以為抵制。當是時，帝國主義者雖小試了幾次炮轟政策，而中國民族驚為「變局」的卻只有這極端少數的幾個人，大多數猶是熟睡未醒；這幾個人所震驚的也不過看見了外國人的幾隻堅船，幾口利炮，至於外國的政治的進步，和科學的精深，毫未了解；所以那個時期所謂新教育只有方言與武備兩件事情。整個民族既未醒來，敵人的炮火稍稍停息以後，應付目前而起的新式教育究竟敵不住千餘年來的科舉，究竟敵不住五百年來的八股；所以到了末了，連那不備不全的幾所方言館和水陸師學堂也視為具文，而老大獅王依然熟睡不起了。

哪知到了西元 1894 年以後，帝國主義者又捲土重來，不斷地環攻。首先發難的為東鄰日本，在這兩年，為著朝鮮問題，把中國的海陸兩軍打得大敗。依西元 1895 年的《馬關條約》，把朝鮮拉開了，把臺灣和澎湖列島割走了，還要對他們賠款二百兆兩，東三省也失去了許多利權。這樣一來，才把睡獅驚醒了，一班少年知識分子才覺得不能再酣睡了，必要講求圖存之道了。但是官僚階級仍是昏迷不悟。再過三年，到了西

元 1898 年，帝國主義者更進一步，對中國實行其瓜分政策。德國租占膠州灣，俄國租占旅順、大連，法國租占廣州灣，英國又割去九龍半島，沿江沿海一帶地方，又被他們一一劃為其勢力範圍，又訂下了種種不平等條約。這樣一來，中國簡直失了獨立國的資格，已成了列強的殖民地，於是也驚醒頭腦比較清醒一點的官僚階級了。

當此之時，全國上下，有一句最流行的口號「變法自強」，大家都以為要圖自強非變法不可。在新進知識分子方面，以康有為、梁啟超等為領袖；在官僚階級方面，以張之洞、袁世凱等為領袖。康有為於西元 1895 年在北京、上海等處組織強學會，梁啟超於西元 1896 年在上海創辦《時務報》，一方面鼓吹新思想，一方面介紹新知識。以他洴洴的熱血和刀鋒動人的筆與舌，果然喚醒了不少的民眾，不到一年，繼強學會而起的各地學會一時簇起，而變法自強的思想於是瀰漫於全國。官僚階級的領袖張之洞代表官僚階級的思想，於西元 1898 年作了一部《勸學篇》刊行於世，其主張雖然與康、梁不同，但變法自強的目的則彼此一樣。康、梁等於是趁著機會，更進一步，拿著光緒帝為傀儡，施行他們的變法自強之策，但官僚階級的頑固黨及皇室領袖依然執迷不悟，所以戊戌維新僅曇花一現。再過兩年，到了 1900 年，因拳匪之亂，引起排外風潮，於是帝國主義者又大施其環攻政策起來了。這一次帝國主義者實行大聯合，占據了京、津，趕走了頑固領袖西太后。結下了世界各國所難忍受的《辛丑條約》，要中國賠款四百五十兆兩，並要改組滿清政府。這一次，把中國民族壓迫得太凶了，把滿清帝室駭得亡命了。到了此時雖頑固黨也知非變法不可了。從甲午到庚子，七年中受過了三次炮轟，這千年睡獅才完全驚醒，才安心拋開封建時代的生活，才盡量地迎納資本主義進來，他們都覺得非如此不能生存於今日之世界，於是一切新政、新法、新教育皆從此一一模仿起來。

第二節　新教育之勃興

一　變法與興學

　　此時全國上下所覺醒的是什麼？大家皆知道列強之強，不僅在船堅炮利，製造精奇，其關係實在於他們的法度政治的優良，中國之弱，不僅由於船不堅，炮不利，其關係實在於我們的法度廢弛，政治腐敗；所以「變法自強」四字在此時成了全國上下一致的呼聲。既要採取列強新的法度政治，必要有新的人才方能運用。但是現在一般官僚階級及候補官僚，無一人不是在舊式教育裡面培養出來的，他們的精力，在三十歲以前已為八股小楷消磨殆盡，他們除了寫小楷、誦八股、應科舉以外無他能力，除了謹守成例、趨事長官以外無他本領，今日一旦責此輩以勵行新的法度政治，這無異於責令瞎子引路，必不可能。必要有了新的人才，方能運用新的法度政治；必要有了新的教育，方能培養此項人才；又必要有了新政治的企圖，方能建設此項教育；所以「變法」與「興學」在此時成了相連的關係，兩樣事情是要同時並舉的。同治以來，未嘗沒有興學，只因政治方面沒有新的企圖，所以雖有學堂，等於虛設；且從前所辦的學堂全是枝枝節節，沒有整個的教育計劃，沒有久遠的教育設施，哪能培養真實有用的人才——這種計劃與設施尤與法度政治有連帶的關係。所以此時無論新進知識分子或比較頭腦清楚的官僚，於陳述變法裡面必包含興學，於講求興學時必涉及新政。汪康年在光緒二十二年，發表〈中國自強策〉，內閣十一部中就有立教部以掌學校之事；康有為在光緒二十四年上〈統籌全局〉一疏，十二局中就有學校一局；張之洞與劉坤一在光緒二十七年，〈籌議變法〉三疏，開始即請設立文武學堂；袁世凱在光緒二十七年，〈條陳變法〉裡面也有崇實學一條。像這一

類的例子，舉不勝舉，由此我們就可以想見這一時期的氣氛了。

二　新教育系統之成立

　　就新教育方面說，本期十六年中，又可分成兩個小期：自甲午至庚子的六年為前期，自庚子至辛亥的十年為後期。前期的教育比較第一期稍形進步：已具了正式學校的性質，已有了等級的區分，如天津中西學堂之分二等，南洋公學之分四院，湖南時務學堂之分兩類，山東大學之分三齋，皆是第一期所未有的。但這些學堂全由個人提議開辦，自成風氣，毫無系統，且等級究不完全，亦沒有正式的大、中、小學等名目。到了後期，則更其進步了。以等級說，有初等教育、中等教育、高等教育。以系統說，則由小學上升中學，由中學上升高等，由高等上升大學。以統屬說，小學直轄於州縣勸學所，中學與高等直轄於直省提學使司，大學直轄於京師學部。這種整個系統的組織，倡議於光緒二十一年，李瑞棻的〈請推廣學校折〉，復議於光緒二十四年康有為的〈統籌全局疏〉，產生於光緒二十八年張百熙的〈欽定學堂章程〉，完成於光緒二十九年張之洞等人的《奏定學堂章程》。自有《奏定學堂章程》以後，本期的新教育可謂有了完全的系統，其後雖略有修改，但大體不出它的範圍，就是辛亥革命以後，民國學制系統，亦完全由此增減而成的。

三　舊教育崩潰

　　此處所謂舊教育，其形式有書院、有儒學、有科舉；其內容有八股、有詩賦、有小楷。書院與儒學是讀書分子受教的地方，科舉是他們出身的門徑；八股及詩賦、小楷是他們學習的材料——書院及儒學以這

些教育他們，科舉以這些考試他們。這一類的舊教育，它們的歷史各有長短不同：儒學來自西漢，科舉與詩賦來自唐朝，書院來自宋朝，八股來自明朝，小楷來自乾隆以後，而漢、唐取士也往往注重書法。清朝自乾隆以來，是集舊教育之大成的一個時期，也是舊教育之總結束的一個時期。這些舊教育，其形式和內容雖有種種，但勢力之大還是科舉，其次則為八股，而八股和科舉到末了差不多結合為一，所以近人往往以科舉和八股來代表舊教育。科舉在當初原是替代選舉以取士的方法——一種考試制度。其缺點，在正面，不過使士類習為奔競請謁；在反面，因趨重科舉，致使學校教育無形廢弛。自與八股結合，則科舉變為機械的、空疏的教育，其結果致使士類束書不觀，頭腦昏瞶，養成全國無一實學有用之人了。八股之外再加以小楷，於是科舉更為消磨國民精神的利器、殺人的教育；凡趨於這一途的學子，其結果必成為老朽的、機械的、半生不死的人生。詩賦是閒雅的教育，書院是山林的教育，儒學自創始以來就有名無實：這三種雖無大害，但亦只能適存於封建社會時代。現在中國的社會已進到了商業資本主義，加以列強的工業資本的勢力猛烈地向內侵略，把中國數千年來的農村經濟攪亂得不能自立，昔日封建時代的舊教育，無論與國民有害與否，早已發生了動搖不復能維持了，到了本期，自然瓜熟蒂落，結果只有抱蔓而歸。八股廢於光緒二十四年五月，詩賦、小楷廢於同年六月，——這兩種其後雖因戊戌政變逐漸恢復，但庚子以後依然停止了。

科舉的廢除，分成三個步驟：一為改良其內容，二為遞減其中額，三為完全停止。第一步萌芽於光緒十三年，當時清廷依御史陳秀瑩的奏請，於每屆鄉會試時酌取算學人才若干名——此為變更科舉內容的初步，但八股與詩賦、小楷依然如故。自甲午一役以後，一般新進知識分子如康、梁等，對於科舉的毛病始施以猛烈的攻擊，所攻擊的焦點則為

以八股取士。自膠澳被占以後，康、梁又上書或面奏，力陳八股之害，於是清廷乃於光緒二十四年五月初二日，毅然下詔廢除八股，凡鄉會試及生童歲科各試一律改試策論——這是本期變法中的第一快舉。同年六月一日，清廷又因張之洞、陳寶箴的建議，凡素來科舉所特重的詩、賦、小楷也被取消了。第二步始於庚子之變以後。這一次失敗，雖官僚及封疆大吏，也知道科舉的積弊太深了，或請改良其內容，或請遞減其中額，或請完全停止，屢有奏議。劉坤一與張之洞於光緒二十七年〈籌議變法〉三疏中，第一疏即有分年遞減科舉中額，改由學堂的建議。到光緒二十九年，袁世凱與張之洞又有分科遞減的奏請，同年上《奏定學堂章程》時亦以遞減科舉為請，——到此時，科舉的權威已掃地無餘了。當是時，全國輿論，皆以為阻礙學堂之進行的莫過於科舉，科舉一日不廢除則人人懷著觀望的態度，學堂即一日不能進行。到了光緒三十一年，袁世凱、張之洞、趙爾巽一班封疆大吏又聯名奏請，清廷看見大勢所趨，無法抵柱，遂於這一年八月決然下詔停止。儒學不久已無形取消，書院自光緒二十四年以來逐漸改為學堂，自此年科舉明令停止以後，昔日封建時代的教育於是一筆勾銷，而新式的學校教育乃勃然而興起。

本章參考書舉要

(1)《皇朝道咸同光奏議》

(2)《光緒政要》

(3)《戊戌政變記》

(4)《奏定學堂章程》

(5)《時務報》

第四十五章　本期教育思潮與宗旨

第一節　中學為主西學為輔的思潮

　　時勢逼迫至此，不得不變法了。要變法不得不興學；要興學不得不接收西方的文化。但中國民族是歷史的民族，最富於保守性，且歷來以文化自誇的民族，今日因外力的關係，一旦「捨己而藝人」，絕非他們所能甘心。既不能完全捨己而藝人，又不得不捨己以藝人，在此思想衝突之中，於是產生了一種調和思想。調和的結果，就是中西並取：對於西方文化，只可接收其科學，接收其技術，接收其法度；對於己國文化，仍當保守其禮教，保守其倫常，保守其風俗。換句話說，他們所接收的只是西方物質文明，對於自己的精神生活，大家一致保守，不肯失墜。思想的趨勢既然如此，所以在當時演成一句口號：「中學為體，西學為用」——本期的教育思潮亦是這八個字。這種思潮，在本期十六年中，無論新進知識分子或官僚階級，大體上全是一致的，雖從分析方面看各有主張。我們勿妨引出幾位有力者的主張，以資證實。

　　光緒二十二年，孫家鼐在〈議復開辦京師大學堂摺子〉上說：

　　中國五千年以來，聖神相繼，政教昌明，絕不能效日本之捨己藝人，盡棄其學而學西法。今中國京師創立大學堂，自應以中學為主，西學為輔；中學為體，西學為用；中學有未備者以西學補之，中學有失傳者以西學還之；以中學包羅西學，不能以西學凌駕中學。此是立學宗旨，日後分科設教，及推廣各省，一切均應抱定此意，千變萬化，語不離宗。(《皇朝道咸同光奏議》卷七〈變法類〉)

　　光緒二十四年張之洞所著《勸學篇》內也有這樣兩段話：

　　今欲強中國，有中學，則不得不講西學。然不先以中學固其根柢，

端其識趣，則強者為亂首，弱者為人奴，其禍更烈於不通西學者矣。（《內篇·循序第七》）

中學為內學，西學為外學，中學治身心，西學應世事，不必盡索之於經文，亦必無悖於經文。（《外篇·會通第十三》）

光緒二十四年清廷所頒「定國是」一詔也有同樣的話：

嗣後中外大小臣工，自王公以及士庶，各宜努力向上，發憤為雄。以聖賢義理之學植其根本，又須博采西學之切於時務者，實力講求，以救空疏迂謬之弊。（《戊戌政變記》卷一）

光緒二十四年梁啟超代擬《京師大學章程》裡面也說過：

中國學人之大弊，治中學者則絕口不言西學，治西學者亦絕口不言中學；此兩學所以終不能合，徒互相詬病，若水火不相入也。夫中學體也，西學用也，二者相需，缺一不可。體用不備，安能成才。且既不講義理，絕無根柢，則浮慕西學，必無心得，只增習氣。前者各學堂之不能成就人才，其弊皆由於此。（《近代中學教育史料》第一冊）

光緒二十九年張百熙等在《奏定學堂章程》原奏上說：

至於立學宗旨，無論何等學堂，均以忠孝為本，以中國經史之學為基，俾學生心術一歸於純正，而後以西學淪其知識，練其藝能，務期他日成材，各適實用，以仰副國家造就通才，慎防流弊之意。（《奏定學堂章程》）

我們由上面幾段話看來，可知「中學為體，西學為用」八個字在當時的勢力；由此八個字更可以推知當時新教育的精神了。這種思潮直到民國初年，尚有很大的勢力。

第二節　教育宗旨

有了某種教育思潮才能產生某種教育，而教育宗旨又是某種教育產生之後才以文字確定——此是本期新教育的特性。在光緒二十八年以前，本期尚無確定的教育宗旨。到光緒二十九年，頒布《奏定學堂章程》，才以「忠孝」二字為宗旨。在學務綱要上說：

京外大小文武各學堂，均應欽遵諭旨，以端正趨向，造就通才為宗旨。

此次遵旨修改各學堂章程，以忠孝為敷教之本，以禮法為訓俗之方，以練習藝能為致用治生之具。

其中所謂「端正趨向」，所謂「禮法」，皆是射著「忠孝」二字說的。就我們前節所引原奏「至於立學宗旨，無論何等學堂，均以忠孝為本，以中國經史之學為基」一語看來，更知忠孝二字是他們立學的宗旨。

但此種宗旨，在當時只是附帶提及，且忠孝二字含義太泛，包括不全，未能盡合於當時的需要。到了光緒三十二年學部正式規定明確的教育宗旨，由政府頒示全國。此時所定的教育宗旨，分二類五條：第一類為「忠君」、「尊孔」二條，第二類為「尚公」、「尚武」、「尚實」三條。前二條，他們以為是：「中國政教之所固有，而亟宜發明以拒異說者」；後三條，他們以為是「中國民質之所最缺，而亟宜針砭以圖振起者」。這五條十字的宗旨，仍是「中體西用」的教育思想，不過比較具體罷了。

本章參考書略同前章

第四十六章　教育行政機關的組織

第一節　概論

　　清廷關於教育行政機關的組織，原來沒有完備的制度。除了中央禮部以外，地方沒有管理教育的正式機關。禮部也不是專管教育的，它是掌管五禮的主要機關，對教育方面所負的責任只有科舉考試一事。國子監雖為專管全國教育的主要機關，但在禮部隸屬之下，所管只有關於國學或鄉學一方面的事情，對於科舉毫無過問之權。現在學堂一日發達一日，教育的設施比較科舉時代煩重多了，從前不完不備的教育行政制度當然不能適用了，此本期所以有新的教育行政機關之組織。

　　稽考全省生童的提督學政，由京官出使，是一種巡視的體例，並無正式機關之組織。

　　本期新教育行政機關之組織，萌芽於光緒二十四年，完成於光緒三十二年。在萌芽之初，中央設管學大臣一員，一方面主持京師大學堂，一方面統轄全國各學堂。這種辦法，好似以京師大學為教育部，以管學大臣為大學校長而兼教育部長的一種性質。到了光緒二十九年，《奏定學堂章程》頒布以後，由鄂督張之洞等人的建議，改管學大臣為總理學務大臣，其大學堂方面另派專員管理；在學務大臣之下，設立六處屬官，分掌各項教育事宜。這樣辦法，好似中央已有了統轄全國教育行政的正式機關，但此仍是臨時性質，且地方除了依舊提督學政以外，毫無設施。再過二年，到了光緒三十一年，自科舉制度經明令取消以後，由山西學政宗熙的建議，乃取消學務大臣，於京師六部之外另成立學部，設有尚書侍郎等長貳官員，與舊有六部同樣組織，於是統轄全國的正式教育行政機關始產生了。到三十二年，又由直督袁世凱、雲南學

臣吳魯等人的建議，將各省提督學政一律裁撤，另設提學使司，專管全省教育事務，於是統轄全省的正式教育行政機關又產生了。同年，由學部侍郎嚴修的建議，於府廳州縣治所設立勸學所，統轄並督率各府廳州縣教育之進行，而地方也有正式機關了。自此以後，掌管國家教育的行政機關，依照普通行政區別也分成中央、省會及府廳州縣三級，層層相屬，統系分明，數千年久不完備的教育行政機關至此才有完備的制度之制定。

第二節　中央教育行政機關

一　學部

學部位在禮部之上，掌管全國各項教育的政令，最高長官為尚書，其次則為左右侍郎，均為政務官。在尚書侍郎之下，設有各項事務官，如左右丞、左右參議、參事官及郎中員外郎等等。部內的組織，分為五司十二科，每司設郎中一人，每科設員外郎一人，分掌本部事務及全國各項教育。此外設有視學官。輪流出京視察各省教育，沒有定員。其他編譯圖書、調查學制以及督理京師學務，皆設有專局，由部派員兼理。禮部所轄的國子監及天文臺，亦撥歸學部管轄。我們將五司十二科的名目開列於下，便知它們職掌的性質：

（1）總務司，內分機要、案牘、審定三科；

（2）專門司，內分專門政務、專門庶務二科；

（3）普通司，內分師範教育、中等教育、小學教育三科；

（4）實業司，內分實業教務、實業庶務二科；

（5）會計司，內分度支、建築二科。

二　視學官

在學部官制初次頒布時，即擬有視學官的名目，到宣統元年始將視學官的章程規定出來。當時分全國為十二視學區域：（1）奉天、吉林、黑龍江三省；（2）直隸、山西二省；（3）山東、河南二省；（4）陝西、四川二省；（5）湖北、湖南二省；（6）江蘇、安徽、江西三省；（7）福建、浙江二省；（8）廣東、廣西二省；（9）貴州、雲南二省；（10）甘肅、新疆二省；（11）內外蒙古；（12）青海、西藏。每區派視學官二人，按年分往各區視察，限三年以內視察一週，但在新教育尚未發展的區域如青海、西藏等處，可以暫緩視察。此項視學官不設定員，以部中人員或直轄學堂管理員、教員職份相當者派充。

第三節　地方教育行政機關

一　省教育行政機關

在提督學政裁撤以前，自光緒二十九年至光緒三十一年二三年之間，省會地方有一臨時教育行政機關——學務處或學校司，專管本省學堂的建設及進行，隸屬於督撫之下。自學政取消改設提學使司以後，前項臨時組織即行取消。提學使司設提學使一員，統轄全省學務，位在布政使之次，按察使之前，歸督撫節制。該司機關設在省會，內置學務公所，分設總務、專門、普通、實業、會計、圖書六課。公所設議長一人，議紳四人，輔佐提學使參劃學務，並備督撫諮詢。議紳由提學使延訪本省學望較崇的紳士充選，議長由督撫咨明學部奏派。各課設課長一

人，副課一人，由提學使派充。此外另設省視學六人，承提學使的命令，巡視本省各府廳州縣的學務。

二　府廳州縣教育行政機關

此級的教育行政機關取名「勸學所」，但它的歷史卻有兩個時期：一是在地方自治章程頒布以前，為第一期的勸學所；一是在地方自治章程頒布以後，為第二期的勸學所。我們按照時期先後分述於下。

第一個時期，自光緒三十二年至宣統元年，共計四年。勸學所為各廳州縣的教育行政機關，它的職權不僅掌管各本廳州縣的教育行政，並有誘勸地方人士建立學堂推廣教育的責任。每所設總董一人，由縣視學兼充，受本地方官的監督。在總董之下，設勸學員若干人，由總董稟請地方官劄派。每廳州縣劃分若干學區，每學區由總董選擇本區品行端正、熱心教育的紳衿充任勸學員，負責推行本區的一切學務。

第二個時期，為宣統二年至三年，共計兩年。這一期的勸學所有兩種變更：一是設立所在的推廣，即廳州縣之外加了一個府設；二是職權範圍的縮小，即將從前獨立機關變為地方官輔助的機關。後者變更的原因是：自地方自治章程頒布以後，關於地方學務由地方自治職權辦理，勸學所既為政府機關，當然不便管理地方自治的事。所以舊日章程就不適用了。此次新訂章程，只規定勸學所為府廳州縣教育行政輔助機關，輔佐地方官辦理官立學堂及其他教育事業。但對於地方學務並非完全無權過問，當時也有兩類的規定：(1) 在自治職未成立的地方，對於自治學務，有代其執行之責；(2) 在自治職已成立的地方，對於自治學務有贊助監督之權。勸學所的職權既然縮小了，其長官的名稱也隨著改變——改總董為勸學員長，以勸學員長兼充縣視學。

本章參考書舉要

(1)《學部官報》

(2)《學部奏咨輯要》

(3)《奏定學堂章程》

(4)《光緒政要》

(5)《大清新法令》

第四十七章　學校制度及實施

第一節　概論

　　新教育之有系統的組織，始於光緒二十八年張百熙在管學大臣任內所擬的《欽定學堂章程》。該章程共計六件：(1) 京師大學堂章程，(2) 考選入學章程，(3) 高等學堂章程，(4) 中學堂章程，(5) 小學堂章程，(6) 蒙學堂章程。按照該章程所擬，將整個教育分成三段七級：第一段為初等教育，分成蒙學堂、尋常小學堂及高等小學堂三級；第二段為中等教育，只有一級；第三段為高等教育，分成高等學堂或大學預備科、大學堂及大學院三級。蒙學堂即改良的私塾，規定兒童自五歲入學，至九歲升入尋常初等小學堂，十二歲升入高等小學堂，十五歲升入中等學堂，十九歲升入高等學堂或大學預備科，二十一歲升入大學堂，再三年可升入大學院。自初入學堂至大學畢業，共計二十年。大學堂三年畢業，內分政、藝二科，大學院屬於研究高深學術的機關，學習無有定期。此外還有實業教育，分簡易實業、中等實業及高等實業三級；還有師範教育，分師範學堂及師範館二級。按此項章程雖曾經正式頒布，但未及施行，到第二年頒布《奏定學堂章程》以後，遂等於廢紙了。

　　張百熙在管學任內，很能熱心盡職。如慎選教習，吸引新進，籌劃經費，制定章程，擬在豐臺建築大規模新式大學校舍，種種設施，皆能負一般的時望，而新進的青年亦多趨赴。這樣一來，被清廷滿、蒙舊人內懷猜忌，乃派守舊黨榮慶與張氏共同管學，以分張氏的權勢。榮慶以蒙人資格，兼入樞府，權位遠出張氏之上，有意更改從前的辦法，恰逢張之洞因事入京，清廷乃下令之洞與二管學大臣重擬學堂章程，此《奏定學堂章程》之由來。張之洞夙以提倡新學自負，拜此新命，氣焰熏

天，乃遠采日本學制，近酌欽定舊章，再參以己意，凡曆數月，易稿七次而始草就。此項新章，名雖三人共擬，其實由之洞一手包辦，其中前後述及教育宗旨的地方，完全是他自己的一副頭腦的表現。此項新章的內容，含著復古的性質極其濃厚，但從學制本身上說，確比舊章完備多了；學部成立以後，在枝節方面雖略有修改，而清末新教育制度，莫不以此為標準。

《奏定學堂章程》頒布於光緒二十九年十一月二十六日，共計十六冊，計二十餘種。自豎的方面看，整個教育也是分成三段七級：第一段為初等教育，分為蒙養院、初等小學及高等小學三級；第二段為中等教育，只有中學堂一級；第三段為高等教育，分為高等學堂或大學預備科、分科大學及通儒院三級。除蒙養院半屬家庭教育，殊非正式學堂外，兒童自七歲入小學，至三十歲通儒院畢業，合計二十五年。自橫的方面看，除直系各學堂外，另有師範教育及實業教育兩系。師範教育分初級及優級兩等，合計修學八年。實業教育除藝徒學堂及實業補習普通外，分初等實業、中等實業及高等實業三等，合計修學十五年。此外在京師還有譯學館及外省的方言學堂，屬於高等教育段，約計修學五年。此外還有進士館，為新進士學習新知識設立的；有仕學館，為已仕的官員學習新知識設立的，修業約計十三年，屬於高等教育段，以其不是由中小學層累而上升，故不列入學堂系統之內。

現在為清醒眉目起見，除將《奏定學堂章程》所定各級各種學堂提要分節敘述於下以外，更將此次學制系統圖附載於後。

第二節　直系教育

一　緒言

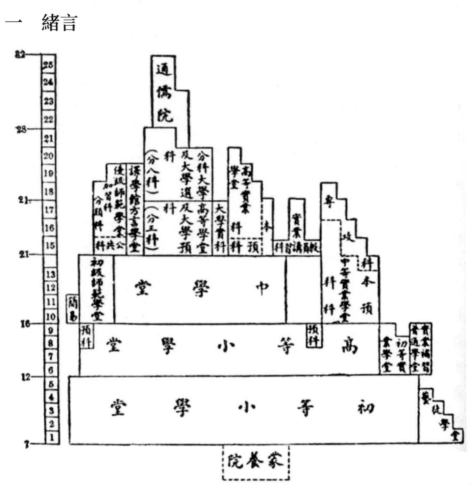

癸卯學制系統圖

（光緒二十九年）

　　自蒙養院至通儒院，共有三段七級的學堂，是正軌的，是直線的，我們假名之曰「直系教育」。在光緒二十四年五月二十二日，有這樣一道諭旨：「將各府廳州縣現有之大小書院，一律改為兼習中學西學之學校，

至於學校等級，自應以省會之大書院為高等學，郡城之書院為中等學，州縣之書院為小學。」此次章程規定直系各學堂設立的原則，即按照這道諭旨的標準。至於大學與通儒院合設一處，在京師；蒙養院是半家庭教育的性質，當以普及為宜，不限定區域。除初等小學及通儒院外，一律須令學生貼補學費，但納費多少視各地學堂情形酌量辦理。

二　蒙養院

此院規定兒童受教育的最初一步，其宗旨「在於以蒙養院輔助家庭教育，以家庭教育包括女學」。兒童入院年齡，以三歲至七歲為度，每日授課不得過四點鐘。蒙養院即外國所謂幼稚園，以女子師範畢業生為保姆。但中國此時既不宜設女學，所以蒙養院只好暫時附設在育嬰堂及敬節堂內。凡各省府廳州縣以及巨大市鎮，如有此項善舉者，每堂均須附設蒙養院一所，即於該堂內的乳媼及嫠婦作為保姆。此項保姆，未必即有保育教養嬰兒的知識，先由官廳派員講授保育教導之事，或發給女教科書及家庭教育書，令她們自相傳習。一年以後，學習有成績者，發給保姆憑單，無論在此堂內附設的蒙養院或私人家庭內，皆可以執行保姆的業務。該章程又規定：在蒙養院未及遍設以前，家庭教育最為重要，所謂「蒙養家教合一」。家庭教育的責任，全在女子，此時中國，既不宜設立女學堂，唯有刊布女教科書，令她們在家庭自相傳習。家中女子如不識字時，則由她的丈夫為之講說。講習以後，有子女者，可以自教其子女，則家家皆有一蒙養院了。此項女教科書，為《孝經》、《四書》、《列女傳》、《女誡》、《女訓》及《教女遺規》等等。至於嬰兒應讀何書、如何教法，未曾明白規定。

三 初等小學堂

　　兒童受教育的第二步為初等小學堂，凡國民年齡在七歲以上者皆可入學。此級學堂，以「啟其人生應有之知識，立其明倫理、愛國家之根基，並調護兒童身體令其發育」為宗旨。其中又分為兩類：一為完全科，一為簡易科。完全科五年畢業；其必修學科有八：一、修身，二、讀經講經，三、中國文字，四、算術，五、歷史，六、地理，七、格致，八、體操。此外視地方情形，尚可加授圖畫、手工一科或二科，列為隨意科。簡易科也是五年畢業，其科目有五：一、修身、讀經合為一科，二、中國文字科，三、歷史、地理、格致合為一科，四、算術，五、體操。以《孝經》、《四書》、《禮記節本》為完全科必讀之經書，第一年每日約讀四十字，第二年每日約讀六十字，第三、第四兩年每日約讀一百字，第五年每日約讀一百二十字，總共五年應讀十萬零一千八百字。至於時間的分配，每星期讀經六點鐘、挑背及講解六點鐘，合計十二點鐘。另有溫經的課程，每日半點鐘，在自習室內舉行，不列講堂功課之內。高等小學亦同。以古詩歌代音樂科，「須擇古歌謠及古人五言絕句之理正詞婉能感發人者」令兒童諷誦，作為音樂教材。

　　此項學堂之設立，以府、廳、州、縣之各城鎮為原則。在創辦之初，至少大縣城內必設三所，各縣著名大鎮必設一所，名曰「官小學堂」。至於私人集資建立，由個人者曰私小學堂，由團體者曰公小學堂。官設小學堂永不令學生貼補學費，雖未實行強迫教育，亦寓有義務教育的意義了。學級編制分三種：凡兒童的工夫深淺同等，能編為一班者，稱單級小學堂；凡兒童的工夫不等，須編為二級以上者，稱多級小學堂；在一日內，分兒童為兩起授課者，稱半日小學堂。

四　高等小學堂

高等小學為兒童受教育的第三步，以「培養國民之善性，擴充國民之知識，壯強國民之氣體」為宗旨。照章以在初等小學堂畢業升入者為合格，但開辦之初，凡十五歲以下，略能讀經而性質尚敏之兒童，亦有投考的資格。學習年數以四年為限。學科凡九：一、修身，二、讀經講經，三、中國文學，四、算術，五、中國歷史，六、地理，七、格致，八、圖畫，九、體操。此外視地方情形，可加授手工、商業、農業等科目為隨意科。修身教材以《四書》為主，經學教材以《詩經》、《易經》及《儀禮》的〈喪服經傳〉為必讀之書。凡兒童讀經，每日約讀一百二十字，每年應讀二萬八千八百字。總計四年應讀十一萬五千二百字。仍以古詩歌代替音樂科，不過詩歌字句可選讀較長的——五七言均可。

此項學堂的設立，以州縣為原則，但巨大村鎮，能籌款多設更佳。兒童在此項學堂畢業，已可取得出身的資格，故入學肄業時須令貼補學費。

五　中學堂

兒童由高等小學升入中學，已到教育的第二階段了。此項學堂，以「施較深之普通教育，俾畢業後不仕者從事於各項實業，進取者升入高等專門學堂，均有根柢」為宗旨。學程以五年畢業，其學科凡有十二；一、修身，二、讀經講經，三、中國文學，四、外國語，五、歷史，六、地理，七、算學，八、博物，九、物理及化學，十、法制及理財，

十一、圖畫，十二、體操。修身教材，摘講陳宏謀《五種遺規》：一、《養正遺規》，二、《訓俗遺規》，三、《教女遺規》，四、《從政遺規》，五、《在官法戒錄》；經學教材，以《詩經》、《易經》及《儀禮》之一篇（〈喪服經傳〉）為必讀之書。音樂仍以古詩歌替代。

此項學堂，以府立為原則，如各州縣皆能設立一所更善。每堂學生名額以四百人以下三百人以上為合格，但於經費充裕學舍宏敞者可增至六百人。

六　高等學堂

高等學堂以「教大學預備科」為宗旨，每日功課六點鐘，三年畢業。其學科分為三類：以預備升入經學科、政法科、文學科及商科等大學者為第一類；以預備升入格致科、工科、農科等大學者為第二類；以預備升入醫科大學者為第三類。第一類的學科凡有十目：一、人倫道德，二、經學大意，三、中國文學，四、外國語，五、歷史，六、地理，七、辨學，八、法學，九、理財學，十、體操。第二類的學科，凡有十一目：一、人倫道德，二、經學大意，三、中國文學，四、外國語，五、算學，六、物理，七、化學，八、地質，九、礦物，十、圖畫，十一、體操。第三類的學科，凡有十一目：一、人倫道德，二、經學大義，三、中國文學，四、外國語，五、拉丁語，六、算學，七、物理，八、化學，九、動物，十、植物，十一、體操。到了第三年，另外設有選科及隨意科，凡三類學生皆可加習。

此項學堂以各省城設立一所為原則，由中學堂畢業生升入。升入以後，修滿三年，考試及格即可升入分科大學。但此時學堂初辦，尚無合格人才升入大學肄業，所以在京師大學內先設預備科，與各省高等學堂同一性質。

七　大學堂

　　由高等學堂或大學預備科畢業了，再進一步，則為大學堂。大學堂以「謹遵諭旨，端正趨向，造就通材」為宗旨，其中分立八科，又稱分科大學堂。學堂設立在京師者須八科全備，設立在外省者不必全備，但至少須置三科，方許設立。各分科大學修業年限，除政治科及醫科中的醫學門各須四年外，其餘各科各門均以三年為限。茲將八科各門的學科分列於下：

　　（一）經學科大學。此科大學分十一門，理學一併附在裡面。一、《周易》學門，二、《尚書》學門，三、《毛詩》學門，四、《春秋》、《左傳》學門，五、《春秋三傳》學門，六、《周禮》學門，七、《儀禮》學門，八、《禮記》學門，九、《論語》學門，十、《孟子》學門，十一、理學門。以上各門，由學生各自專習一門。

　　（二）政治科大學。此科大學，只分二門：一、政治門，二、法律門，由學生各自專習一門。

　　（三）文學科大學。此科大學，共分九門：一、中國史學門，二、萬國史學門，三、中外地理學門，四、中國文學門，五、英國文學門，六、法國文學門，七、俄國文學門，八、德國文學門，九、日本文學門。由學生各自專習一門。

　　（四）醫科大學。此科大學只分二門：一、醫學門，二、藥學門。由學生各自專習一門。此項醫學與近日醫科大學專攻西醫者不同，凡內科、外科、婦科、兒科皆參考中國至精的醫書，方能適合本國人的體質及生活，其餘各科當擇譯外國善本教授。

　　（五）格致科大學。此科分六門：一、算學門，二、星學門，三、物

理學門，四、化學門，五、動植物學門，六、地質學門。由學生各自專
習一門。

（六）農科大學。此科分四門：一、農學門，二、農藝化學門，三、
林學門，四、獸醫學門。由學生各自專習一門。凡農學各門，皆以實驗
為主，故講堂功課較他科為少。

（七）工科大學。此科分九門：一、土木工學門，二、機器工學門，
三、造船學門，四、造兵器學門，五、電氣工學門，六、建築學門，
七、應用化學門，八、火藥學門，九、採礦及冶金學門。由學生各自專
習一門。

（八）商科大學。此科分三門：一、銀行及保險學門，二、貿易及販
運學門，三、關稅學門。由學生各自專習一門。

以上各科大學中，每門課程又分三類——主課、輔助課及隨意科。
每門以本門研究法為主課，以與此門相關之學為輔助課。例如經學科的
《周易》學門，主課為「周易研究法」，輔助課為「《爾雅》學」，「《說文》
學」一類的材料。隨意科則不拘科門，性質極其寬泛。各科學生到畢業
時，均須自著論說一篇，與畢業課藝，一律繕呈學堂當局，作為畢業成
績的參考。但工科大學學生除呈驗畢業課藝及自著論說外，還要制一計
劃圖稿。

八　通儒院

最高學府為通儒院，須有分科大學畢業的資格，或學力與此相等
者，方能升入肄業。此院不單獨設立，即設立在京師大學堂內，其宗旨與
大學堂相同。學生入院，只在齋舍研究，隨時向教員請業問難，沒有講堂
功課。但每到年終，須呈驗平日所研究的情形及成績於分科大學監督，以

備考核。規定研究期限為五年，其畢業程度以「能發明新理，著有成績，能製造新器，足資利用」為標準。院內不收學費，如有學生為研究學術，必須親至某地方考察時，經大學會議議決，尚可酌量支給旅費。

第三節　師範教育

一　緒言

中國近代之有師範教育，始於南洋公學。該學創辦於光緒二十三年，四院中首先設立師範一院，即近代師範教育的開始；但此不過為局部的設施。在這幾年，梁啟超在上海刊行《時務報》。亦極力鼓吹師範教育，但尚未經政府採納。直到光緒二十八年，張百熙的《欽定學堂章程》，始正式規定師範教育系統，但不過附設於直系各學堂內，尚未成為獨立的組織。至本章程，才把師範教育劃開，使自成系統，獨立起來。獨立的師範教育，分優、初兩級：優級略高於高等學堂，初級略高於普通中學堂。每級內部各分設數種學堂，比較普通高等、中等學堂的辦法複雜，此次章程，要以此處為較完善。初級師範除私立，優級師範除加習科外，一律不收學費。畢業以後，各有效力於教育的義務，其服務年限與地點各不一致。茲將各級的宗旨、入學的資格、各科課程、修業期限及畢業後之義務，逐一分述於下。

二　初級師範學堂

此為師範教育的第一級，招收高等小學堂畢業生來堂肄業，以「派充高等小學堂、初等小學堂兩項教員者入焉；以習普通學外，兼講明教授

管理之法」為宗旨。但在小學尚未發達以前，暫時可就現有之貢廩增附生及文理優長之監生內考取。此項學堂為小學教育普及的基礎，須限定每州縣必設一所，但開辦之初，可先就省城地方暫設一所。省城師範學堂應設兩種：一為完全科，五年畢業；一為簡易科，一年畢業。前者入學年齡，以十八歲以上、二十五歲以下為合格，後者以二十五歲以上、三十歲以下者為合格。州縣師範學堂除完全科外，宜急設十個月的師範傳習所。此項傳習所，招收專教私塾的生童，以省城之初級師範學堂及簡易科畢業生成績較優者為教員，分往傳習，畢業後可充小學副教員。初級師範完全科設立在省城者，師範生以三百人為足額；設立在各州縣者以一百五十人為足額。完全科的學科共有十二目：一、修身，二、讀經講經，三、中國文學，四、教育學，五、歷史，六、地理，七、算學，八、博物，九、物理及化學，十、習字，十一、圖畫，十二、體操。此外可視地方情形尚可加授外國語，農業、商業、手工之一科目或數科目。以古詩歌替代音樂，與普通中學相同。凡師範生畢業後皆有充當小學教員的義務。(1) 服務的地點：如在省城學堂畢業者應有從事本省各州縣小學堂教員之義務；如在州縣學堂畢業者，應有從事本州縣各小學堂教員之義務。(2) 服務的年限：如師範生由官費畢業者，本科生六年，簡易科生三年；由私費畢業者，本科生三年，簡易科生二年。

除上所設外，在師範學堂內，並應添預備科及小學教員講習科：前者為考入完全科而普通學力未足者，補習之用；後者為由傳習所畢業已出為小學堂教員而自覺學力缺乏者，及向充蒙館塾師而並未學過普通學亦未至傳習所受過教法者補習之用。此外凡初級師範學堂，皆可設置旁聽席，以便鄉間老生寒儒來堂觀聽，獲得普通教育知識及教法大要，即可便易多開小學。此外每一學堂，必有附設小學堂一所，以供師範生實地練習。凡師範生不納學費。

三　優級師範學堂

此為師範教育的第二級，以造就「初級師範學堂及中學堂之教員、管理員」為宗旨。入學資格分兩種：(1) 以初級師範學堂畢業及普通中學堂畢業生為原則；(2) 在開辦之初，可暫收本省之舉貢生員之中學確有根柢，年在十歲以上、二十五歲以下者為例外。此種學堂，京師及各省城宜各設一所，學生名額暫定最少二百四十人。其學科分為三節：一、公共科，為初入學時學習的課程；二、分類科，為入學第二年後學習的課程；三、為加習科，為分類科課程畢業後加習的課程。前二節，學生必須學習；後一節加習與否，可聽其自便。公共科及分類科學生在學費用，均以官費支給。

公共科的學科凡八：一、人倫道德，二、群經源流，三、中國文學，四、東語，五、英語，六、辨學，七、算學，八、體操。以上各科，如是第一項資格的學生，限以一年畢業；如是第二項資格的學生，限以三年畢業。

分類科的學科分為四類：第一類以中國文學、外國語為主，第二類以歷史、地理為主，第三類以算學、物理、化學為主，第四類以植物、動物、礦物、生理為主。第一類學科凡十三科：一、人倫道德，二、經學大義，三、中國文學，四、歷史，五、教育學，六、心理學，七、周、秦諸子，八、英語，九、德語，十、辨學，十一、生物學，十二、生理學，十三、體操。此外，還有二隨意科：一、法制，二、理財。第二類學科凡十二科：一、人倫道德，二、經學大義，三、中國文學，四、教育學，五、心理學，六、地理，七、歷史，八、法制，九、理財，十、英語，十一、生物學，十二、體操。此外還設有德語一隨意

科。第三類學科凡十二科：一、人倫道德，二、經學大義，三、中國文學，四、教育學，五、心理學，六、算學，七、物理學，八、化學，九、英語，十、圖畫，十一、手工，十二、體操。此外還設有隨意科二：一、德語，二、生物學。第四類學科凡十四科：一、人倫道德，二、經學大義，三、中國文學，四、教育學，五、心理學，六、植物學，七、動物學，八、生理學，九、礦物學，十、地學，十一、農學，十二、英語，十三、圖畫，十四、體操。此外還有隨意科目二：一、化學，二、德語。以上各類的課程，每類限三年畢業。

加習科的學科凡十科：一、人倫道德，二、教育學，三、教育制度，四、教育機關，五、美學，六、實驗心理學，七、學校衛生，八、專科教育，九、兒童研究，十、教育演習。以上各科，限以一年畢業。

除以上三節外，還有專科及選科等名目，但課程此時尚未規定。凡優級師範學堂，必有附屬學堂兩種：一為附屬中學，一為附屬小學，以供優級生實地練習。凡分類科畢業生，均有效力本省及全國教育職業的義務，其義務年限暫定六年；義務期滿，准升入大學堂肄業。

第四節　實業教育

一　緒言

實業教育在光緒二十八年《欽定學堂章程》內已自成系統，到了本章程則規定更較詳備。本章程分實業教育為三類：一為正式實業學堂，一為補習實業學堂，一為實業師範。第一類又分初、中、高三等，每等各分數科。第二類又分普通補習及藝徒二種。除藝徒學堂免收學費及實業教員養成所由官廳供給一切費用外，其餘各實業學徒皆須貼補學費。

茲將各種實業學堂的宗旨、入學資格及年齡、課程、修業年限及畢業各項，逐一敘述於下。

二　初等實業學堂

此項學堂分設三種：一為初等農業學堂，二為初等商業學堂，三為初等商船學堂；皆等於高等小學堂的程度。招收年在十三歲以上之初等小學堂畢業生。初等農業以「教授農業最淺近之知識、技能，使畢業後實能從事簡易農業」為宗旨。課程分普通科及實習科兩類，通限以三年畢業。普通科課程凡有五科：一、修身，二、中國文理，三、算術，四、格致，五、體操。實習科課程凡有四科：一、農業，二、蠶業，三、林業，四、獸醫。初等商業，以「教授商業最淺近之知識、技能，使畢業後實能從事於簡易商業」為宗旨。三年畢業，不分科。初等商船，以「教授商船最淺近之知識、技術，使畢業後實能從事於商船之簡易職務」為宗旨。課程分航海、機輪二科，限以二年畢業。

以上三種學堂，現時以附設於中等各實業學堂及普通中小學堂內，不必單設。

三　中等實業學堂

此項學堂分設四種：一為中等農業學堂，二為中等工業學堂，三為中等商業學堂，四為中等商船學堂。皆等於普通中學堂的程度，皆有本科生及預科生兩種。本科生三年畢業，招收年在十五歲以上已修畢高等小學堂之四年課程者；預科生二年畢業，招收年在十三歲以上已修畢初等小學堂之五年課程者。中等農業學堂，以「授農業所必需之知識、

藝能，使將來實能從事農業」為宗旨。其預科課程之科目有八：一、修身，二、中國文學，三、算術，四、地理，五、歷史，六、格致，七、圖畫，八、體操。此外，並可加設外國語。其本科課程之科目有五：一、農業科，二、蠶業科，三、林業科，四、獸醫科，五、水產科。但本科可酌量地方情形，節縮至二年以內或展長至五年以內。中等工業學堂，以「授工業所必需之知識、技能，使將來實能從事工業」為宗旨。本科課程分為十科：一、土木科，二、金工科，三、造船科，四、電氣科，五、木工科，六、礦業科，七、染織科，八、窯業科，九、漆工科，十、圖稿繪畫科。中等商業學堂，以「授商業所必需之知識、藝能，使將來實能從事商業」為宗旨。預科、本科皆不分科。中等商船學堂，以「授駕運商船之知識、技能，使將來實能從事商船」為宗旨。本科課程分為二科：一、航海科，二、機輪科。

除以上四種外，在中等各實業學堂內，酌設別科、選科及專攻科三種。別科即簡易科的性質，以簡易教法講授該實業必需之知識。選科不分種別，可就各實業中之一事項或數事項增置若干科目，使生徒選習。專攻科即精習課程，為已畢業於本實業學堂尚欲專攻一科目或數科目之學生學習之用。

四　高等實業學堂

此項學堂分設四種：一為高等農業學堂，二為高等工業學堂，三為高等商業學堂，四為高等商船學堂；皆等於普通高等學堂的程度，招收年在十八歲以上、二十二歲以下之普通中學的畢業生。高等農業學堂以「授高等農業學藝，使將來能經理公私農務產業，並可充各農業學堂之教員、管理員」為宗旨。課程分預科及本科，前者一年畢業，後者三年畢

業。本科課程又分四科：一、農學科，二、獸醫學科，三、森林學科，四、土木工學科。高等工業學堂，以「授高等工業之學理技術，使將來可經理公私工業事務，及各局廠工師，並可充各工業學堂之管理員、教員」為宗旨。課程亦分預科及本科，前者一年畢業，後者三年畢業。本科課程又分十三科：一、應用化學科，二、染色科，三、機織科，四、建築科，五、窯業科，六、機器科，七、電氣科，八、電氣化學科，九、土木科，十、礦業科，十一、造船科，十二、漆工科，十三、圖稿繪畫科。高等商業學堂，以「施高等商業教育，使通知本國、外國之商情、商事，及開於商業之學術、法律，將來可經理公私商業及會計，並可充各商業學堂之管理員、教員」為宗旨。課程亦設預科及本科，前者一年畢業，後者三年畢業，皆不分科。高等商船學堂以「授高等航船機關之學術技能，使可充高等管駕船舶之管理員，並可充各商船學堂之管理員、教員」為宗旨。課程不設預科，只有本科。本科又分航海及機輪二科，前者五年半畢業，後者五年畢業。

除以上四種外，在各學堂內，可附設專攻科，為畢業生尚欲精究之用。

五　實業補習普通學堂

此項學堂，近於中學堂的程度，以「簡易教法，授實業所必需之知識、技能，並補習小學普通教育」為宗旨。招收已經從事各種實業及打算從事各種實業之兒童入堂肄業，但其學力須具有初等小學堂以上之程度方能合格。課程分普通科及實習科兩類，實業科又分農業、工業、商業及水產四科，統限以三年畢業。此項學堂不必單獨設立，可附設中小學堂或各種實業學堂之內。

六　藝徒學堂

此項學堂，近於高等小學堂之程度，以「授平等程度之工業技術，使成為善良之工匠」為宗旨。招收十二歲以上、略知書算之幼童來學肄業，他們的資格不限於已否在初等小學堂畢業者。其中普通課程凡八科目：一、修身，二、中國文理，三、算學，四、幾何，五、物理，六、化學，七、圖畫，八、體操。但以上八科中，除一、二兩科必修外，其餘可聽生徒自由選習。畢業無定期，以六個月以上、四年以下為限。此項學生多半已有本業，只欲以其餘暇來堂補習應用之知識、技能為目的。學堂為圖他們便利起見，授課時間應略有變通：或於夜晚，或於放假日，或擇雪期、農隙等閒暇時節舉行。

七　實業教員講習所

此項講習所，以「教成各級實業學堂及實業補習普通學堂藝徒學堂之教員」為宗旨。招收中學堂或初級師範學堂的畢業生來所肄業，修學的期限各科不一。其中分三部，一、農業教員講習所，二年畢業；二、商業教員講習所，二年畢業；三、工業教員講習所，完全科三年畢業，簡易科二年畢業。凡講習所的學生，在學一切費用均由官廳供給，畢業後須服務六年。

第五節　學堂行政組織及教職員

一　緒言

在學制系統未成立以前，各學堂行政組織無一定章程。從一般習慣看，大概一個學堂的行政首領叫做監督，監督之下有總教習，總教習之下有分教習。監督概由現任或候補官員兼領，只負建設籌款及一切重大計劃的責任。總教習的職權極大，凡訂定課程、聘請教習、取錄學生及內部一切辦法，皆由他主持。在新教育第一期，各學堂總教習，多聘西人充當；迨後添設華員一名，於是一個學堂就有兩總教習了。

自新學制成立系統以後，所有各級各種學堂的行政及管教員，才有完備的組織及統一的名稱。監督逐漸脫離職官專管學堂，教習逐漸由華員替代。其中行政組織的區別，只以等級為標準了，不以種類為標準，大概高等學堂以上，為一等組織，規模宏大；自中等學堂以下為二等組織，規模狹小。但學堂行政首領自中等學堂以上，統稱監督；自中等學堂以下，統稱堂長。至於蒙養院及藝徒學堂，均非單獨設立，組織更其簡單，我們可以從略少敘。

二　一等組織

此項組織，又分大學堂與高等學堂兩類。大學堂設總監督一人；總管全堂各分科大學事務，統率全學人員。分科大學每科設監督一人，受總監督的節制，掌本科之教務、庶務、齋務一切事宜。每分科，在監督之下，設立三部：一為教務，設教務提調一人，其下設正教員、副教員若干人；二為庶務，設庶務提調一人，其下設文案官、會計官、雜務官

等人；三為齋務，設齋務提調一人，其下設監學官、檢查官、衛生官等人。此外天文臺、植物園、動物園、演習林、醫院及圖書館各機關，均設經理官一人。全學設一會議所，議決大學一切重要事務。各分科設一教員監學會議所，議決關於各本科一切重要事務。

高等學堂設監督一人，統轄各員，主持全學教育事務。監督之下分三部：一、關於教務者，設教務長一人，其下設有正教員、副教員、掌書官若干人；二、關於庶務者設有庶務長一人，其下設有文案官、審計官、雜務官若干人；三、關於齋務者，設齋務長一人，其下設有監學官、檢查官等人。優級師範學堂及高等實業學堂的行政組織，完全與此相同，不過優級師範添設了附設中小學堂的辦事官，是其特異。

三　二等組織

此項組織分中等學堂與小學堂兩類。中等學堂設監督一人，統轄全學員、董司事、人役，主持一切教育事宜。監督以下不分部，只設教員若干人，分教各種科學，此外設有掌書、文案、會計、庶務等員。如備有學生齋舍的學堂，另設監學二員，以教員兼充。初級師範學堂，除添附屬小學辦事官一人外，其餘全同。

小學堂設堂長一人，主管全校教育，督率堂內教員及董事、司事。堂長之下，設有正副教員，或專科正教員若干人。但如學堂狹小、學生名額在六十以下者，教員即由堂長兼充。

四　師資

新教育初行，除監督外，自總教習以下，概用洋員，所有教育業

務，差不多全在外人手中。庚子以來，新式人才逐漸產生，於是漸由洋員移歸於華員。據《奏定學堂章程》，所規定各級學堂的教員標準為：（1）大學堂分科正、副教員，暫時除延訪有各科學程相當之華員，其餘均聘請外國教師充選。（2）高等學堂的正教員與大學堂相同，其副教員則以華員充當。（3）優級師範學堂的正副教員的資格完全與高等學堂相同。（4）普通中學及初級師範學堂的正副教員，暫時只可擇遊學外國畢業、曾考究教育法理者充任，或擇學科程度相當之華員充當亦可，不必限於師範畢業生。（5）高等小學堂的正副教員，暫時以簡易師範生充選；初等小學堂的正副教員，暫時以師範傳習生充選。（6）實業學堂的正副教員，各按等級與相當之普通學堂資格相同。

第六節　管理考試及獎勵

一　管理

本章程除學務綱要裡面涉及關於管理學生的事務外，並訂有各學堂管理通則八章，我們摘出五個要點來說說。第一，關於品行的考核，第二，關於皇帝的愛戴，第三，關於禮節的遵守，第四，關於行為的防閑，第五，關於制服的規定。關於第一點，凡學堂考核學生的成績，必另立品行一門，用積分法與學業成績一併計算。考核品行的方法，分言語、容止、行禮、做事、交際、出遊六項，隨時隨處皆按照這六項考核。在講堂內，由教員考核；在齋舍，由監學及檢查官考核。關於第二點，在講堂及禮堂內，懸掛《聖諭廣訓》，平日無論教員及學生務必一律遵奉。每逢朔日，由監督教員傳集學生至禮堂行禮如儀以後，須敬謹宣讀《聖諭廣訓》一道。凡有慶節，在舉行禮節以後，如有宴會還由各

教員或學生恭致祝詞，宣講「尊崇孔教，愛戴大清國之義」。關於第三點，每逢朔日、元旦日、慶祝日、紀念日及開學、散學等日，必舉行相當禮儀：對萬歲牌或至聖先師牌位，一律舉行三跪九叩禮；學生對教職員舉行三揖禮。除此以外，在平時，學生對教員或長官亦須舉行一揖禮或拜跪禮。關於第四點，對於學生的行為設有種種禁例：(1) 不准預聞不干己事；(2) 不准干預國家政治及本學堂事務；(3) 不准離經叛道，妄發狂言怪論，以及著書妄談，刊布報章；(4) 不准充報館主筆及訪事人；(5) 不准私自購閱稗官小說，謬報逆書；(6) 不准聯盟糾眾，立會演說，及潛附他人黨會。關於第五點。凡學生一律著制服。制服分帽子、衣服、鞋子、衣帶及被褥等等，皆有定式，一律由學堂製備發給，以歸劃一。

以上五點中尤以第二、第四兩點為最嚴重。由第二點看來，簡直是一種宗教式的訓練，《聖諭廣訓》等於耶穌教的《聖經》了。由第四點看來，又是一種愚民式的教育，不准干預政治與聯盟立會，這無異暗示當時革命黨的勢力業已潛滋暗長，青年學生最易受其鼓動，所以特別嚴防。其實，這種辦法毫無用處，後來推翻滿清政府的多半就是此時所極力防範的青年學生。

二　考試

凡學堂考試共分五種：一、臨時考試，二、學期考試，三、年終考試，四、畢業考試，五、升學考試。臨時考試，或一月一次，或間月一次，由各教員自行酌定。學期考試每半年一次，由本學堂監督或堂長會同各教員於暑假前執行。年終考試，一年一次，由本學堂監督或堂長會同各教員於年假前執行。年終考試後，計算全年各門分數，及格者准其

升級，不及格者留級。畢業考試又分兩項辦法：在中學堂以下，由所在地方官會同本學堂監督或堂長及各教員於畢業時期舉行；高等學堂以上，則由政府另派大臣來堂監考。如高等學堂畢業，則奏請皇帝簡放總裁會同督撫學政詳加考試；如大學堂分科大學畢業，則奏請皇帝簡放總裁會同學務大臣詳加考試——此即仿照科舉鄉會試的辦法。升學考試，如小學升中學，先由本中學堂初試，再經學政複試，以定去留；如中學升高等學，除本高等學堂初試後，須經督撫會同學政複試，以定去留。至於高等學堂與大學的畢業考試，非常慎重，已寓升學考試之意，故由高等升大學，由大事升通儒院，反較平常。

三　各學堂計分法

凡各種考試，皆以百分計算，即各門平均分數，以一百分為極則。此項平均分數分成五等：凡滿八十分以上者為「最優等」，滿六十分以上者為「優等」，滿四十分以上者為「中等」，四十分至二十分者為「下等」，在二十分以下者為「最下等」。前四等皆謂之及格，最下等不及格。凡計算平均分數法，除臨時考試外，皆以平日品行分數列入學科，合併計算。譬如學科有十三門，則加入品行分數為十四門，將所得各門分數相加，以十四除之，滿平均分數。凡平時考試，取得最優等、優等者，則依名次，升講堂座位；中等列其後；下等降座位，更列其後。凡年終考試，取得最優等及優等者，則升級；中等、下等則留級；最下等減品行分數十分之一，若三次最下等者則令其出學。凡畢業考試取得最優等、優等及中等者照章分別給獎，考列下等者留堂補習一年再行考試，分別按等辦理。第二次若仍列下等者給以修業憑照令其出學。考列最下等者給以修業憑照，令其出學。

四　獎勵

獎勵學堂畢業生的出身，始於光緒二十七年政務處與禮部的會議學堂出身一疏，到光緒二十九年《奏定學堂章程》，遂將所有各級各種學堂畢業，獎勵辦法正式規定了。除初等小學堂應屬於義務教育不給換外，自高等小學堂以至通儒院，一律給予出身獎勵。獎勵的辦法分二種：(1) 自高等學堂學生以上，於畢業考試手續完畢後，即可給予獎勵；(2) 自中學堂學生以下，須經升學考試升入官設之上級學堂後方可給予獎勵。獎勵出身分四等：凡在大學堂及通儒院畢業者，應獎給進士；凡在高等學堂及與此程度相當之學堂畢業者，均應獎給舉人；凡在中學堂及與此程度相等之學堂畢業已升入上級學堂者，均應獎給優拔等貢生；凡在高等小學堂及與此程度相等之學堂畢業已升入官設之上級學堂者，均應給獎廩增附生。被給獎之考試分數，分最優等、優等、中等、下等、最下等五個等級，須考列前三等者方有獎勵，考列後二等者無獎。如學生在師範學堂畢業者，給獎時加上「師範科」三字，如「師範科舉人」、「師範科拔貢」之類。除獎勵外，還定有種種官銜，也是按照各學堂的等級來分等，就是師範學堂及實業學堂的畢業生同樣，加以某種官銜。此項獎勵的實行，始於獎勵出洋遊學日本的官員及學生，到後來，無論國內、國外、東洋、西洋，凡高等小學以上的學堂畢業後，經過合格考試，莫不獎給出身；於是一批舊的進士、舉、貢生員未了，又年年增加了無數的新的進士、舉、貢生員，說來真是趣話。

第七節　結論

此項新章，開卷有《學務綱要》一冊，對於整個教育，逐一提要說明，並補足各項章程所未備的很多，令人讀了便可以知道一個大概。我們綜合全部章程，更將其要點摘出八條，歸為四類，寫在下面：

第一類，封建思想極其濃厚；第二類，科舉遺毒依然保存；第三類，民族意識漸漸表現；第四類，提倡君權，抑制民權。

關於第一類共計三點：

（1）經學鐘點規定特多。除大學堂專設經學科及高等學堂和優級師範學堂設有經學大義及群經源流外，中、小學堂所占授課時間尤為特別。中學堂及初級師範學堂每週授課三十六小時即有讀經講經九小時，已占全課程四分之一；高等小學堂每週授課三十六小時，即有讀經講經十二小時，更占全課程三分之一；初等小學堂每週授課三十小時，即有讀經講經十二小時，且占全課程五分之二——真可以驚人了。

（2）只有男性片面的教育。關於女子的教育，通章沒有規定地位，只在蒙養院的蒙養家教合一章，裡面規定「以家庭教育包括女學」一句話，女子只能在家庭受教育，毋庸特設學校，若正式設立女學，恐沾染西方的習氣，有傷風化。

（3）中學以下始准私人設立學堂，高等學堂以上須完全由官立以示鄭重。一方面提倡新教育，一方面又限制設立，種種矛盾，皆由封建思想太深的原故。

關於第二類為學堂畢業獎勵。一方面廢止科舉，一方面又把科舉的辦法和榮名搬到學堂裡面來，可以想見科舉遺毒之深入人心。

關於第三類共計兩點：

（1）小學堂學習本國語言文字為主，毋庸兼習洋語。《學務綱要》上

說：「初等高等小學堂以養成國民忠國家、重聖教之心為主，各科學均以漢文講授，一概毋庸另習洋文，以免拋荒中學根柢」，此民族教育之一。

（2）各學堂皆須練習官話。所習官話以《聖諭廣訓》一書為標準，意在統一全國語言，使感情由此融洽，此民族教育之二。

關於第四類，如禁止私立學堂習政治、法律及兵操，禁止學生干預國政，皆是抑制民權主義的教育；又如每逢節日宣讀《聖諭廣訓》，各學堂均應欽遵諭旨，及以忠孝二字為敷教之本，皆是提倡君權主義的教育。

本章參考書舉要

（1）《欽定學堂章程》

（2）《奏定學堂章程》

第四十八章　學部成立後學堂教育之推進

第一節　概論

　　學部設立於光緒三十一年十一月，距光緒二十九年《奏定學堂章程》的頒布，整夠兩年。當《奏定學堂章程》頒布以後，國家教育制度雖然規模大備，其實尚未見諸實行。自學部成立以來，負專責的有了人，於是全國教育漸呈活氣，進步大有一日千里之勢；自此以後，也可以當成另一個時期。計自光緒三十一年十一月，至宣統三年九月，在此六年中，學部所辦的成績卻也不少。我們此處僅就關於學校教育範圍以內舉其重要者，匯為四點：（1）對於女子教育之正式規定，（2）對於小學教育之極力提倡，（3）對於師範教育之比較注意，（4）對於本國學堂之設法推廣。

　　關於第一點，如光緒三十三年之制定女子小學堂及女子師範學堂章程，於是女子教育在學制上始有地位。

　　關於第二點，如光緒三十四年之特許小學堂招生時資格從寬；宣統元年頒布《簡易識字學塾章程》，編定國民必讀課本，規定小學堂教員之檢定和優待辦法；宣統元、二兩年之兩次改良小學堂章程；宣統三年之規定小學經費章程，這一切皆比較從前進步些。

　　關於第三點，如光緒三十一年廣東教忠學堂改為初級師範學堂之類；光緒三十二年之通行各省盡力推廣師範生名額，並要撙節遊學經費以全力辦理師範學堂；宣統二、三兩年之兩次變通初級師範學堂章程；光緒三十二年及宣統二年之兩次變通優級師範學堂章程，皆是比較以前切實些。

　　關於第四點，如光緒三十二年，屢次咨行各省將軍督撫，對於以後

學生出洋遊學，務必嚴加限制，以便節省遊學經費盡力移辦中國學堂的種種辦法，亦有價值。此外，如光緒三十二年教育宗旨之重定，同年，法政學堂脫離大學堂而獨立，光緒三十四年京師優級師範學堂脫離京師大學堂而獨立，宣統元年京師大學堂籌辦分科大學，宣統二年擬定試辦義務教育章程：皆是學部成立以後之進步的表現。不過此時卻有一個開倒車的傾向，即宣統二年，在各種學堂之外，另成立了一個存古學堂系統。其意或在特別造就一班保存國學的人才出來了，藉以挽救狂瀾；哪知不到兩年，清廷推翻，而此項所以保存國學的學堂也隨著云亡了。

第二節　女子教育與簡易學塾

一　女子小學教育之正式規定

女子小學堂以「養成女子之德操，與必需之知識、技能，並留意使身體發育」為宗旨。內分高、初兩等，分設、並設均可，並設者取名女子兩等小學堂。女子初等小學入學年齡以七歲至十歲為合格，高等小學入學年齡以十一歲至十四歲為合格。初等小學的課程凡五科：一、修身，二、國文，三、算術，四、女紅，五、體操。此外以音樂、圖畫為隨意科，可酌量加入。高等小學的課程凡九科：一、修身，二、國文，三、算術，四、中國歷史，五、地理，六、格致，七、圖畫，八、女紅，九、體操。此外，以音樂為隨意科，可以酌量加入。兩等小學修業年限均定為四年，但每週授課時間，初等以二十四點至二十八點為限，高等二十八點至三十點為限。兩學堂的級數各以六學級為限，並設者以十二級為限，每學級的名額不得超過六十人。以上皆系本科，除本科以外，可依地方情形，設半日班及補習科。

女子小學堂的行政組織及管教員，均與男子學堂大致相同。但有兩點可注意：（1）須與男子小學堂分別設立，不得混合；（2）凡堂長、教習均須以女子充當，不過可設置男子經理一人，管理學堂一切規劃、措置及公文書件收支等項，並學堂外一切交涉事務。此外關於訓育方面與男子不同者，另有三點：（1）不許遠悖「中國懿媺之禮教」，不許沾染「末俗放縱之僻習」；（2）禁止纏足的惡習；（3）女子性質及將來之生計皆與男子殊異，所施教育務須各有分別。

二　女子師範教育之初步成立

此時所頒布的女子師範學堂的章程，只有初級一種，以「養成女子小學堂教習，並講習保育幼兒方法，期於裨補家計，有益家庭教育」為宗旨。學生入學的資格規定如下：

（1）須畢業女子高等小學堂第四年功課者；（2）須年在十五歲以上者；（3）須身家清白，品行端淑，身體健全，且有切實公正紳民及家族為之保證者。課程凡十三科：一、修身，二、教育，三、國文，四、歷史，五、地理，六、算術，七、格致，八、圖畫，九、家事，十、裁縫，十一、手藝，十二、音樂，十三、體操，但音樂可作為隨意科。每週定為三十四點鐘，以四年畢業。每班學生以四十人為限，每學堂不得過二百人。以上為師範本科，除本科外，可酌設預備科，收納在女子高等小學堂二年級以上、年在十三歲以上有志入師範之女生。凡師範科當設附屬女子小學堂及蒙養院一所，以便師範生實地練習。其中教習可聘外國女子充當，但本國教習是否禁止男子充當沒有明文規定。此項學生不收學費，學生畢業後須服務三年，即在畢業後三年期內有充當女子學堂教習或蒙養院保姆之義務。

關於訓育方面之要點：（1）使將來能適合於女子學堂教習及蒙養院保姆之用；（2）務時勉以「貞靜、順良、慈淑、端儉」諸美德，使將來成為賢妻良母；（3）務期遵守中國向來的禮教和懿媺的風俗，凡關於一切放縱自由之僻說——男女平等、自由結婚或為政治上之集會演說等事，務須嚴切屏除；（4）務須注意於身體的強健，不許纏足，對於已纏足的女子尤須勸令逐漸解放。

三 簡易識字學塾章程之頒布

此項學塾，具有下列幾種性質：（1）是半日學校，（2）是義務學校，（3）是平民補習學校，（4）又是一種私塾的改良學所。其意在普及教育於民間，使無力讀書的貧寒子弟或年長失學的民眾，得到一個求學的機會。設立的地方分兩種：一附設於官立、公立、私立各學堂內，一租借祠廟及各項公所另行開辦。課程分三科：一、簡易識字課本，二、國民必讀課本，三、淺易算術——珠算或筆算。此外還有體操為隨意科。授課時間，每日以二時至三時為限，或於上半日，或於下半日，或於放假期內舉行。畢業期限分兩種：一、為幼年貧寒子弟，以三年為原則；二、為年長失學的民眾，自一年至三年，長短聽便。此項學塾一律不收學費，學生畢業以後，有志升學者得升入初等四年級。

第三節 中小學與師範教育

一 小學教育之變更

小學教育自學部成立以來，變更了兩次：一在宣統元年三月，一在宣統二年十二月。前者只變更了初等小學堂的章程，後者把兩等全變更了。變更的原因很多，而以舊章所規定的科目太多，讀經時間太重，不合於兒童教育，所以兩次所變更的都以課程為主要。我們按照時間的先後敘述於下：

第一次將初等小學分為二科三類：一為完全科，照舊五年畢業；二為四年畢業的簡易科及三年畢業的簡易科。完全科的課程分為修身、讀經講經、中國文學、算術、樂歌及體操六科；仍以手工、樂歌為隨意科；其原有之歷史、地理、格致三科，則編入文學讀本內教授。關於讀經一科有三種變更：(1) 教材略為縮減，只授《孝經》、《論語》及《禮記節本》三種；(2) 時間略為減少，前兩年不讀經，到後三年每週讀經十二小時；(3) 教法原只有講解、誦習兩項，現在改為講解、背誦、回讀、默寫四項。關於國文一科，鐘點較以前加增數倍，第一年級每週授課十八小時，第二年級每週授課二十四小時，第三、四、五年級每週授課皆十二小時。至於全課程，每週授課時間亦略有變更：第一年仍為三十小時，自第二年至第五年，肯定為三十六小時。暑期日，以半日溫習舊課，以半日休息。簡易科的課程，以修身讀經、中國文學及算術三科為必修科，仍以國文鐘點占最多；其體操一科，如學堂設在城鎮者也列為必修科，設在鄉村者暫作隨意科；原來的手工、圖畫二隨意科仍舊。此項課程，無論三年畢業或四年畢業，皆可適用，不過授課時，把教材略有伸縮。至授課時刻及放假日期，與完全科一樣。

　　此項新章頒行一年，又覺有些不便，乃於宣統二年又變更一次。將三類的初等小學並為一類，一律定為四年畢業，從前所有簡易科名目一律取消。課程以修身、讀經講經、國文、算術、體操五種為必修科，以圖畫、手工、樂歌三科為隨意科。讀經講經鐘點較前更少，前兩年無有；第三年讀《孝經》、《論語》五小時，第四年讀《論語》，也是五小時。至授課時間：第一、第二兩年，每日四小時，每週二十四小時；第三、第四兩年，每日五小時，每週三十小時。

　　高等小學的課程亦酌加修改：以修身、讀經講經、國文、算學、歷史、地理、格致、圖畫、體操九科為必修科；以手工、樂歌、農業、商業四科為隨意科。關於讀經一科，教材及鐘點較以前略為減少，第一年讀《大學》、《中庸》、《孟子》三經，第二年讀《孟子》、《詩經》二經，第三年讀《詩經》、《禮記節本》二經，第四年讀《禮記節本》一經。前三年，每週讀經十一小時，第四年，減為十小時。其餘，沒有什麼變更。按以上兩次所變更的要點有：（1）初等小學的年限縮短；（2）必修課程的名目削減；（3）讀經一科大為減少，圖文的鐘點加多；（4）增加了樂歌一科。除第一點外，皆較以前進步。

二　中學堂之分文實兩科

　　宣統元年修改小學堂章程時，中學堂章程也隨著修改。修改中學堂的原奏有這樣幾句話：「臣等公同商酌，籌度再三，遠稽湖學良規，近采德國成法，揆諸學堂之情形，實以文、實兩科為便。蓋與其於升學之時多所遷就，何如於入學之始早為區分，與其蹈愛博不專之譏，何如收用志不紛之效。」此時學部當局的意見，以為大學堂及高等學堂既已分科，中學不分，將來難於升學；且中學生年齡已長，興趣與志願各不相同，

原定中學課程過於繁重，易蹈博而不精之病，所以仿照德國中學的辦法，分為文、實兩科。課程仍照原章十二門分門教授，不過按照文、實的性質，各分主課與通習二類。文科以讀經講經、中國文學、外國語、歷史、地理五科為主課，以修身、算學、博物、理化、法制、理財、圖畫、體操八科為通習。實科以外國語、算學、物理、化學、博物五科為主課，以修身、讀經講經、中國文學、歷史、地理、圖畫、手工、法制、理財、體操十課為通習。主課各門授課時刻較多，通習各門較少，學生初入學時即行分科學習，皆以五年畢業。到宣統三年，又將文、實兩科的課程改訂了一番，把讀經的鐘點減少，把外國語的鐘點加多，但每週授課仍舊三十六小時。

三　師範教育之變更

「方今振興教育，以小學堂為基礎，而教育亟宜養成，故師範尤要」，這是學部在光緒三十二年三月，通行各省將軍督撫，請推廣師範生名額一電中開首一句話，也就是變更師範教育組織的原因。

（一）關於初級師範的變更。自是年通行各省，要他們在省城師範學堂內，至少迅設一年卒業的初級簡易科，以應急需；以後，到宣統二年，因完全科有了陸續畢業的學生，乃將簡易科停辦。到宣統三年，因增加初級小學，或半日小學師資，又添設了兩類的小學教員養成所：一為臨時小學教員養成所，一為單級教員養成所。前者以一年以上、二年以下為畢業期，後者又分甲乙兩種——甲種一學期畢業，乙種兩學期畢業。

（二）關於優級師範學堂之變更。在《奏定學堂章程》內，原有優級師範設立選科的名目，不過辦法未曾規定。自光緒三十二年三月，學部

通行各省推廣師範學生名額一電中，乃將選科辦法說及了一個大概。選科分為四類：一、歷史地理，二、理化，三、博物，四、算學。每類學生定額五十名，皆以二年畢業，以「養成府立師範學堂中學堂教習」為宗旨。到本年六月，遂正式擬定了選科章程：(1) 優級師範學堂選科之設，以「養成初級師範學堂、中學堂之教員」為宗旨；(2) 每省設學堂一所，學生名額最少須滿二百人；(3) 學生入學資格以曾由師範簡易科畢業，或在中學堂修業有二年以上資格者為合格；(4) 課目分本科及預科：預科一年畢業，本科二年畢業。到宣統二年，因教育發達以後，選科畢業不能勝任中學教員，又通行各省，除邊遠省份外，一律俟現時各學堂選科生畢業後，專辦完全科。

此外，在光緒三十二年，還有一種組織。在師範學堂內，添設五個月畢業的體操專習科，以「養成小學體操教員」為宗旨。課程分體操、遊戲、教育生理及教授法等科。學生定額一百人。

第四節　高等教育

一　法政學堂之分設

《奏定學堂章程》，在大學堂內，有政治一科；其外有進士館，沒有法政專設學堂的名目。自光緒三十二年，學部因給事中陳桂慶的建議，遂有正式的法政學堂的組織。首先設立的為京師法政學堂，即以進士館的館舍為堂舍。在開辦之初，課程分為二類四種。第一類為正式的，分預科及本科二種；第二類為臨時的，分別科及講習科二種。正式的法政學堂略高於高等學堂的程度，預科兩年畢業，本科三年畢業。招收預科生以中學堂畢業生為合格，兩年畢業以後升入本科，本科課程又

分法律、政治二門。別科一項，略帶速成性質，專為各部院候補候選人員及舉貢生監年歲較長者設立的，限以三年畢業，不設預科。講習科一項，則程度更低，專為各部被裁人員及新任職員設立的，學科及修業年數皆不限定。前三種，皆須經過考試始能取得入學的資格，後一種，只由各衙門咨送，不必經過考試。當是時，因立憲的呼聲日迫，急需此項人才，學部於是通行各省一律添設法政學堂，到宣統二年又奏准私人設立。自此以後，法政學堂遍於全國，完全與大學堂脫離而獨立了。

二　存古學堂之另一系統

存古學堂之創設，始於光緒三十一年，鄂督張之洞。張氏本是以「斯文」為己任的一個人，眼見西洋文化有逐漸打倒東洋文化的危險，遂在武昌城內創設存古學堂，以保國粹而挽狂瀾。當初所立課程，分經學、史學、詞章及博覽四門，到光緒三十三年，詳定章程，把博覽一門取消，只存三門。迨後江蘇巡撫陳啟奏乃在江蘇應聲而起了，到了光緒三十四年，掌山西道監察御史李浚再進一步，建議清廷，請飭各省一律仿照鄂省開設存古學堂一所。學部即行採納，於分年籌備折內，擬定自宣統二年起，通行各省，一律開設；所以到了那一年，四川總督趙爾巽就在四川遵辦，而存古學堂遂在各學堂系統之外另成一個系統了。到了宣統三年，學部又把張氏所定的章程修訂了一番，我們摘錄其要點如下：

（1）宗旨及設立：存古學堂以「養成初級師範學堂、中學堂及與此同等學堂之經學、國文、中國歷史教員」為宗旨，並以預儲升入經學科大學之選。每省以設立一所為限。

（2）編制及修業年限：存古學堂分設中等科及高等科，前者五年畢業，後者三年畢業。

（3）學年入學資格：中等科以高等小學堂四年畢業生為原則；以讀完五經、文筆通適之高才生為例外，但舊日之貢生生員中文優長者，經考試取中後亦可插入三年級；高等科以舉人之中文優長兼習普通學者為合格。

（4）名額：每級至少須滿六十人，否則應從緩設。

（5）課程：分經學、史學及詞章三門，各門無論中等或高等，均分主課、輔助課及通習課三類。經學門以經學為主課，以史學、詞章為輔助課，以算學、輿地、外國史、博物、理化、體操、農業大要、工業大要、商業為通習課，但在高等科，於通習課中則減去農、工、商等大要的科目。史學門以史學為主課，以經學、詞章為輔助課，其通習課與經學門全同。詞章門以詞章為主課，以經學、史學為輔助課，其通習課除減去理科一類科目外，與前兩門全同。

三　京師大學堂之完成

京師設立大學堂，倡議於光緒二十一年，至二十四年始正式成立。當時由軍機處及總理衙門擬具章程八十餘條，派孫家鼐為管理大臣，極力籌備。孫氏即借景山下馬神廟四公主府為基址，派張元濟為總辦，美人丁韙良（威廉・馬丁，William Martin）為總教習，並將原章稍稍改變。戊戌政變，西太后把所有新政一律取消，只留大學堂一所未曾廢止，但不到二年庚子禍作，大學堂遂無形停辦了二年。辛丑以後，清廷舊黨皆已稍稍覺悟，興學之聲浪又高潮起來了，遂派張百熙為管理大臣去接辦。張氏很有一番興學的熱心，一面辭去丁韙良，另聘吳汝綸為總教習；一面籌建廣大的校址。首先成立大學預備科及速成科：前者分政、藝二科，後者分仕學、師範兩館。並草擬全學章程六件，於光緒

二十八年奏准通行，即一般所稱的《欽定學堂章程》。到光緒二十九年，頒布《奏定學堂章程》，改管理大臣為學務大臣，以孫家鼐充當，另派張亨嘉為大學堂總監督，而京師大學至此始成獨立機關。但進仕及師範兩館，先後分開為法政學堂及優級師範學堂，所存者只一預科。到了宣統元年，籌辦分科大學，設經科、法科、文科、格致科、農科、工科、商科共七科；各科除經科由各省保送舉貢考入外，一律以預科及譯學館畢業生升入。至二年，才正式開學，有學生四百餘人，籌備十五年以來之京師大學堂自此始具世界各大學之雛形。

第五節　結論

在寫完學校教育以後，我們得了五點結論：關於好的方面共計兩點，關於壞的方面共計三點。

關於好的方面：

第一就是新教育在本期有長足的發展，學堂與學生數字迅速增加。本期新教育雖自甲午乙未以來已有時代先覺者大聲疾呼，雖在戊戌年間已由政府發號施令，但政府有整個的計劃及督促各省實地施行，要從辛丑議和以後。自辛丑至辛亥，十年之內，所有各種學堂、各項教育，均能逐一依次舉辦。依照學部歷次統計，作概要的計算，學校數已達到五萬二千五百餘所，學生數已達到一百五十六萬五千餘名。這種迅速的發展，不僅前期沒有，就是到了後期也難與比較。

第二就是中國教育自數千年來到本期才有完備的制度。關於這一點，又分成兩項說：一為教育行政機關的組織，我們已在前章說過了；二為學校制度的組織。在教育程度幼稚的時代，一個民族的學校教育只有大學、小學二級，沒有中學的名目。且他們所注重的多半只有大學一

級，所謂大學也只是成年人的教育。到了本期，凡初、中、高三個階段的學校完全具備，且每段在縱的方面又分數等，在橫的方面又分數種，而聯結起來又完成一整個系統。所以除了特殊的教育又特別專門研究以外，本期的學校制度大體上總算是比較完備。

當時雖有國學、鄉學之別，此不過學生資格及教材不同的關係，並非等級的區分。

關於壞的方面：

第一，本期新教育，完全為模仿的，沒有一點創造精神；一部學制，除了極少歐、美化以外，所模仿的差不多完全是日本式的，──也可以說本期新教育就是日本式的教育。光緒二十八年的《欽定學堂章程》，整個從日本學制裡頭抄來。光緒二十九年的《奏定學堂章程》，除了張之洞附加了自己的幾分經古教育以外，也是完全照抄的。以該章程內容看來，各級各種教育，規模宏大，不僅當時國家沒有那大力量，就是民國以來也沒有到此程度。學部成立以後，雖已感覺前項章程，不合於社會情形及國民生計，屢有修改，而整個制度依然如舊。一般留學畢業生，受了資本主義的數年教育，茹古不化，回到國來，又以他們個人所受教的來施教於國人，更使教育與實際生活格格不入，而學校與社會判若鴻溝。

第二，本期表面上雖號稱新教育，而骨子裡面仍是舊教育的勢力來支配。此項舊教育勢力別為兩類：一為科舉，二為禮教。本期教育始於一八九五年，到了一九○五年才以明令正式取消科舉；科舉雖然取消了，而學堂的畢業考試莫不仿照科舉形式，畢業獎勵又皆給以科舉出身。這種學堂科舉化的辦法，不僅為官僚階級的主張，就是知識分子亦多表贊同，科舉在當時勢力之大可以推想而知。禮教包含經學及其他一切復古思想。在《奏定學堂章程》內，經學課程所占時間最多，執政者

皆認為最主要的課程，學部成立以後，雖屢經削減，所占時間仍居重要地位。除了經學以外，所謂「修身」，所謂「人倫道德」，莫非維持禮教講論復古的思想的表現。自光緒三十二年，張之洞在湖北創立存古學堂以來，一倡百和，到了宣統年間，在學制方面完成一個獨立的系統——這一點尤其是復古主義之最露骨的地方。

　　第三，關於女子教育之偏視。在光緒三十三年以前，女子教育在學制上簡直沒有地位。《奏定學堂章程》包括女子教育於家庭教育之中，且說「中外習俗不同，此時未便設立女學」。到光緒三十三年，學部始正式規定女子教育章程，但只有女子師範及小學兩項，而中學及大學尚沒有地位。且屢次通令各方，預杜所謂「弊端」，不許她們參加運動，不許她們登臺演唱，不許她們排隊游行，好像這種種行動都足以惹起弊端似的。總之，本期的女子教育，尚未脫離閨秀教育，還是極端的賢妻良母主義。

本章參考書舉要

　　(1)《學部官報》
　　(2)《學部奏咨輯要》
　　(3)《光緒政要》
　　(4)《教育雜誌》
　　(5)《國風報》

第四十九章　留學教育

第一節　遊學與遊歷

遊學教育，在前期只是萌芽，到了本期，則驟然走到最高潮的階段；所以除了「變法興學」以外，遊學一事，也是本期全國上下一致的呼聲。封疆大吏，如張之洞、袁世凱、王之春等人，知識分子如康有為、梁啟超、張謇等人，部院大臣如張百熙輩，或對清廷陳上章奏，或對社會發表時論，個個莫不以留學的利益來鼓吹來號召。這些人中，尤以張之洞說得最痛快。他說：

出洋一年，勝於讀西書五年，此趙營平百聞不如一見之說也。入外國學堂一年，勝於中國學堂三年，此孟子置之莊岳之說也。(《勸學篇·遊學第二》)

學堂固宜速設矣，然非多設不足濟用。欲多設有二難：經費巨，一也；教員少，二也。求師之難，尤甚於籌費。天下州縣皆立學堂，數必逾萬，無論大學、小學斷無許多之師，是則唯有赴外國遊學之一法。(《變法自強第一疏》)

但首先提倡的還是一般新進知識分子。他們自甲午一役以後，深深感覺中國非變法不足以圖強，非興學不足以變法。但驟言興學，完全聘用外人，既非善策，而中國怎能降下如許新知識人才，於是又感覺到非廣派青年學生出洋遊學不足以興學。新進知識分子提倡於先，封疆大吏繼起於後，一倡百和，風氣喧騰於全國上下，於是大家都感覺遊學為當今第一要政。但派遣遊學有三層限制：第一，出洋遊學，必先習外國語言文字為研究學問的工具，年事已長的人，口舌已強，學習極感困難，非派遣青年學生不可；第二，國家一旦變法，一切新政新教，所需人才

不下數萬，目前萬難籌得如此巨款，培養數萬遊學人才；第三，即或有力能夠籌出如此巨款，貲送青年學生出洋遊學，也必待三年或五載方能收其成效。現在列強四面環攻，日益加緊，變法興學迫在眉睫，怎能安然坐待三五年了再圖振興，所以於提倡遊學之外更當提倡遊歷，而遊歷一事，尤為目前救濟急需之圖。遊歷與遊學不同之點如下：（1）遊學是長期的永久的性質，遊歷是短期的暫時的性質；（2）遊學所派遣的概屬於青年子弟或學生，遊歷所派遣的或為親貴，或為職官；（3）遊學以正式研究各種科學為目的，遊歷的目的則只在考察各國的政治法度，以便期月回國了立行新政之急需。既有此項急需，所以本期在學部成立以前提倡遊歷的空氣非常高漲。但自學部成立以後，只有遊學一事，繼長增高，而遊歷遂不為要圖了。

　　本期所謂留學教育，是針對遊學一事說的。遊學又分成兩個階段：在學部未成立以前，公費自費，漫無限制，文科理科，毫無標準，出洋遊學的人數雖多，概是省自為政，人自為法，可以說是沒有系統的時代。自學部成立以後，才規定了出洋留學的資格，規定了公費的標準，頒布了管理的章程，限制了學習的範圍——無論出遊東西各國，而政府才有統一的辦法。茲將各種辦法擇要分節敘述於下。

第二節　資格與學科

一　資格

　　當時風氣初開，錮蔽的人們仍以遠涉重洋為畏途，所以政府為鼓勵此項人才起見，只要有志遠遊，不限資格，一律可以貲送，並可鼓勵有錢的人自備資斧出洋遊學。迨後風氣漸開，不僅毫無危險，並且由此可

以獲求榮利，找得出路，於是自備資斧出洋遊學的就紛紛多起來了。這一項人在中國國內更沒有一定的資格。且因是時中國學堂初開，尚沒有正式學堂畢業的人才，嚴限資格，也是勢所不能。出洋遊學既不限資格，只要稍有知識或是舉貢生員，稍經考選，便可獲得公費派遣，否則只要家產充裕也可以自備資斧。此種人在中國既無普通學識，且多不習外國語言文字，出國之後，還須補習語言，先學普通知識，再進正式學堂，於國家於個人皆不經濟，所以自端方、戴鴻慈等大臣遊歷回國以後，即有遊學限制資格的建議。[1] 學部根據他們的建議，才於光緒三十二年二月，通行各省將軍督撫，以後選送學生出洋遊學必須限定資格。此次所定的資格，分長期、短期兩項：

（1）關於長期遊學者，除學習淺近工藝僅須預備語言、於學科毋庸求備外，凡入高等以上學校及各專門學校者，必具有中學堂以上的畢業程度，且通習所游之國的語言，方為合格；（2）關於短期者，除遊歷官紳，此少寬限制外，凡習速成科者，無論政法或師範，必須中學與中文俱優，年在二十五歲以上，於學界、政界實有經驗者，方為合格。除以上所規定外，一律不得以公費選派。到本年六月，學部又通行各省，將短期一項一律停派，無論官費、自費皆不得齎送，由此以後，出洋的資格限定較嚴，非具有中學堂以上的畢業資格，不能隨便出洋學習了。（《學部官報》第二期）

二　學科

前期派遣生徒遊學，所學科目，除武備——製造駕駛及軍備——外，則為語言文字，這與中國的軍備和方言兩種教育遙相應和。到了本期，政府才注意實業的研究，乃於光緒二十五年，由總理衙門擬定出洋

學生肄業實學的章程。所謂「實學」，即農、工、商等科的專門學業，即講求富強的根本學業。但事實卻不然。本期遊學教育，雖東西各國皆有學生，要以前往日本的居最多數。其原因有三：一、因日本路近費省，容易前往；二、因日本與中國同文，容易學習；三、因日本國內的風俗習慣與我大致相同。於生活上極感方便。有此三種原因，所以提倡者以日本為先，自動者亦以日本為多，而中土人士乃紛紛東渡了。這一班東渡的人士，志在販取舶來品回國出售，借獲大利，所以大多數是學習速成科，其次則為普通學。[2] 速成科不外法政與師範兩門，只要一年半畢業了，就可以回國取得差事，不僅於所謂「實業」無關，且在一年半之內除補習語言所費時間外，實在所得能有幾何；所以到了學部成立以後又有學科的限制。學部於光緒三十四年所定學科的標準，以農、工、醫及格致四科為限，無論東西各國，凡出洋學生能按照此四科正式入高等以上學校者，方能給予官費。但此項標準定於光緒三十四年，不過是一個大體的規定，其實學生在各國所學科目實較此四科為多。例如在日本則以學習師範、法政及警務為多；同年在美國又定以十分之八習農、工、商、礦等科，以十分之二習法政、理財諸學，未能一律。

第三節　管理與獎勵

一　管理

　　政府對生徒有統一的管理章程，始於光緒三十二年。在這一年以前，全是省自為政，某省派了若干學生在某國遊學，即派一專員前往該國照料監察，謂之「遊學監督」。本期以遊學日本的人數最多，程度極不整齊，而內容又甚複雜，所以對日本遊學管理比較歐、美注意。在光緒

二十八年，即由外務部派汪大燮為日本遊學總監督，這是政府統一管理的辦法，但尚沒有一定的章程。到了光緒三十二年，始由學部擬定管理日本遊學章程，於駐日公署設遊學監督處，以出使日本大臣為總監督，另派專員為副監督。到光緒三十四年，又以使臣外交煩重，乃將前項章程修改。修改的章程，乃取消總副監督的名目，減輕出使大臣的責任，其監督處仍設於公署內，另派專員為遊學生監督，全權辦理遊學事宜，不過受使臣的節制罷了。關於歐洲方面，在光緒三十三年，曾由學部派蒯光典為遊學監督，全權辦理全歐遊學事宜，不受使臣的節制。到了宣統二年，蒯氏辭職回國，學部遂仿照遊學日本的成例，擬定管理歐洲遊學生監督處章程一份，其內容與光緒三十四年修改的章程大致相同。至於美國，因本期遊學的人數不多，沒有如日本、歐洲那種詳細的管理章程，只令出使大臣照料而已。管理的內容，大概分學生成績的高下、功課的勤惰、品行的優劣三項。關於學生之入學畢業或轉學、退學皆有考察的責任；住居、飲食或疾病、死亡皆有照料的責任。至於學費的數目及給領或補剝，也有詳細的規定。（均見《學部官報》）

二　獎勵

遊學生在外國學校畢業了也有科名的獎勵，與在中國學堂畢業者意義相同。此種獎勵章程，頒布於光緒三十二年，由學部擬定。同年，鄂督張之洞也擬了一份鼓勵遊學生畢業章程，曾經政府頒布施行，但只限於游日本一國。兩項章程的內容，不大相同，依學部的規定，凡在東西各國正式高等以上學堂畢業，回國後須受政府的一番考試。考試列入最優等的給予進士出身，列入優等及中等者給與舉人出身。凡給予出身者，並加上某科字樣，如文科畢業者則稱文科進士、文科舉人；如法科

畢業者則稱法科進士、法科舉人；其餘依此類推。當時社會所呼「洋進士」、「洋舉人」就是從此來的，現今外交界的名流如王寵惠、顏惠慶一干人等，在當時都戴過了洋進士的冠帶的。

第四節　結論

鎊，英國、埃及、愛爾蘭等國的本位貨幣。

佛郎，即法郎。

本期的留學教育，以日本為最盛，據學部於光緒三十二年的概算，留日學生計有一萬二三千人。但在同年，根據各校的統計，約有六千餘名；又據《日本學制五十年史》上所述，游日學生亦以本年為最多，其數實超過七千人，則學部所述不免有些誇張。其次則為歐洲，以英、德、法、比、俄五國較多；再次為美國，但皆沒有確實的統計。關於留學經費，各國殊不一致。在日本留學的經費分三等：以在官立大學校肄業者為第一等，每人每年學費日金五百元；以在官立高等專門學校肄業或在官立大學只習選科者為第二等，每人每年日金四百五十元；以在私立高等以上學校或習普通學科者為第三等，每人每年日金四百元。在歐洲遊學的，經費分五國：一、英國，每人每年一百九十二鎊；二、法國，每人每年四千八百佛郎；三、德國，每人每年三千八百四十馬克；四、俄國，每人每年一千六百二十盧布；五、比國其數與法國同。在美國遊學，每人每年規定學費美金九百六十元。但歐、美六國所定數目，是按照在專門以上學校做標準，若尚在學習預備科而未入正式班者，則以此數的五分之四發給。我們對於遊學的人數沒有確實的統計，對於當時各國的幣制沒有精確的比較，姑且一律以概數平均作一假定如下：在日本留學的，每年平均五千人，共需學費日金二十三萬五千元，

合華幣亦二十三萬五千元；在歐洲留學的每年平均五百人，共需學費九十六萬佛郎、三十八萬四千馬克、十一萬二千盧布、一萬九千二百鎊，合華幣一〇七萬五千餘元；在美國留學，每年平均三百人，共需美金二十八萬八千元，合華幣五十七萬六千元。東西共計，每年平均需用學費一百八十八萬六千餘元，加上日本遊學監督處經費每年二萬六千六百六十元，歐洲遊學監督處經費每年五萬二千八百元，總計每年共耗國庫一百九十六萬三千餘元，其餘川資及臨時費用尚不在內。再以十倍之，則本期十年之內，所耗國帑共有一千九百六十三萬餘元。以此巨大款項，應當培養出整千整萬的有用人才，回國了把中國改造一番。但我們略一考查其實際情形，則知事實與期望往往相反。學部在光緒三十二年十月擬定管理日本遊學章程有這樣一段話：

遊學日本各生以無人稽查之故，所入之校視如傳舍；認定學科，意為遷移；甚或但往應考，而平日潛行回國，借抄講義，而本人並不上堂。（《學部官報》第八期）

端方、戴鴻慈在同年十二月更有一段痛心話：

我國遊學之弊害，蓋不勝言矣！普通之未解，國文之未諳，外國語言文字之不習；官費者既以請託得資，自費者迨複檢查合格，既無矜慎選材之意矣。游而不學，輟業而嬉者姑具勿論。其或心豔虛名，身循故事，喜民校之規則縱弛，閱數月而輒得證書，藉以標榜為名，侈談學務；陋者不察，輒相引重。又或去來飄忽，作輟靡常，畢業者僅計年期，後至者又循故轍。其最高者，稍涉語文，躓躓大學。選科雖復無定，得證仍自有期。夫以卒業得證之要事，而僅憑外交手段之抑揚。監督既擁虛名，而不能實施其干涉；學部又未定規則，而無由實驗其課程。進其人而試之，既無當其所學；循舊例而用之，亦不見其所長，將以興實學、得真才必無幸矣。宜其流弊日深，不得其益，徒得其害也。（〈條陳學務折〉）

　　平日在學的情形既不良如此，自然難得有好的成績。低者意在取得洋進士舉人，可以高其門第；高則或剽竊西學一二皮毛，以誇示於國人；再較優一點的，則將資本主義的制度或教育，整個搬來硬用於社會的組織不同的中國，此端、戴二氏所以有「不得其益，徒得其害」之嘆。

本章參考書舉要

　　(1)《道咸同光奏議》
　　(2)《光緒政要》
　　(3)《學部官報》
　　(4)《新教育》
　　(5)《近代中國教育史料》第一冊《遊學》(舒新城)

---

[1]　《道咸同光奏議‧端方戴鴻慈條陳學務折》：「擬請飭下學部，嚴定章程。以後各省選派學生，以普通卒業、國文完美、兼通外國語文者為主，不及格者勿得濫派，以杜情面請求之事。其自費者亦一律考驗合格方予給咨。其無咨者雖畢業不得有錄用任事之權利。」

[2]　《大清宣統法令》第十五冊補遺《白本官立高等學堂收容中國學生名額及各省按年份認經費章程》：「比年以來，臣等詳查在日留學人數雖已逾萬，而習速成科者居百分之六十，習普通科者居百分之三十，中途退學輾轉無成者居百分之五、六，入高等及高等專門者居百分之三、四，入大學者僅百分之一而已。」

第五十章　本期教育家及其學說

第一節　概論

　　本期的政治主張，有三派：一為民主共和派，二為君主立憲派，其他則力主維持舊制——君主專制。本期的教育主張有二派：君主立憲派提倡國民教育主義，君主專制派仍持人才教育主義。至民主共和派，在政論方面雖為最急進，可是在教育方面的表現很少，所有言論亦無關於教育，所以本期只得從略。主張人才教育主義的，有張百熙、張之洞、吳汝綸一班人，我們以張之洞為代表。提倡國民教育主義的，有康有為、梁啟超、湯覺頓一班人，我們以梁啟超為代表。

　　中國歷來的學者全是提倡賢人政治，把國家政權交給少數賢明的士大夫，使無知無識的愚民安居樂業，就可以致天下於太平，所以那時的教育只注意少數優秀分子。張氏雖以提倡新學自命，但以所受舊式教育過深，仍未絲毫脫離封建時代的頭腦；且業已身居高位，為本身利害計，也不得不講賢人政治，不得不力持人才教育主義。梁氏的政論雖不及民主共和派的急進，但他所受的舊教育比較尚淺；生在海濱，又嘗亡命海外，受了新潮流的影響不少；且以一介書生，在現時政府之下亦沒有取得相當的政治地位，自然容易接受潮流，提倡國民教育主義。張氏因主張人才教育主義，所以力主干涉，反對女學，取締報館。梁氏因提倡國民教育主義，可以力尚自由，力倡女學，主張廣開報館，多設學會。張氏因主張人才教育主義，所以對於高等教育的設施，特別重視。梁氏因提倡國民教育主義，所以對於初等教育的教法，特別重視。至若對於當時「中學為主西學為輔」的教育思潮，張、梁二氏的態度，差不多是完全一致的。

第二節　張之洞（西元 1837 年—1909 年）

一　略傳

　　張氏字香濤，生於清道光十七年，是直隸南皮縣人。十六歲頒鄉薦，二十七歲成進士。這個時候，正當清代考證學鼎盛以後，今文學新起的時期，而張氏所學不與他們盡同。張氏富於強記能力，好為博覽，喜為詞章，所學兼採漢、宋，對於宋、明理學特別提倡，而所最不同意的則為公羊學。這個時候，正當清廷勢力陵夷，列強相繼壓迫的時期，張氏為人有大略，為學以通經致用為主，對於當時政治及國際情形尤喜留心研究。在他成進士的第五年，被派充浙江鄉試的副考官，接手授湖北學政。同治十六年，又被派充四川鄉試的主考官，接手授四川學政。由光緒元年至七年，在京任司業侍講及閣學等職務。自光緒七年以後，他的地位陡增，專任封疆大吏了二十餘年。這二十餘年中，計任山西巡撫三年，兩廣總督六年，兩江總督前後二年，其餘皆在湖廣總督任內。他調任湖廣總督，始於光緒十五年、終於三十三年，除中間臨時兩調兩江外，前後約計十七年，為清代總督中在一地方任期最久的一個人。張氏好功名，喜作為，對於提倡教育，培埴人才尤具熱心。每到一處，必有所建設，所建設的關於教育事業尤多；當時居高位而講新學者咸推張氏為第一人，而張氏亦以通新學自命。自光緒三十三年以後，被召入京，供職中樞，兼管學部，此時所謂位極人臣，而張氏年已七十一歲了。三年之後死於京師任所，享有七十三歲的高壽。晚年自號抱冰老人，湖北人士在武昌蛇山下為他築抱冰堂一所，至今尚有紀念的。

二　教育生活

張氏雖不是一個純粹教育家，而對於教育方面的建設卻較多於其他事業。綜計他自成了進士以後的生活，可以分成四期：第一期為學政時代，第二期為司業侍講時代，第三期為總督時代，第四期為學部尚書時代。除了第三期，其餘三期所任的全是教育職務；第三期雖非教育職務，而對於教育方面的設施，卻比較其他各期的成績為大，所以我們說他全在教育裡面過生活亦不為過。

在學政時代，為三十二歲至三十八歲，共計兩任。第一次任湖北學政，開經心書院於武昌；第二次任四川學政，開尊經書院於成都。是時四川的士習很壞，專尚浮譌，不知講求實學，平日只以時文帖括獵取科名為事。張氏到任，即以教育的力量竭力矯正。他的工作除開書院以直接教育優秀人才外，還有三點：(1) 建尊經閣，廣置書籍；(2) 開印刷局，刊行經史諸書；(3) 他自己又著有《輶軒語》及《書目答問》，指示學者以讀書的門徑。四川的士習由他矯正了不少，頗有昔日文翁治蜀的遺風。

在總督時代，為四十五歲至七十歲，共計三次。第一次在廣東約計六年。關於文化教育，設有廣雅書院；關於軍事教育，創有水陸師學堂。第二次在湖北，前後約計十七年。此十七年中建設特多，也可以分成兩期：自光緒十五年至二十二年為前期，自光緒二十四年至三十三年為後期。在前期所建設的，多無系統，如兩湖書院、自強學堂及武備學堂等類。到了後期，則進步多了，所開設的各項學堂皆是有系統的：直系方面，有小學、中學及高等學堂；旁系方面，有兩級師範學堂及兩種實業學堂。此外對於改革教育的建議也很多，如發表教育思想的〈勸學

篇〉，是在此時——光緒二十四年——出版的；有名的《變法三疏》，是在此時——光緒二十七年——與劉坤一會奏的；開新教育完備制度之祖師的《欽定學堂章程》，是在此時——光緒二十九年——與張百熙等人編訂的；含著復古運動的存古學堂，也是在此時之末——光緒三十三年——創立的。第三次在江蘇，前後約計二年，也開設有武備、農、工、商、鐵路、方言及軍醫等學堂。

　　當是時，雖變法興學的空氣騰播於朝野上下，但各省多未舉行，所舉行的也不完備。張氏在湖北十餘年，不惜財力，竭力經營，所有教育設施皆開各省風氣之先，各省講求新教育的莫不來湖北取法。湖北不僅省內教育較各省為發達，即留學教育也超過各省數倍。當時留洋學生以往日本為最多，據光緒三十二年的統計，留日學生全國各省共計五千四百餘名，湖北所派學生即有一千三百六十餘名，占了四分之一。所以湖北在當時有先進省之稱。張氏不僅舉辦教育事業，且能親身講學，對於培埴人才、獎掖後進，尤具熱忱，以碩學而居高位，在職又久，所以當時湖北知識分子莫不受到他的薰陶。湖北新教育較各省發達之早，由於張氏；湖北人士存古思想之深，亦由於張氏，張氏在湖北近代教育史上總算是最有關係的一個人物。

　　在司業侍講時代，為三十九歲至四十五歲，以無實權，故對於教育沒有成績。在學部尚書時代，為七十歲以後。此時總攬中央教育大權，除頒發命令督責各省推行新教育外，關於教育官制，所制定的也很多。最有關係的，如頒布教育宗旨，及正式規定女子教育的地位，也是這個時代的美舉。但張氏此時以年老氣衰，遇事多有敷衍，其積極的精神已大不如前了。

三　教育思想

　　張氏雖以提倡新學自命，我們解剖他的頭腦，卻是舊時代的人物。此處所謂舊時代即指封建時代說的。封建時代的特點在有很深的階級思想；此項思想所包含的，不外三綱五常之說。所謂三綱，即君為臣綱，父為子綱，夫為妻綱，我們可以歸納為君權、男權兩類。所謂五常，即仁、義、禮、智、信，在人類社會中相處的一般道德。合三綱五常之說叫做「禮教」——即儒家的倫理主義。張氏既是舊時代的人物，所以對於禮教絕對擁護。在擁護禮教的原則之下，於是有三種主張：提高君權，而抑制民權；重視男權，而輕視女權；特尊儒經，而攻擊異說。

　　張氏提高君權、重視男權，在《勸學篇》裡有一段話：

　　五倫之要，百行之原，相傳數千年，更無異議；聖人所以為聖人，中國所以為中國，實在於此。故知君臣之綱，則民權之說不可行也；知父子之綱則父子同罪，免喪廢祀之說不可行也；知夫婦之綱，則男女平權之說不可行也。……誠以天秩民彝，中外大同，人君非此不能立國，人師非此不能立教。乃貴洋賤華之徒，於泰西政治、學術風俗之善者，懵然不知，知亦不學；猶援其稗政弊俗，欲盡棄吾教吾政以從之，飲食、服玩、閨門、習尚，無一不摹仿西人，西人每譏笑之。甚至中土文學聚會之事，亦以七日禮拜之期為節目。近日微聞海濱洋界，有公然創廢三綱之議者，其意欲舉世放恣黷亂而後快，怵心駭耳，無過於斯。中無此政，西無此教，所謂非驢非馬，吾恐地球萬國，將眾惡而共棄之也。（《內篇・明綱第三》）

　　張氏特尊儒經，也在《勸學篇》裡有一段話：

　　蓋聖人之道，大而能博，因材因時，言非一端，而要歸於中正；故

九流之精皆聖學之所有也，九流之病皆聖學之所黜也。……大抵諸家紕繆易見，學者或愛其文采，或節取一義，苟非天資乖險，鮮有事事則效，實見施行者。獨老子見道頗深，功用較博，而開後世君臣苟安誤國之風，致陋儒空疏廢學之弊，啟猾吏巧士挾詐營私軟媚無恥之習，其害亦為最巨。……故學老子者病痿痺，學餘子者病發狂。董子曰：「正朝夕者視北辰，正嫌疑者視聖人。」若不折中於聖經，是朝夕不辨而冥行不休，墜入於泥，亦必死矣。（《內篇·宗經第五》）

因為要提高君權，自然抑制民權，於是在教育方面演成專制主義。所以當他編定學堂章程時，一方規定「京外大小文武各學堂，均應欽遵諭旨，以端正趨向造就通才為宗旨」（《學務綱要》），及「教習學生一律遵奉《聖諭廣訓》」（《各學堂管理通則》）。一方又規定「各學堂學生不准干預國家政治，及本學堂事務，妄上條陳」（《各學堂管理通則》），及「私設學堂，不准講習政治法律專科，以防空談妄論之流弊」（《學務綱要》）。因為要重視男權，自然要輕視女權，於是在教育方面演成偏重主義。所以當他編定學堂章程時，不規定女子有教育的地位。並且說：「中西禮俗不同，不便設立女學。」（《學務綱要》）到後來，雖勉應社會的需要，設立女子小學及女子師範學堂，而對於女子的行動卻嚴定種種限制——不准男女同校，不准女子排隊遊行及登臺演說，不准男教員充當女學堂教習。因為特尊儒教，所以在學堂章程裡特別規定各級學堂以很多讀經的鐘點。並且說：

外國學堂有宗教一門。中國之經書，即是中國之宗教。若學堂不讀經書，則是堯、舜、禹、湯、文、武、周公、孔子之道，所為三綱五常者盡行廢絕，中國必不能立國矣。學失其本則無學，政失其本則無政；其本既失，則愛國愛類之心亦隨之改易矣，安有富強之望乎。故無論學生將來所執何業，在學堂時經書必宜誦讀講解。（《學務綱要》）

　　光緒時代，是舊思想將見崩潰，新思想已經萌芽的一個時代。在這種潮流之下，若是對於舊思想仍然絕對的擁護，而對於新思想一概置之不理，必不適合於潮流；於是當時社會上產生了一種流行的口號——「中學為主，西學為輔」。或「中學為體，西學為用」。張氏本以維新人物自命，雖頭腦頑固，也不能不迎合潮流。他說：

　　中學為內學，西學為外學；中學治身心，西學治世變；不必盡索之於經文，而必無悖於經義。如其心聖人之心，行聖人之行，以孝弟忠信為德，以尊主庇民為政，雖朝運汽機，夕馳鐵路，無害為聖人之徒也。如其昏憒無志，空言無用，孤陋不通，傲狠不改，坐使國家顛阶，聖教滅絕，則雖帝佗其冠，神禋其辭，手註疏而口性理。天下萬世皆將怨之，言之曰，此堯、舜、孔、孟之罪人而已矣。(《勸學外篇‧會通》)

　　以忠孝為敷教之本，以禮義為訓俗之方，以練習藝能為致用治生之具。(《學務綱要》)

　　大指皆以中學為體，西學為用，免迂陋無用之譏，亦杜離經畔道之弊。(《奏議》四十七〈兩湖經心兩書院改照學堂辦法片〉)

　　以上三段話，皆是張氏「中學為主，西學為輔」的主張。所謂中學，包含三綱五常之說；所謂西學，指法制技藝而言。以中學治身心，而以西學應世變，謂之中西會通；雖中西會通，仍以中學為教民化俗的主體，為吾人思想的中心，是有輕重先後的。若中西平列，或西重於中，則失了「中學為主，西學為輔」的意義，也是張氏所反對的。所以他又說：

　　今欲強中國，存中學，則不得不講西學。然不先以中學固其根柢，端其識趣，則強者為亂首，弱者為人奴，其禍更烈於不通西學者矣……今日學者必先通經，以明我中國先聖先師立教之旨；考史以識我中國歷代之治亂、九州之風土；涉獵子集，以通我中國之學術文章；然後擇西

學之可以補吾闕者，西政之可以起吾疾者取之，斯有其利而無其害。
(《勸學篇・循序》)

至於立學宗旨，無論何等學堂，均以忠孝為本，以中國經史之學為基；俾學生心術一歸於純正，而後以西學淪其知識，練其藝能，務期他日成材，各適實用，以仰副國家造就通才，慎防流弊之意。(〈重訂學堂章程折〉)

時代的思潮是一天一天的向前進，而張氏的頭腦早已固定。到了光緒末年，張氏年紀已老，已有不克與時代相追逐的氣力了，於是昔日迎合潮流者此時漸與潮流發生衝突；武昌蛇山下之存古學堂，就是張氏與時代潮流翻臉的確實表現。在他創立存古學堂的奏摺上有一段表示其憤慨的話：

伏讀歷年屢次興學諭旨，唯以端正趨向為教育之源。一則曰敦崇正學，造就通才；再則曰庠序學校，皆以明倫。聖訓煌煌，無非以崇正黜邪為宗，以喜新忘本為戒。夫明倫以忠孝為歸，正學以聖經賢傳為本，崇正學，明人倫，舍此奚由。乃近來學堂新進之士，蔑先正而喜新奇，謀功利而忘道誼，種種怪風惡俗，令人不忍睹聞。至有議請廢罷四書、五經者，有中、小學堂並無讀經講經功課者，甚至有師範學堂改訂章程聲明不列讀經專科者。人心如是，習尚如是，循是以往，各項學堂經學一科雖列其目，亦止視為具文，有名無實。至於論說文章，尋常簡牘，類皆捐棄雅緻，專用新詞。馴致宋、明以來之傳記詞章皆不能解，何論三代。此如籍談自忘其祖，司城自賤其宗。正學既衰、人倫亦廢，為國家計則必有亂臣賊子之禍，為世道計則不啻有洪水猛獸之憂，此微臣區區保存國粹之苦心，或於世教不無裨益。

張氏的思想既是這樣，他的教育主張自然是「人才主義」的教育，與舊時代無異，所以在《學務綱要》裡開宗明義第一句，就規定「京外

大小文武各學堂，均應欽遵諭旨，以端正趨向，造就通才為宗旨」。所謂「通才」有二種意義：一是培養經國濟民的人才；二是培養中西兼通的人才。此項人才平日應受的教育有二：一要新舊兼學，二要政藝兼學。如四書五經、中國史事、政書地圖之類，謂之舊學；西政、西藝、西史謂之新學。如學校地理、度支賦稅、武備律例、勸工通商，謂之西政；算繪礦醫、聲光化電，謂之西藝。新舊各學不可偏廢，政藝兩途隨個性而為區別。學成之後，為國家的領袖人才，足以經國濟民，方為有用的教育。這就是張氏的教育宗旨。

第三節　梁啟超（西元 1873 年—1928 年）

一　略傳

梁氏字卓如，自號任公，學者稱任公先生。生於清同治十二年，死於民國十七年，只活了五十六歲。他是廣東新會人，十餘歲游康有為之門，曾與康氏作今文學運動。是時康氏以公羊學號召生徒，提倡所謂孔子的大同主義，對於倫理思想及政治制度，很想別有所創造，門人受他這種學說的鼓動不在少數。他的高足弟子，則梁啟超與陳千秋齊名，陳氏所學尤精，可惜不幸早死，後來幫助康氏維新運動的，所以獨有梁氏了。在戊戌政變之前，梁氏曾與康氏在上海組織強學會，開辦《時務報》。這個時候，梁氏年僅二十三歲，善於文詞。其所作文，另出一種體式，淺近流暢，氣充辭沛，而議論又極新穎，具有煽動人心之極大魔力，凡當時青年思想莫不受其影響，論文字鼓吹之力，當時要以梁氏為首功。維新運動失敗以後，梁氏出亡日本，益作文字的宣傳，先創辦《清議報》及《新民叢報》，喚醒民眾發表政見較前尤力。直到辛亥

革命，梁氏方始回國，袁世凱往北京組織政府時，他曾做了一任財政總長。民國五年參與過討袁之役，在政治方面頗具功績。民國八年，出遊歐洲，參觀戰跡及大戰後世界之趨勢。返國以後，思想又為之一變。自此以後，梁氏乃拋開政治生活，專門從事於著述與講學者七、八年。長期講授的地方，為南開與清華兩大學，其餘則為公開講演，無有定期。每到一處，聽眾滿座至不能容，可以想見其魔力。梁氏的學問博而雜，不限一家，凡政治、經濟、歷史、哲學無不窺閱，晚年尤喜研究歷史與佛學。平日嘗以提倡東方文化自任，晚年此志益堅，鑽研益力，僅活了五十六歲而死，是他所未及料的。他的思想隨時變遷，故沒有一貫的主張，但無論如何變遷，其為舊時代的學者，是無法否認的。他的思想在民國以前與在民國時代歧異很大，本期是在民國以前的一期，故本章只敘他在民國以前的思想；他之對於教育的貢獻，其影響於教育思想的亦以本期為最人。

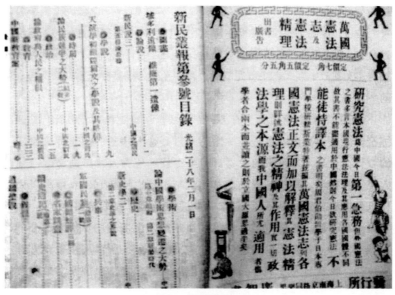

《新民叢報》書影

二 國民教育主義

本期是科舉與學校兩種制度的交替時期，梁氏在上海開辦《時務報》時，極力反對科舉制度，提倡學校教育。在他所作〈變法通議〉一文裡，對於整個教育，並提出一個很有系統的意見。其中分政、教、藝三綱，分學堂、科舉、師範、專門、幼學、女學、藏書、纂書、譯書、文字、藏器、報館、學會、教會、遊歷、義塾、訓廢疾、訓罪人十八目。教育業務雖分有十八目，而一切皆歸本於學校教育，所謂「亡而存之，廢而舉之，愚而智之，弱而強之，條理萬端，皆歸於學校」，——此梁氏提倡學校教育之理由。他的學校教育主張，除女學外，大致與張氏所論相同，但他的教育主義則與張氏完全兩樣。張氏是提倡人才教育主義的，梁氏則為國民教育主義者；中國人之注意到國民教育，且極力提倡者，要以梁氏為最早的一人。

梁氏的國民教育之意義有二：一是要使全國之民皆受教育，二是訓練全國之民皆有國家思想。中國歷來多是賢人政治，在此種政治之下的教育。全是人才主義的教育。只要造就些優秀人才幫助皇帝以撫治人民，就行了，至於一般民眾有知識與否可以不必過問。梁氏以為現在世界進步，與昔日絕對不同，列強已發達到了民族帝國主義的階段，著著向我進逼。非全國上下群策群力不足以謀抵抗。要使全國上下共謀抵抗，須人人有抵抗的知識與技能方能辦到，所以現在教育方針應當改變，改昔日人才主義的教育為國民教育主義，由國家力量使教育普及到所有民眾。

中國現在之所以積弱屢受列強壓迫的，不僅教育之不普及，更由於中國人沒有國家思想。中國人所以沒有國家思想，一方由於地理環境之

養成，一方也由於歷來教育之錯誤。他說：

昔者吾中國有部民而無國民；非不能為國民也，勢使然也。吾國屹
巍然屹立於大東，環列皆小蠻夷，與他方大國，未一交通，故我民常視
其國為天下。耳目所接觸，腦筋所濡染，聖哲所訓示，祖宗所遺傳，皆
使之有可以為一個人之資格，有可以為一家人之資格，有可以為一鄉一
族人之資格，有可以為天下人之資格，而獨無可以為一國國民之資格。
(《飲冰室文集‧新民說》)

數千年來的教育，只是遺傳的、文雅的、利祿的，不僅沒有國家思
想，且沒有確定的宗旨。即近今創辦新教育已三十年，其課程雖政藝兼
設，而思想之不進步如故，問辦教育者以宗旨，亦不過人云亦云而已。
教育宗旨既未改變，縱使教育普及，所授與的智慧仍是升官發財的智
慧，所培養出來的人才仍是部民的人才，這種教育再辦三五十年亦無救
於今日之中國。要救今日之中國，務須改變教育宗旨，培養一班新國
民——所謂「新民」。新民是對舊式時代的人民而言，他們的精神是進取
的，他們的思想是自由的，他們的行動是獨立的，他們的團體生活是有
組織的，他們的道德是公德重於私德的，他們是極富於國家觀念，愛國
家重於愛家族的，且對於世界民族而能表現一種特別性質的。以此標準
規定國家教育宗旨，以此宗旨對於全國人民施行一致的教育，使全國之
民成一特色而富有國家觀念的民族，此梁氏之所謂新民，此梁氏之所謂
國民教育。[1] 施行國民教育的模範國家，在古代有雅典與斯巴達，在近
代有英吉利。梁氏以為中國今日之教育宜採取英國式的，因為英國是兼
雅典、斯巴達兩國的優點而全有的。[2]

三　兒童教育

　　梁氏在光緒二十二、三年之間，所發表關於兒童教育的意見，在當時可算很有價值的文字。其中首先舉出西人教兒童方法的良善，以反證中國學究誤人子弟的罪惡。他說：

　　西人之為教也，先識字、次辨訓、次造句、次成文、不躐等也。識字之始，必從眼前名物指點，不好難也。必教以天文地理淺識，如演戲法，童子所樂知也。必教以古今雜事，如說鼓詞，童子所樂聞也。必教以數國語言，童子舌本未強，易於學也。必教以算法，百業所必用也。多為歌謠，易於上口也。多為俗語，易於索解也。必習音樂，使無厭苦，且和其血氣也。必習體操，強其筋骨，且使人人可為兵也。日授學不過三時，使無太勞致畏難也。不妄施撲教，使無傷腦，且養其廉恥也。(《時務報·論學校五》)

　　這種適合兒童心理的教法，何等活潑，所以造就的國民，皆為活潑進取的國民。我們反觀中國蒙童教師——學究——所施行的教法怎樣？

　　今之教者毀齒執業，鞭笞觿撻，或破頭顱，或潰血流，飢不得食，寒不得息。國家立法，七年曰悼，罪且減等。何物小子，受此苦刑！是故中國之人，有二大危：男女罹毒，俱在髫年，女者纏足，毀其肢體；男者撲頭，傷其腦氣。導之不以道，撫之不以術。地非理室，日聞榜掠。教匪宗風，但憑棒喝。遂使視黌舍如豚笠之苦，對師長若獄吏之尊。

　　這種教法，再不徹底改革，不僅足以亡國，且足以亡種族。若要救亡，若要保國強種，「非盡取天下之學究而再教之不可，非盡取天下蒙學之書而再編之不可」。於是梁氏提出一個意見：一、為規定兒童應讀的書籍，二、為規定教授兒童應取的方法。關於兒童應讀的書籍凡分七類：

（1）識字書，（2）文法書，（3）歌訣書，（4）問答書，（5）說部書，
（6）門徑書，（7）名物書。每類皆附論以各種教法，而以一、二兩類所
論為最善。例如教授兒童識字，先調查社會所通行的文字，約計二千多
字；然後分為形、聲、意三類，以此為標準分別授與初識字的兒童。如
第一類字以聲為主者，必先令學字母而後拼音；第二類字以形為主者，
必先令學獨體而後合體。以此施教，不出一月，凡應用的二千多字皆能
使他們認識。例如教授綴法，由教者先口授俚語，令兒童以文言答出，
有辭不達意的，即為削改。所授的內容，先取粗切的事物，漸進於淺近
的議論。所授的字數，初授一句，漸至三、四句以至十句；兩月之後乃
至三十句以上，即可成為小篇文章了。梁氏並擬了一張教學功課表，凡
兒童初入學時，即教以識字，俟中西有用之字皆認識了，然後按照此表
施行。此表專為八歲以上十二歲以下的兒童讀書用的，若能照此教學，
到了十二歲以上，則可升中學、大學了。這張功課表我們不妨抄錄於
下，也可以知道他所論教法的一個大概。

梁啟超書法對聯

（1）每日八下鐘上學，師徒合誦讚揚孔教歌一遍，然後肄業。

（2）八下鐘受歌訣書，日盡一課，每課以誦二十遍為率。

（3）九下鐘受問答書，日盡一課，不必成誦，師為解其義，明日按所問而使學童答之，答竟則授以下課。

（4）十下鐘，剛日受算學，柔日受圖學。

（5）十一下鐘受文法，師以俚語述意，令學童以文言答之，每日五句漸加至十句。

（6）十二下鐘散學。

（7）一下鐘復集，習體操，略依幼學操身之法，或一月或兩月盡一課，由師指導，操畢聽其玩耍不禁。

（8）二下鐘受西文，依西人教學童之書，日盡一課。

（9）三下鐘受書法，中文、西文各半下鐘，每日各二十字，漸加至各百字。

（10）四下鐘受說部書，師為解說，不限多少。

（11）五下鐘散學，師徒合誦愛國歌一遍，然後各歸。

（12）每十一休沐。

四　女子教育

在光緒二十九年，張之洞改定學堂章程，謂中西禮俗不同，未便設立女學以前，梁氏在上海早已鼓吹女子應受教育。他所持的理由有四：

（1）中國四萬萬人，女子居其半。女子沒有知識，不能自立，全須待養於男子，男子終歲勤勞，所有收入尚不足以贍養他的妻子，以致男女皆困。人人因累於妻子而受困苦，此中國所以無人不憂貧。此就生產方面說，女子應受教育。

（2）中國之大，人數萬萬，戶數千萬，尋求良好和睦的家庭，萬不得一，其不和不睦的原因，多起於姑嫜姒娣之間。這一班女子，並非生性低劣，實由她們盡日牢守在極小的家庭圈限中，既不受教育，而耳目從未與社會接觸，所以養成一種狹隘的器度。此就改良家庭方面說，女子應受教育。

（3）女子性情溫柔，與兒童相近，且善體兒童的心理，善會他們的意趣，而兒童之愛母亦較甚於愛父，故西人小學教育多由女子擔任。中國兒童，在家庭既無母教，入學校又無女教師，所以多不如西方兒童的幸福。此就家庭教育與兒童幸福方面說，女子應受教育。

（4）女子受了教育，不僅使她們善教兒童，並要使她們善育兒童——育養健強的兒童。西人講求種族學者必以胎教為第一義，中國古人也有主張胎教的。現今前識之士，莫不以「保國保種保教」三者相呼號，求達此目的，非提倡女學、講求胎教不可。此就強國保種方面說，女子也應受教育。且女子智力並不劣於男子，假能使她們從事於學，必有「男子所不能窮之理，而婦人窮之；男子所不能創之法，而婦人創之」。我們要提倡女子教育，務必廣興女學；要廣興女學，務必破除「女子不出外」的信條。倘此信條不破除，則女學必不發達，縱令給女子以相當的教育，其見聞仍不出閨閣之外，雖有異質，亦屬無用。但同時他所草擬女學堂章程，對於男女的界限、內外的分別，限制極嚴，雖適應環境，亦可以推見梁氏當時的思想之程度了。

本章參考書舉要

（1）《張文襄公全集》
（2）《飲冰室文集》

　　(3)《勸學篇》

　　(4)《時務報》

　　(5)《新民業報》

---

[1]　《飲冰室文集‧學術類下‧論教育當定宗旨》：「教育之意義，在養成一種特色之國民，使結團體以自立競存於列國之間，不徒為一人之才與智云也。」

[2]　同上書：「盎格魯撒遜種者，今日地球上最榮譽之民族也。其教育之宗旨在養成活潑進步之國民，故貴自由，重獨立，薰陶高尚之德性，鍛鍊強武之體魄，蓋兼雅典、斯巴達之長而有之焉。」

第三期　自民國建元至歐戰告終
（1912 年—1918 年）

第五十一章　民國成立後七年內之教育背景與教育

第一節　辛亥革命與教育

一　光榮的革命

　　滿清末年，興學的動機完全出於被動。在人民方面，因列強之層層的壓迫，年年的環攻，感覺非變法興學不足以挽救祖國的危亡。在政府方面，因潮流所趨，民智日開，感覺非變法興學不足以擋塞人民的耳目而維持其統治階級的地位。但政府與人民此時被動的動機雖相同，急於興學的感覺雖也相同，而兩方的利害關係則彼此不同，因為兩方的利害關係不同，所以政府與人民反因興學而破裂。政府為維持其自身的利益計，所以一方面廣興學堂，一方面又極力杜絕新思想，不准學生干預國政，不准學生立會演說，不准學生訂閱不利於政府的報章。可是青年學生兩條腿一踏進了學堂門，他們的頭腦馬上發生了變化，最愛干預國政，最愛立會演說，最愛閱讀帶有刺激性的文字。政府的防範愈密，而學生的反動愈大，尤其是出洋留學生，兩腳一履新土，他們的心目中就不知有滿清政府了。

　　當此之時，領導青年思想的有兩派：一為康、梁派，一為同盟會。自甲午以後，康、梁的言論思想對於青年學生影響極大，凡在三十歲以下的讀書分子差不多沒有一人不受他們的撼動；但自庚子以後，同盟會的言論思想在中國國內漸漸發生力量了。前者的主張，只在政治的改革——由君主專制改為君主立憲；後者的主張，則要革命——一方面剷除專制政體，他方面還要推倒滿清統治階級，且想對於現社會的經濟組織謀一突飛的改造。以滿清統治者的腐敗，及其歷來設施之不能滿足人

民的需求，更加以下級民眾所遭受貪官汙吏及種種虐政的痛苦，則後者的主張更為新進青年所歡迎；歡迎這種思想發而為行動的，則以留日學生為最踴躍。自由、平等的思想一天一天由西風吹進海內來，民族主義的意識一天一天在各人的腦袋中澎湃起來，到了一九一一年，時機已大成熟，所以武昌義旗一舉，全國響應，而滿清政府如同摧枯拉腐般的倒塌了。這一次革命，其價值不僅在打倒了三百年的滿清政府，實在還推翻了數千年的君主專制政體，而建設民主共和的新國家。自此以後，樹立五色國旗，凡五族人民皆能享受同等的權利，去掉了貴族統治階級，打破了三綱五倫的舊禮教，立下了自由、平等的政治原則。

二　革命後的教育

自民軍革命獲了勝利，國人的精神為之一壯。自共和政體樹立了模型，國人的耳目為之一新。在此五色旗幟之下的人民，所有言論與態度由是大為改變了。他們覺得：共和國家以人民為主體，凡屬國民皆有參與國事的義務。國家的政體改變，國人的言論與態度改變，由是革命以後的教育也隨著改變了。

第一，是人民對於教育態度的改變。在滿清專制時代，教育是官治主義的，人民不過拱手受命，依法照辦；到了民國，則變為民治主義的了，大家莫不很熱心地討論參加、建議和改良。

第二，是教育思想的改變。從前以忠君尊孔為教育宗旨，現在以公民道德為主要了；從前學校教育尚不脫科舉的習氣，現在取消了科舉的獎勵，廢止了讀經的科目，才是真正的新式教育了。

第三，是教育政策的改變。專制時代以政府為中心，所有教育，不是愚民政策即是柔民政策，不是籠絡主義即是駕馭主義；到現在共和時

代以人民為中心，所有教育，在培養國民基礎，訓練國家有用人才，樹立共和政治的真精神。當此之時，樹立民國教育的新基礎，足以稱為教育界的元勳者，當推第一任教育總長蔡元培氏。蔡氏登臺之後，即辦了兩件有關係的事情：一為發表民國教育意見，一為招集中央教育會議。前者，雖屬於他個人的教育主張，但民國時代的教育界莫不受這種主張的影響——如公民道德教育、軍國民教育及實利教育，在當時即被採納；美感教育及世界觀教育到民國八年以後確已大受其影響。後者，凡民國成立以來，所有教育宗旨、制度及一切革新，莫不由此次會議產生，其關係更大。蔡氏的思想比較前進，他以為民國的教育應與專制時代不同。在他所招集的中央教育會議席上，曾發表下面一段話：

　　民國教育與君主時代之教育，其不同之點何在？君主時代之教育方針，不從受教者本體上著想，用一個人主義或用一部分人主義，利用一種方法，驅使受教者遷就他之主義。民國教育方針，應從受教者本體著想，有如何能力，方能盡如何責任；受如何教育，方能具如何能力。從前瑞士教育家沛斯泰洛齊有言：「昔之教育，使兒童受教於成人；今之教育，乃使成人受教於兒童。」何謂成人受教於兒童？謂成人不敢自存成見，立於兒童之地位而體驗之，以定教育之方法。民國之教育亦然。（《教育雜誌》第四卷第六號）

　　以人民為主體的教育，在當時業已採用；以兒童為中心的教育，當時一般人尚未十分了解，一直到五四運動以後，才演為一時代的思潮。

第二節　復古運動與教育

一　不斷的復古運動

但我們不可過於樂觀，老實說，辛亥革命，中國只掛上了一塊「共和」二字的招牌。中國社會，自海通以來，雖然踏進了商業資本主義，雖然沿海一帶也有工業資本的萌芽，但因腹地太廣，交通不發達，農村生活尚占百分之八十以上。農村經濟既未根本動搖，依附農村經濟所產生的半封建時代的一切形態——風俗、制度及倫理觀念等等，猶是根深蒂固。民國成立之初，為革命的空氣所瀰漫，為革命的炮聲所震動，社會耳目好像煥然一新。民主政治的聲浪，自由、平等的學說，一時喧騰起來，好似中國民族從此換了新生命。哪知一切半封建時代的舊勢力，依然潛伏在農村舊社會裡面，觀看風色，候著機會，好圖恢復。袁世凱就是這個時期的總代表，蔡元培說他是代表中國的「官僚」、「學究」及「方士」三種社會，（見《新青年》第二卷第四號）我以為在封建時代所有社會上的一切舊勢力都被他代表了。

當孫中山在南京組織新式政府之時，當清廷下詔退位之後，袁氏在華北擁有重兵，顧盼自雄，國人為求和平統一起見，所以把國家大權拱手讓渡給他。袁氏自取得政權以後，即在北京組織政府，向著舊社會方面邁進，於是樹植私黨，壓制民權，頒下尊孔讀經的命令，制定祀天祭地的典禮，所有昔日的一切風俗、習慣、制度逐一恢復原狀。這個時候，中華民國所存留的，只有一方五色國旗，及兩字共和招牌。民黨方面，看出了袁氏的企圖，乃於民國二年，興起二次革命，不幸勢力不敵，革命失敗，而國會從此被解散了。自二次革命失敗以後，袁氏的地位日益鞏固，一班代表封建思想的知識分子，貪圖富貴的官僚階級，及

神話時代的方士陰陽之流，群相蟻聚於袁氏旗幟之下，倒轉車輪，盡力向後馳駛，遂於民國四年的末了，取消共和招牌，改民國為帝國，擁袁氏為皇帝。這是第一次的復古運動。當民國五年，梁啟超、蔡鍔等人從雲南興起義師，打倒袁氏以後，再掛上共和招牌，民主政治好似進了一步。其實，袁氏雖倒，而他所代表的勢力並未絲毫動搖，所以不久又有康有為、張勳等人乘著機會，扶起宣統廢帝，圖謀復辟，這是第二次的復古運動。但滿清帝室久已失了人心，這次運動，較第一次的勢力薄弱，所以不到一月就被段祺瑞舉兵打倒了。段氏打倒復辟運動之後，政府實權遂落在他的手中，他乃繼袁氏而為北洋軍閥領袖，種種設施皆向獨裁方面邁進，而武人專政比較從前更形露骨，於是舊日勢力又逐漸瀰漫起來。段氏雖不敢明目張膽稱帝僭號，但思想腐敗，行為專斷，為舊勢力之強有力的拱衛者，較前人簡直看不出兩樣，所以在當時有袁氏復活的談資，這可以說是第三次的復古運動。民黨方面，孫中山等不滿意段氏之所為，乃號召一班舊國會議員，在廣州興起護法軍，組織軍政府以與北京政府對抗。自此以後，十多年來，南北分裂，內戰屢起，政治既無統一的機會，所有社會事業完全歸於停頓。

二　復古時期的教育

本期七年中，共有三次復古運動，每復古一次，即引起內戰一次，甚至於多次。因屢次的內戰，政治無法進行，所以教育事業也常呈停止的狀態，我們若拿本期與前期比較，則教育進步的速度，民國初年尚不及前清末年之大。每復古一次，關於「讀經」與「尊孔」兩個問題即重提一次，而主張讀經之意，為的是要尊孔，所以這兩個問題實是一個。關於讀經一事，袁世凱主張最力。在民國三年，他所特定的《教育綱要》

中，以讀經應列入中小學課程裡面，反覆致意，果然到民國四年修改中小學校法令時，就把讀經一科目恢復了。除他以外，一班頑固書生及一部分國會議員，附和袁氏，也時時為應聲蟲之鳴。他們還要獎勵「忠孝節義」，規定這四個字為國民教育之方針。[1] 關於尊孔一事，則更普遍了。除了袁世凱、康有為等人主張最堅定以外，湯化龍是主張的，梁啟超是主張的，藍公武一干人也是主張的，差不多除了少數頭腦較新的學者外，沒有一人不是同樣主張。我們試舉藍公武一段話作為尊孔論者的代表：

故願救今日之社會，則不可不求所以制裁人心之權威。吾黨遍求之於中國六千年文明之中，而得不可動之權威有二：一曰天道，二曰孔子。……（藍氏在民國四年〈辟近日復古之謬〉一文其思想突變與此文判若兩人，但此文確足以代表此時一般尊孔者之心理）孔子我民族之至聖也：孔子以前之文化至孔子而大成，孔子以後之文化至孔子而肇始。我民族六千年之文化實賴孔子以有今日，微孔子則我民族特有之禮教，早絕滅於二千年前矣。蓋孔子為我民族文化之代表，思想之中心；孔子存則文化存思想存，孔子亡則文化亡思想亡，其與我民族之關係夫豈教學之隆汙而已哉。（《庸言》第五號〈中國道德之權威〉）

尊孔的結果：一則以孔教列入憲法定為國教，二則恢復學校祀孔的典禮，三則設立孔教會以廣宣傳。第一項目的雖未完全達到，第二項目的在民國初年早已實行——學校祀孔典禮自民國成立以來並沒有被廢除；至於孔教會自此以後則已遍於國中了。

關於普通思想方面，論其進步，在民國初年不過曇花一現，自二年以後則漸漸向後移轉。這個時候，一般人的腦袋中，除了君臣一倫用不著外，並沒有什麼解放的影子，猶在舊日的習俗之下過那呆板的日子。學校的科名獎勵雖然取消了，而士大夫身分猶為一般讀書分子所向慕。

「士為四民之首」的一句古調，所有在學學生及由學校出身的人們，且日日在高唱著。一般學生進了小學為的要升中學；進了中學，為的要升大學；進了大學，為的有官做：因為入學讀書之目的在於獵取官僚的資格，與科舉時代沒有兩樣。他們平日在學校裡，只為讀書，不會做事；只會呼僕使婢，不肯親身下駕服役。學校教育是造就士族階級的——官僚候補者，凡學生、教職員、政府官僚及社會上一般人民全是這樣看著。

本章參考書舉要

(1)《教育雜誌》

(2)《庸言》

(3)《新青年》

(4)《國風報》

---

[1]　《大中華》第一卷第一期〈辟近日復古之謬〉：「比者國內復古之聲大盛。皇皇策令，無非維繫禮教。濟濟多士，盡屬老成碩望。政府既倡之於上，社會復應之於下，孔教會遂遍國中，而參政院亦有獎勵忠孝節義之建議，將使新造之邦復見先代之治。」

第五十二章　教育思潮與宗旨

一　教育宗旨與思潮之關係

在本期七、八年內，教育總長的人物更換五、六次，而對於教育抱有主張的，只有三人：一為蔡元培，二為湯化龍，三為范源濂。蔡氏是浙江人，為一位教育哲學家，在他初次就職時所發表他的教育主張，其中包括五種教育主義：軍國民教育、實利教育、公民道德教育、美感教育及世界觀教育。前三種是當時教育界上一般人所要求的，後二種才是他本人的主張。[1] 湯氏是湖北人，為一位政治家，可是對於教育有極堅實的主張，在民國三、四年間，上對大總統，下對各省教育行政機關及學校，屢次表示他的「國民教育」意見。范氏是湖南人，為一位教育實行家，幹練有才略，歷任教育總長，極力提倡「軍國民教育」主義。

本期教育思想有三個潮流：一為軍國民教育，二為國民教育，三為實用主義教育。由第一種教育，派生而為勤勞主義；由第二種教育，派生而為公民教育；由第三種教育，派生而為職業教育：凡此三種，皆可稱為本期的三大思潮。這三大教育思潮，雖起伏前後不一，但每一主義之發生，全國上下莫不群相注意，發而為議論，施之於運動。范源濂氏可為軍國民教育思潮的代表，湯化龍氏可為國民教育思潮的代表；各有時代為之背景。至於蔡元培氏，他的思想超出時代以上，在當時雖提倡美感與世界觀的教育，而附和者無人，所以這兩種主義不能認為當時的教育思潮。

本期教育宗旨規定了二次：第一次在民國元年九月，第二次在民國四年二月。民國元年所定的教育宗旨，為「注重道德教育，以實利教育軍國民教育輔之，更以美感教育完成其道德」二十九個字。這二十九個字的宗

旨，是教育部採納中央教育會議的議決案，由部令頒布的，其中包含蔡氏初次發表五種教育意見中的四種。此四種教育主義：所謂「道德教育」，即後來公民教育所由產生；所謂「實利教育」，即後實用主義所由產生；所謂「軍國民教育」，正是當時的思潮。迨後來，袁世凱征服民黨以後，乃於民國四年，自定一種宗旨，以大總統的命令頒布下來。這一次的教育宗旨，共有「愛國」、「尚武」、「崇實」、「法孔孟」、「重自治」、「戒貪爭」、「戒躁進」七條一十八個字。這個宗旨，第一條與當時的國民教育思潮相應和，第二條與當時的軍國民教育思潮相應和，第四條是他的復古主義之表現，第六、第七兩條是他對反對黨有所為而發表的，只有第五條自治稍含有幾分法治的意思。但這一次所頒布的教育宗旨，到民國五年，隨袁氏一齊送終了，於是元年的宗旨自五年以後依然恢復。教育宗旨，多半為官定的，有一部分代表時代的思潮，有一部分簡直不合於時代，論其效力遠不及教育思潮，我們在下面所以只就本期的三大思潮說說。

二　軍國民教育

此項教育思潮共有兩起：第一起在宣統末年民國初年之間，第二起在民國四、五年之間。在前期的後半期，軍國民教育的呼聲極高，一直到本期初年勢猶未衰，故本期第一起的教育思潮是賡續著前期的，卻不是創始的。代表這一起思想的為各省教育總會，蔡氏以潮流所趨，難於抹煞，故於發表意見時承認此種主張，於規定教育宗旨時採納此種主張。到民國四年，歐戰激烈的炮火之聲興奮了國人的血液，「二十一條」之驟然提出驚醒了國人的睡夢，大家皆覺得非尚武不足以立國，非圖強不足以雪恥。於是在政府方面袁氏頒下尚武的教育宗旨；在社會方面，全國教育聯合會議決軍國教育實施方案，而第二起的思潮發生了。全國

第三期　自民國建元至歐戰告終（1912年—1918年）

教育聯合會的議決方案共分兩項：第一項關於教授者有九條，第二項關於訓練者有十二條，我們寫在下面供作參考。

（一）關於教授者：（1）小學校學生宜注重作戰之遊戲。（2）各學校應添授中國舊有武技。（3）各學校教科書宜揭舉古今尚武之人物及關於國恥之事項，特別指示提醒之。（4）各學校樂歌宜選雄武之詞曲，以激勵其志氣。（5）師範學校及各中等學校之體操學科時間內，宜於最後學年加授軍事學大要。（6）中等學校以上之兵式槍操最後學年，宜實行射擊。（7）中等以上學校體操應取嚴格鍛鍊主義。（8）各科教授材料與軍國民主義有關者，應隨時聯絡，以輸入勇武之精神。（9）遇有特別材料與本主義有重大之關係者，得特設時間講授之。

（二）關於訓練者：（1）小學校學生宜養成軍國民之性資，及軍人之志趣。（2）中等以上學校學生宜具有充當兵役之能力。（3）各學校須注意學生體格檢查。（4）高等小學以上學生應一律穿制服。（5）中等以上各學校管理參用軍用規則。（6）各學校應養成勤勞之習慣。（7）各學校應規定禮儀作法之形式，以嚴正為準，教員學生一律遵守，養成雄健齊整之校風。（8）各學校應養成粗衣淡食之習慣，施行忍耐寒暑之操作，並獎勵海水浴或冷水浴。（9）各學校宜特設體育會。（10）各學校宜由教職員率同學生勵行各種運動游技。（11）各學校應蒐集或製作國恥紀念物特表示之，以促警醒。（12）各學校應表彰歷代武士之遺像，隨時講述其功績。

這一起由四年到五年，全國人民均有這種呼聲。范氏再登上教育總長交椅上，更極力提倡。他的辦法，與全國教育聯合會所議決的大致相同。在這個時候，有提倡勤勞主義的，有提倡少年義勇團的，名目不一，都是應運這種潮流而起的種種運動。但自六年以後，此種思潮漸漸向下低落；到了民國七年，歐戰告終，大家都自欺欺人地說：「公理戰勝了強權！」於是軍國民主義，就用不著了。

三　國民教育

在民國三、四年之間，又起了一種教育思潮，叫做「國民教育」主義。這個時候，大總統是袁世凱，教育總長是湯化龍，他們二人對於此主義均極力提倡，民眾方面在《教育雜誌》上也常常發表國民教育的意見，但三方面的意見各不相同。在民眾方面，我們援引賈豐臻的一段話作為代表。他說：

國民教育者，十九世紀以來最流行之名詞也，有國家必有國民，有國民必有教育，國民既盡人皆受教育。則斷不能舉國皆為官吏、皆為聖賢、皆為英雄，故斷之曰國民教育。蓋國民教育者，如飢之於菽粟，寒之於布帛，而不可一日離，故其間有至不可少之條件焉：（1）國民教育乃義務教育，謂國民之受教育如納稅、當兵之不得免除者也。（2）國民教育為兒童將來生活計，而授以必需之知識技能也。（3）國民教育乃國家教育人民，與家庭教育子女無異：家庭縱貧苦，子弟不可不讀書；國家雖困窮，人民豈可不入學乎。（《教育雜誌》第七卷第四號）

我們如果以賈君這篇文章可以代表民眾方面的意見時，則民眾所謂「國民教育」，並沒有特別的意義，只是給一般兒童以生活上必需之知識技能——即給他們以最低的相當的生活權能——的一種教育。這種教育，凡屬國民，皆有享受的權利，故謂之國民教育。自家庭方面看，父母必須令他們的兒童往受這種教育，故又謂之「強迫教育」。自國家方面看，政府必須給所有國民的兒童以充分受這種教育的機會，故又謂之「義務教育」。但袁氏的意見卻與這不大相同。他說：

凡一國之盛衰強弱，視民德、民智、民力之進退為衡；而欲此三者程度日增，必注重於國民教育。本大總統既以興學為立國要圖。今兵氛漸消，邦基粗定，提倡斯旨，豈容躊躇。矩矱本諸先民，智慧求諸世

界，使中國民族為大仁、大智、大勇之國民；則必於忠、孝、節、義植其基；於智慧技能求其闕；尚武以備軍人資格；務實以儆末俗虛浮；矢其忠誠，以愛國為前提；苦其心志，以獵官為大戒；厚於責己，恥不若人；嚴則如將領之部其弁兵，親則如父兄之愛其子弟，此本大總統對於學校之精神教育，——尤競競於變化氣質，而後種種學業乃有所施也。（《教育公報》第八冊〈大總統申令〉）

　　立定一個模型以陶鑄全國之民，使全國人民陶鑄得如此模型一般樣，此即袁氏所謂國民教育。這種模型要具有大仁、大智、大勇的資格；這種資格以「忠孝節義」四字為基礎，即以此四字為模型的特性。[2] 又須有智慧以謀生，能忠心以愛國，能實事求是而不虛浮，其紀律嚴明身體強勇之處，如同軍人一般。以具備這種資格之民才是理想的國民，施行這種教育時謂之國民教育。至於湯氏所謂國民教育則又不相同。他說：

　　凡一國之成立，能維持永久而無失者，必其國民有特殊之風俗、歷史、地理為造成其特性之主因。涵孕濡育，篤生聖哲，發揮此特性以立人倫之極者，是謂國民模範人物。被之謂道德，施之於庠序，保存光大此特性，並不戾乎世界人類之公性者，是謂國民教育。國民教育以國民道德為本根；國民道德之淵源肇於國民特性，而集其成於出類拔萃之模範人物也。……我國立國數千年，其間幾經動搖簸蕩，而此泱泱雄大之國民性卒能卓然不可磨滅，歷史已有明證。唯求之歷史人物，致廣大而盡精微，極高明而道中庸，足以賅我國民性之全表示於世界各國，而為我國教育上之模範者，莫大於孔子。……本總長深維國民教育與國民特性之關係，不能不以數千年所奉為人倫師表者，鳩道德之準繩。（《教育公報》第一冊〈飭京內外各學校中小學修身及國文教科書採取經訓以孔子之言為指歸文〉）

　　竊謂今後生存之計，唯有以全國一致之決心，養成全體國民之品

性，與其生活能力，以從事於世界之競爭，庶幾國民得以保持其生存，而國家有鞏固健全之望，——此其事必自國民教育始。國民教育者，對於全體國民為之修養其品性，發展其生活能力，以適應夫世界競爭之趨勢者也。（《教育公報》第二年第四期〈呈擬訂國民學校令呈請核定公布文〉）

湯氏的意見：一方面發揚國民固有的特性，光大起來，以誇耀於世界；一方面培養他們的生活能力，強固起來，使能適應於世界競爭之趨勢，以鞏固其國家，施行這種教育才是國民教育。中國的國民性「泱泱雄大」，以道德為本根，以孔子為模範。不以道德為本根，則國民無特性之價值；不以孔子為模範，則國民無中心之信仰。所以國民教育，必以道德為訓練、以孔子為標準，然後國民才有根基，才有表率，才能團結成為一特殊的國民，以與世界各民族共存共榮。

與湯氏主張相同的，在民國四年還有一位署名鳳兮者，他在《大中華雜誌》上發表國民教育的意見：

苟欲救亡，舍養成立國之實力無他道；而欲養成立國之實力，更非施行國民教育不為功。

夫戰爭制勝之國，莫不具有下列二因：（1）國民有偉大之人才，（2）國民公共之愛國心發達。斯二者又莫不與國民教育有密切之關係。蓋無善良之社會則不能陶鑄偉大之人才，而造成善良社會者，國民教育也。無常識之人民，斷不能發生愛國之思想，而養成人民之常識者，國民教育也。（第一卷第七期〈今後國民教育之研究〉）

此位極力鼓吹其主張以後，並提出兩項辦法：第一，在消極方面要力求排除關於國民教育之障礙物；第二，在積極方面要力謀國民教育之實行。關於第一項者：一、要國民教育不可視為官吏之預備，二、要不可以文學為唯一目的，三、要不可取放任主義，四、要於國民學校外不可特設預備學校，五、要小學校取消讀經。關於第二項者：一、要恢復

地方自治機關以利進行，二、要設立地方獨立教育行政專官以專責成。這與湯氏的主張，不謀而合。

我們由上種種看來，民眾方面所謂國民教育，只是義務教育、人生教育；袁、湯二氏的主張皆有訓練主義，而袁氏的尤為嚴格。以袁氏的主張，一變就是軍國民主義，所以他提倡尚武。以湯氏的主張，一變就是國家主義，所以他又說：

征之者何？國民之愛國心是也。赴之者何？國民之自覺力是也。所以征之赴之者何？國民適用此愛國心自覺力，而淬其品性，砥其才智慧力，盡瘁於社會事業，以祈貫達夫吾人所信仰之國家主義，而為多數學福之先券者是也。（《教育公報》第二冊〈為歐洲戰事訓飭各學校文〉）

梁啟勛在《大中華雜誌》上發表〈個人主義與國家主義〉一文時，更把國民教育滲入到國家主義的神髓裡面了，他說：

保護稅則與生計獨立，乃國家主義之政策也。此外，有一從精神以啟發國家主義者，則國民教育是也。……國民教育直接所發生之結果，即全國人民皆有服兵役之義務是也。……推國家主義之精神，則父母不得有其子，妻妾不得有其夫。國家之特設教育，所以造就國民也；父兄之所詔勉，勉其為國民也。蓋國家既為世界之個人，則個人自為國家之骨骸矣。（《大中華》第一卷第三期）

到民國五年，「公民教育」一名詞，聲浪極高，差不多成了一時的教育思潮。這種教育，就是湯氏國民教育主義的派生，我們引當時教育言論者朱元善的一段話為代表，就可以看得出來。他說：

所謂公民教育者非他，乃確認個人為組織國家之分子，而借教育訓練之力以完成其堪任公民之資格而已。換言之，即在喚起國家觀念，以矯正其淡冷國事之弊，使之對於國家有獻身奉公之精神，對於一己有自營自主之能力，此公民教育之義務也。……如何而擁護此國體？如何而

完成此政體？使之名符其實且避免一切險象，以奠國基於磐石之安，實不能不唯公民是賴，然則公民教育之尤切於我國，益可知矣。(《教育雜誌》第八卷第四號〈今後之教育方針〉)

自公民教育思潮喧騰以後，把從前各學校的修身科目逐漸打倒，一律代之以「公民學」的科目。自八九年以後，全國各學校的功課表上簡直尋不出「修身」二字的影兒，也可以想見這個思潮的力量之不弱了。

四　實用主義的教育

實用主義的教育，倡導於黃炎培，附和於莊俞，在民國二、三年間已演為思潮，至六年以後此項思潮業已成熟，遂將實用主義一變而為職業教育。中國自甲午戰敗，倡興學堂以來，到民國初年已有二十年的歷史。在滿清君主時代，所有學堂教育，固然未能脫離科舉習氣，就是辛亥革命以後，表面上雖號稱民國，改建共和，而一般人們猶保留著半封建的頭腦，所以他們仍是以學校為士大夫階級的養成所。學校既未脫離舊日的習氣，所有教授、管理、訓練，只是態度的、身分的、文雅的、虛誇的，無一事切於實際生活。但由學校出身的數目比較由科舉出身的數目，其倍數逐年加多，國家哪能容納如此巨大數量的士族階級皆給以官做。且社會的經濟力量，商業資本已壓倒了一切，由學校出身的士族階級，縱還有「士為四民之首」的一個觀念，可是再不能拿他作口號施行從前身分的權威。社會一天一天的演進，而學校教育猶是因襲不變，於是學校與社會相隔日遠，學校教育盡歸無用，一般由學校培養出來的青年不僅沒有謀生的技能，且反失了謀生的能力。其結果皆變成新式流氓。這種教育越發達，勢必致使國家愈窮，社會愈亂，推究其毛病，只是「虛而不實」四字的教育誤盡了一切。這種毛病，在黃氏以前已有人

看到了，在民國元年蔡元培發表教育意見時，有這樣一段話：

實利主義之教育，以人民生計為普通教育之中堅。其主張最力者，至於普通學術悉寓於樹藝、烹飪、裁縫及金、木、土工之中，此其說創於美洲，而近亦盛行於歐洲。我國地實不發，實業界之組織尚稚，人民失業者至多，而國甚貧，實利主義之教育固亦當務為急者也。（《教育雜誌》第三年第十一期〈新教育意見〉）

蔡氏感覺「人民失業至多而國甚貧」，所以把實利主義定在教育宗旨裡面。但蔡氏只看見「人民失業至多而國甚貧」，所以須要開發實業以圖救濟，卻未曾看到一般教育的根本毛病，亦未曾說出實用主義，當時亦未能演為思潮。到民國二年，黃氏的眼力卻進了一步。他說：

教育者，教之育之使備人生處世不可少之件而已。人不能捨此家庭，絕此社會也，則亦教之育之俾處家庭間、社會間，於己具有自立之能力，於人能為適宜之應付而已。析言之，即所謂德育者宜歸於實踐；所謂體育者求便於運用，而所謂智育者，其初步一遵小學校令之規定，授以生活上所必需之普通知識技能而已。乃觀今之學子，往往受學校教育之歲月愈深，其厭苦家庭、鄙薄社會之思想愈烈，扞格之情狀亦愈著。而其在家庭社會間，所謂道德、身體、技能、知識，所得於學校教育堪以實地運用處，亦殊碌碌無以自見。即以知識論，慣作論說文字，而於通常之存問書涵意或弗能達也；能舉拿破崙、華盛頓之名，而親友間之互相稱謂弗能筆諸書也；習算術及諸等矣，權度在前弗能用也，習理科略知植物科名矣，而庭除之草不辨其為何草也，家具之材不辨其為何木也：此共著之現狀，固職教育者所莫能為諱者。然則所學果何所用？而所謂生活必需者，或在彼不在此耶。（《教育雜誌》第五卷第五號〈學校採用實用主義之商榷〉）

黃氏認從前的教育為「虛名的教育」、「玩物的教育」、「平面的教

育」，所以提倡實用主義，一反從前不切實用的毛病，此種教育，在使學校的教材、訓練及一切教育皆切於實際生活，使學生出了學校能夠直接謀生活。自黃、莊二氏大聲一提倡，全國教育界觀念為之一變，大家也搖聲應和，而「實用主義」四字遂成為最時髦的名詞了。無論各學校辦理的實際情形如何，而對外必標榜實用主義；無論各書店所編的教科書內容如何，而題端必日實用主義；所以袁世凱在民國三年特定教育綱要時，也說「教育宗旨，注重道德、實利、尚武，並運之以實用」。此項思潮到民國六年以後，愈唱愈高，黃氏等更進一步改「實用主義」的口號為「職業教育」的口號，由「理論」的變為「實行」的了。

本章參考書舉要

(1)《大中華》
(2)《教育雜誌》
(3)《教育公報》
(4)《近代中國教育思想史》（舒新城）

---

[1] 《教育雜誌》第三年第十一期：「滿清時代有所謂欽定教育宗旨者，日忠君、日尊孔、日尚公、日尚武、日尚實。忠君與共和政體不合，尊孔與信教自由相違，可以不論。尚武即軍國民主義也，尚實即實利主義也，尚即吾所謂公民道德，其範圍或不免廣狹之異，而要為同意。唯世界觀及美育則為彼所不道，而鄙人尤所注重，故特疏通而證明之，以質於當代教育家。」
[2] 《教育公報》第七冊〈大總統申令〉：「以忠孝節義四者為中華民族立國之精神。」

第五十三章　本期教育制度

第一節　教育行政組織

一　中央教育機關

　　革命軍在南京組織臨時政府時，即改從前的學部為教育部。自南北統一，中央政府仍都於北京，教育部亦由南方遷到北方了。第一任教育總長即蔡元培，當草創之初，組織尚未完備。後來經幾次修改，到民國三年七月，湯化龍為教育總長時，始將完備的官制公布出來。由此次公布的官制，教育部直隸於大總統，其職權任管理教育學藝及曆象等事務，置總長一人為政務官，置次長一人為事務官。其中組織，分一廳三司。廳名總務廳，掌管關於統計、會計、文牘、庶務及圖書編審等事務。三司一為普通教育司，掌管關於小學、中學、師範實業、盲啞殘廢學校及關於地方學務機關等事務；二為專門教育司，掌管關於大學，專門學校、曆象、留學及各種學術團體等事務；三為社會教育司，掌管關於圖書館、博物院、動植園、美術館、體育遊戲場、感化院及他一切社會教育事務。每司置司長一人，總務廳不設專官。此外，置有參事三人，擬訂本部的法律命令；置有視學十六人，視察全國學務。（見民國八年《教育法規彙編‧官制類》）

二　省會教育機關

民國成立，各省提學使司改為教育司，總管全省教育事務。自民國二年實行軍民分治以後，把教育司隸屬於行政公署，已失了獨立的地位；到民國三年，又將各省教育司取消，僅在巡按使公署政務廳下設一教育科，其地位更不足重輕了。但自民國四年以來，各省地方教育逐漸發達，教育界感覺教育行政機關有專設的必要，湯化龍亦有意採納此項建議，但不為袁氏透過，未曾辦到。到了民國六年，在徐世昌時代，始恢復教育獨立機關，正式設立教育廳，公布暫行條例及組織大綱。由以上兩項的規定，教育廳直隸於教育部，設廳長一人，執行全省教育行政事務。其中組織，分為三科，每科置科長一人：第一科，掌管收發文牘，整理案卷，編制統計，及綜核會計、庶務等事務；第二科，主管普通教育及社會教育；第三科，主管專門教育及外國留學事項。此外，置有視學四人至六人，掌管視察全省教育事宜。（見同書〈官制類〉）

三　縣治教育機關

自民國成立以後，把從前所有府、廳、州、縣等名目一律取消，只留「縣」一名目，為地方行政單位。縣之教育機關，在民國初年，依照前清末年的舊制、除少數縣份保留勸學所外，所有地方教育差不多全劃歸自治機關管轄。即設有勸學所的，其範圍極狹。自民國三年，袁政府取消地方自治，漸覺地方有完全添設教育機關的必要；到民國四年遂將昔日勸學所一律恢復了。此項機關，隸屬於縣公署，設所長一人，勸學員二人至四人，輔佐縣知事辦理全縣教育行政事宜。但此時教育普及的

呼聲漸高，故於同年七月又由教育部頒布地方學事通則，組織地方學務委員會，辦理自治各區學務，而學務委員會與勸學所又成了並立的形式。

第二節　學校系統

民國成立，蔡元培為教育部長時，召集各省教育界人物，在北京開中央教育會議，規定了一個學制系統，附有九條說明，曾於元年九月頒布，謂之壬子學制。迨後，由元年至二年，陸續頒布各種學校令，與前項系統各有出入，綜合起來又成一個系統，謂之壬子癸丑學制。這個學制，可算本期的中心學制，並且一直行到十年以後，其後雖小學校於民國四年經一次改造，大學於民國六年經一次修正，但於壬子癸丑學制的根本上無有什麼影響。

壬子學制以七歲入小學，到二十四歲大學畢業，整個教育年限共計十八年，較癸卯學制減少了二年。下面取消了蒙養院，上面取消了通儒院，中間高等學堂一級也取消了，加上了專門學校與大學平行。我們可以把這七條說明抄錄在下：

（1）「小學校四年畢業，為義務教育，畢業後得入高等小學校或實業學校。」

（2）「高等小學校三年畢業，畢業後得入中學校或師範學校或實業學校（小學校及高等小學校設補習科，均二年畢業）。」

（3）「中學校四年畢業，畢業後得入大學或專門學校或高等師範學校。」

（4）「大學本科三年或四年畢業，預科三年。」

（5）「師範學校本科四年畢業，預科一年。高等師範學校本科三年畢業，預科一年。」

（6）「實業學校分甲乙二種，各三年畢業。」

（7）「專門學校本科三年或四年畢業，預科一年。」

蒙養園，即蒙養院。中國自 1903 年起稱幼兒教育機關為蒙養院。1912 年改稱蒙養園。1922 年改稱幼稚院。現在稱為幼兒園。

王子癸丑學制，整個教育期仍是十八年，共分三段四級。一為初等教育段，分初等小學校、高等小學校二級，共計七年；二為中等教育段，只有一級，四年或五年；三為高等教育段，亦只一級，內分預科、本科，共計六年或七年。此外，在下面有蒙養園，在上面有大學院，不計年限。我們再從橫的方面看，也是分成三系：一為直系各學校，由小學而中學，由中學而大學或專門學校；二為師範教育，分師範學校及高等師範學校二級，所居地位為中、高二段；三為實業學校，分甲、乙二種所居地位為初、中二段。此外還有補習科、專修科及小學教員養成所，皆是此三系中的各種特別或附設的教科，謂之旁支。我們以此為標準，分節敘述於下，至於民國四年的小學教育之變更及其他復古的規定，當另節述之。

第三節　直系教育

一　小學校

據民國元年九月公布的《小學校令》，分總綱、設置、教科及編制、經費及就學等章，我們提要寫在下面。(1) 小學校以「留意兒童身心之發育，培養國民道德之基礎，並授以生活所必需之知識技能」為宗旨。(2) 小學校分初、高兩等：初等小學校由城、鎮、鄉設立，高等小學校由縣設立。(3) 修業期限，初等小學定為四年，高等小學定為三年。(4)

初等小學之教科目凡七門，為：修身、國文、算術、手工、圖畫、唱歌、體操；此外女子加課縫紉。高等小學之教科目凡十門，為：修身、國文、算術、本國歷史、地理、理科、手工、圖畫、唱歌、體操；此外，男子加課農業，女子加課縫紉。但高等小學視地方情形，得改農業為商業，或加設英語。（5）小學校裡面得添設補習科。（6）兒童以滿六週歲的次日至滿十四歲止，凡八年為學齡期，凡達到了學齡期的兒童應送入初等小學校受教育。——這一條規定已帶了強迫教育的性質。（見《教育雜誌》四卷第八期）

二　中學校

《中學校令》也是元年九月頒布的，其中的要點：（1）中學校以「完足普通教育造成健全國民」為宗旨。（2）中學校以省立為原則，縣立為例外，由省設立者稱省立中學，經費由省款支給；由縣設立者稱縣立中學，經費由縣款支給。專教女子的中學稱女子中學校。（3）中學修業年限定為四年。（4）中學校的學科目，為：修身、國文、外國語、歷史、地理、數學、博物、物理、化學、法制、經濟、圖畫、手工、樂歌及體操十五門。女子中學，加課家事、園藝、縫紉，但園藝可以從缺。（5）第一年每週授課三十二小時，第二年授課三十三小時，第三、第四兩年各授課三十四小時。（6）中學校入學資格，須在高等小學校畢業及與有同等學力者。

三　大學

民國元年十月頒布了一道《大學令》，到民國六年又修改了一次，這兩種制度在本期皆有試行的，所以教育部法規裡面將這兩道功令一併存

留。我們按照頒布的先後，分別摘要出來。

（甲）元年的大學令。（1）大學以「教授高深學術，養成碩學閎材，應國家需要」為宗旨。（2）大學分為文、理、法、商、醫、農、工七科。設立時以文、理二科為主：須使文、理二科並設，或文科兼法、商二科，或理科兼醫、農、工三科中的二科或一科者，方得名為大學。（3）大學設預科及本科：預科學生入學資格以在中學校畢業或經試驗有同等學力者為合格，本科學生入學資格以在大學預科畢業或經試驗有同等學力者為合格。（4）預科修業三年；本科按各科的性質，三年或四年不等。（5）大學為研究高深學術起見，除預科及本科外，另設大學院。大學院學生以在大學本科畢業者為合格，修學不定年限。（6）大學本科生畢業了，得稱學士。大學院生在院研究有特別成績時，經大學評議會或教授會認可，得遵照學位令授以學位。（7）大學設校長一人及各科學長一人；師資分教授、助教授及講師三種。（8）大學各科設有講座，以教授擔任，但是教授不足時，助教或講師亦可擔任。（9）大學裡面設有評議會，以各科學長及各科教授組織之，評議大學內一切重大問題，這與癸卯學制的大學會議性質相近，即後來教授管校的起源。

（乙）六年的大學令。（1）宗旨相同。（2）所分七科與前全同，但設立的限制比較活動，只要辦有二科以上者皆可稱大學，如僅設一科則稱為某科大學。（3）大學設預科及本科，其入學資格亦同。（4）修業年限縮短了一年，本科為四年，預科只二年。（5）大學院也不定年限，但不設講座，只聘有導師，分條研究，定期講演討論。（6）、（7）（8）、（9）四條全同。

（丙）二年的大學規程。以上所述，只為功令，在民國二年一月，又頒布了一個《大學規程》，把所有各科分門及科目規定得很詳細。例如文科分為哲學、文學、歷史學、地理學四門；理科分為數學、星學、理

論物理學、實驗物理學、化學、動物學、植物學、地質學、礦物學九門；法科分為法律學、政治學、經濟學三門；商科分為銀行學、保險學、外國貿易學、領事學、稅關倉庫學、交通學六門；醫科分為醫學、藥學二門；農科分為農學、農藝化學、林學、獸醫學四門；工科分為土木工學、機械工學、船用機關學、造船學、造兵學、電氣工學、建築學、應用化學、火藥學、採礦學、冶金學十一門。

（丁）大學區域。本期七年，對於大學區域劃分數次，但皆因政局常常變動，掌管人員不能久於其位，所以只有計劃而未曾施行。在民國三年五月，袁世凱制定《教育綱要》時，擬分全國為四個大學區域，尚未曾劃定。此時任教育總長的是湯化龍，湯氏自己乃劃分為六個大學區：(1) 北京，(2) 南京，(3) 廣州，(4) 濟南，(5) 成都，(6) 福州。在民國五年，張一麐為教育總長時，也曾於二月照湯氏的計劃提及過，小未實行。到了本年七月，范源濂繼任總長，又分全國為七大學區：第一區為直隸、山東、河南三省，分科大學設在北京；第二區為江蘇、安徽、江西三省，分科大學設在南京；第三區為山西、陝西、甘肅三省，分科大學設在太原；第四區為湖北、湖南、四川三省，分科大學設在武昌；第五區為浙江、福建、廣東三省，分科大學設在廣東；第六區為雲南、貴州、廣西三省，分科大學設在雲南；第七區為東三省，分科大學設在奉天或吉林。

四　專門學校

在壬寅、癸卯兩學制裡面，高等教育段，有高等學堂一級，在大學之下，與大學預備科的性質完全相同。到了本期，即將這一級學校取消了，由法政學堂的推廣，變生而為許多專門學校。此項專門學校，其修

業期限只少大校兩年，入學資格與大學相同，其性質差不多與大學相同。據民國元年十月由教育部所頒《專門學校令》，其中要點如下：（1）專門學校以「教授高等學術，養成專門人才」為宗旨。（2）專門學校之種類為：法政、醫學、藥學、農業、工業、商業、美術、音樂、商船及外國語等專門學校。（3）入學資格須在中學畢業或經試驗有同等學力者為合格。（4）專門學校得設預科及研究科。（5）又據各稱專門學校的規程，其修業年限，概為四年——本科三年，預科一年。研究科全規定為一年以上。

第四節　師範教育

一　師範教育之變遷

民國成立以後，關於教育，變遷很大。（1）從前的優級師範學堂現在改為高等師範學校；初級師範學堂改為師範學校；臨時及單級兩種小學教員養成所改為小學教員講習所，到民國四年十一月因初等小學改為國民學校，又把它改為師範講習所：這是名稱的變遷。（2）從前的優級師範學堂以省立為原則，現在的高等師範學校改為國立；初級師範學堂從前以府立為原則，現在的師範學校以省立為原則；到民國四年又取消簡易科：這是設置的變遷。（3）高等師範學校內，將從前的公共科改為預科，分類科改為本科，加習科改為研究科；師範學校將從前的完全科改為第一部，簡易科改為第二部，完全科中又添設預科的名目：這是編制的變遷。設置既然變遷，則經費的撥給已隨著變遷了。其餘細目上的變遷，我們在下面隨時附述。

二　師範學校

《師範教育令》頒布於民國元年九月，其中包括男女師範學校及男女高等師範學校種種綱要。同年十二月，頒布《師範學校規程》，此項規程到民國五年一月又修正了一番，成為本期辦理師範學校的標準。我們將一切要點條舉在下面：

（1）師範學校以「造就小學校教員」為目的，女子師範學校以「造就小學校教員及蒙養園保姆」為目的。

（2）教養師範生的要旨：第一，要「謹於攝生，勤於體育」，以培養健全的身體；第二，要「富於美感，勇於德行」，作為性情的陶冶與意志的鍛鍊；第三，要使「明建國之本原，踐國民之職分」，養成愛國家、尊憲法之教員；第四，要使「尊品格而重自治，愛人道而尚大公」，以養成獨立博愛之教員；第五，要使「明現今之大勢，察社會之情狀，實事求是」，以培養趨重實際之教員；第六，要使「究心哲理，而具高尚之志趣」，以培養其世界觀與人生觀；第七，要使他們「悟施教之方」；第八，所有教材「要切於學生將來之實用」；第九，要養成他們的「自動之能力」。

（3）編制分本科、預科，本科又分第一部與第二部。預科一年畢業；本科第一部四年畢業，第二部一年畢業。

（4）預科的學科目為：修身、讀經（按讀經一科是民國元年袁氏特加，五年的規程已將讀經取消矣）、國文、習字、外國語、數學、圖畫、樂歌、體操；女子師範學校加課縫紉。

（5）本科第一部之學科目為：修身、讀經、教育、國文、習字、外國語、歷史、地理、數學、博物、物理、化學、法制、經濟、圖畫、

手工、農業、樂歌、體操；但農業視地方情形得改授商業。女子師範學校，則加課家事、園藝、縫紉等科；但園藝亦可從缺。

（6）本科第二部之學科目為：修身、讀經、教育、國文、數學、博物、物理、化學、圖畫、手工、農業、樂歌、體操。女子改農業為縫紉。

（7）入學資格：第一部預科以高等小學畢業生為原則，或年在十四歲以上與有同等學力者；本科以預科畢業生升入為原則，或年在十五歲以上與有同等學力者。第二部，以中學校畢業生為原則，或年在十七歲以上與有同等學力者。

（8）學生待遇分公費生、半公費生及自費生三種，而以公費生為原則；公費生不僅免納學費，且由本學校供給膳宿等費。

（9）學生畢業後，有在本省充當小學校教職之義務，其義務年限不等。如是男子，第一部本科公費生須服務七年，半費生五年，自費生三年，第二部生二年。如是女子，第一部本科公費生五年，半費生四年，其餘與男子同。

（10）師範學校應設附屬小學校，女子師範除小學校外，還須設附屬蒙養園。

此外，在師範學校內，得附設各種講習科。（1）副教員講習科，（2）正教員講習科，（3）蒙養園保姆講習科。第一種，以養成小學副教員為目的，其入學資格須有高等小學校畢業之程度，講習年限為一年以上。第二種，以養成小學校正教員為目的，其入學資格以有國民學校許可狀或與有同等學力者，講習年限為二年以上。第三種，另行規定。按此項講習科皆附設於師範學校內，如有單獨設立的則稱某種講習所。

三　高等師範學校

此項學校的功令頒布於元年九月，規程頒布於二年二月，其中要點如下：

（1）高等師範學校以「造就中學校師範學校教員」為目的。

（2）其中分預科、本科及研究科：預科一年畢業，本科三年畢業，研究科一年或二年畢業。

（3）預科的科目為：倫理學、心理學、教育學、英語、體操。

（4）本科又分國文部、英語部、歷史地理部、數學物理部、物理化學部、博物部六部。國文部的教科目為：國文及國文學、歷史、哲學、美學、言語學。英語部的教科目為：英語及英語學、國文及國文學、歷史、哲學、美學、言語學。史地部的教科目為：歷史、地理、法制、經濟、國文考古學、人類學。數理部的教科目為：數學、物理學、化學、天文學、氣象學、圖畫、手工。理化部的教科目為：物理學、化學、數學、天文學、氣象學、圖畫、手工。博物部的教科目為：植物學、動物學、生理及衛生學、礦物及地質學、農學、化學、圖畫。以上各部可加授世界語、德語及樂歌為隨意科，英語部可加授法語。

（5）研究科的科目此時尚未規定，只說「就本科各部選擇二三科目研究之」。

（6）預科生入學資格以中學校畢業生為原則，本科生由預科畢業生升入，研究科生由本科畢業生升入。

（7）此外，除本科外，得設專修科，修業年限定為二年至三年，其入學資格與預科相同。

（8）畢生待遇分公費生及自費生二種，而以公費生為原則；公費生

除免納學費外，並由本學校供給膳費及雜費。

（9）服務年限亦隨待遇而不同：本科公費生須服務六年，專修科公費生須服務四年；所有自費生均視公費生減半。

（10）高等師範學校，須設附屬小學校及中學校，女子高等師範學校除小學校、中學校外還須設附屬蒙養園。

高等師範學區，本期亦經數次劃分。在民國二年六月，范源濂教育總長任內，曾擬劃分全國為六大區域，而更以各附近省份的師範教育行政合併辦理。哪六區呢？（1）直隸區域，以察哈爾、熱河、山東、山西、河南等省附入；（2）東三省區域，以蒙古東部附入；（3）湖北區域，以湖南、江西等省附入；（4）四川區域，以陝西、甘肅、雲南等省附入；（5）廣東區域，以廣西、福建、貴州等省附入；（6）江蘇區域，以浙江、安徽等省附入。此外，蒙古、西藏、青海等地，另行組織；至新疆一省則另劃一區。後來中國六所國立高等師範即由此計劃產生；民國三年五月，袁氏所訂教育綱要中的六大高等師範區與此全同；民國四年二月，湯化龍在教育總長任內，所計劃六大區域亦與此全同。（以上均見民國八年《教育法規彙編普通教育類》）

第五節　實業教育

一　緒言

本期的實業教育對於前期也有很多變遷。從等級方面看，只有甲乙兩種，甲種實業等於普通中學程度，乙種實業等於高等小學程度，比較前期減少一級。從種類方面看，除了農業、工業、商業及商船四種實業學校外，還訂有實業補習學校；此與前期大致一樣。不過與前期較相差

異的有兩點：（1）關於初等實業一級，較前期加多商船一種；（2）前期另有實業教員講習所，本期的壬子、癸丑制把它取消，到民國四年，又將此項學校恢復，取名實業教員養成所。修業年限，前期三等合計十一年至十二年半；本期兩種合計六年，差不多減少了一半。本期除正系外，凡農、工、商各項學校，皆得另設別科及專修科，前者以二年為限，後者以一年為限，皆未說明附設於甲種學校，或乙種學校，想兩種學校均得單獨設立。再分敘於下。

二　乙種實業學校

照民國二年八月的《實業學校令》上說，實業學校以「教授農、工、商業必需之知識技能」為目的，不過「甲種實業學校，施完全之普通實業教育，乙種實業學校施簡易之普通實業教育」。乙種實業以縣立為原則，但城、鎮、鄉及私人亦可設立。此項學校分農業、工業、商業、商船四種，各以三年畢業。乙種農業學校又分為農學科、蠶學科、水產科等科；工業學校，又分為金工科、木工科、藤竹工科、染織科、窰業科、漆工科等科；商業學校，不分科；商船學校又分航海科及機關科。農業學校之通習科目為：修身、國文、數學、博物、理化大意、體操、實習，並得酌加地理、歷史、經濟、圖畫等科目；工業學校之通習科目除加經濟、圖畫及外國語外，餘與農業學校全同；商業學校之通習科目為：修身、國文、數學、地理、簿記、商事要項、體操，並得酌加他科；商船學校之通習科目為：修身、國文、數學、體操，並得酌加他科。其餘所有各項學校之分科的科目太多，不必備錄。其入學資格，須年在十二歲以上有初等小學校畢業之學力者為合。

三　甲種實業學校

　　此項學校以省立為原則，亦分農業、工業、商業、商船四種。每種皆有預科及本科：預科一年畢業，本科三年畢業。預科入學資格須年在十四歲以上、具有高等小學畢業之程度者為合；本科學生由預科升入。預科不分科，到本科則又分作數科。農業學校預科的科目為：修身、國文、數學、理科、圖畫、體操；工業學校預科的科目除加授外國語外，其餘全與農業學校同；商業學校除酌加地理、歷史外，其餘與工業學校全同；商船學校預科的科目，亦與工業學校大致相同。甲種農業學校本科之學科，又分為農學科、森林學科、獸醫學科、蠶學科、水產學科；其通習科目為：修身、國文、數學、理科、圖畫、體操，並得酌加歷史、地理、外國語、唱歌等科目。甲種工業本科之學科又分為金工科、木工科、電氣科、染織科、應用化學科、窯業科、礦業科、漆工科、圖案繪畫科；其通習之學科與農業相同。甲種商業本科不分科，其學習科目為：修身、國文、數學、外國語、地理、歷史、理科、法制、經濟、簿記、商品、商事要項、商業實踐、體操，並得酌加他科目。甲種商船本科所分與乙種全同，其通習之科目又與農工業學校相同。

四　實業補習學校

　　此項學校與乙種實業學校的性質相等，但有時可教授與甲種實業學校的程度相等之學科。其目的為「已有職業或志願從事實業者，授以應用之知識技能，並使補習普通學科」而設。此項學校亦包括農、工、商業等種類，其中學科為農業一類者稱農業補習學校，為工業一類者稱工

業補習學校，其餘照此類推。學科目分通習及別習兩種：通習科目為修身、國文、算術；別習科目即關於各本校之實業科目，入學資格須年在十二歲以上有初等小學畢業之學力者為合。此項學校得附設於小學校實業學校或其他學校之內，不必單設。

五 實業教員養成所

此項養成所以「造就甲種實業學校教員」為宗旨，分農業教員養成所及工業教員養成所二種。修業年限定為四年，所有學科目得參照農、工兩種專門學校規程辦理，但須酌加教育學、教授法等科目。學生入學資格以中等學校畢業生或與有同等學力者為合。學生在學不納學費，所以畢業後須在本省服務三年。此項養成所，毋庸單設應附設於性質相當之專門學校以內，基經費由省款支給。（以上均見《教育法規彙編·普通教育類》）

第六節　結論

前清末年，留學教育以日本為最發達。這一班留日學生，學習速成科的占百分之六十；所謂速成科，不外法政與師範兩種。習法政速成科的學生，以孫中山在日本的倡導，許多加入政治活動，在辛亥革命時，他們參加革命運動的人數極眾。習師範速成科的學生，他們得投機之先，陸續回到中國興辦教育。既有這兩種情形，所以在民國初年，政府方面多為日本留學生的勢力，而本期教育界也被日本留學生所占有。當民國元年，第一任教育總長蔡元培，對於教育頗具改革的熱心，本想採用歐、美制度，但附和的人很少，經幾次會議的結果，還是趨重於日本

學制。所以從學制方面看，本期的教育仍是日本式的，因襲前期的。其所與前期不同的，不過改學部為教育部，改學堂為學校，改監督堂長為校長，改兩級師範學堂為高等師範，及師範學校改初、中、高三等實業學堂為甲、乙兩種；改一年兩學期為三學期，縮短了些修業年限，減少了些讀經鐘點，擴充了些女子教育罷了。此項教育制度，除了小學一部分自民國四年特有變更外，一直施行到民國十年；自十一年學制系統改革案公布以後，此制才被廢除。但我們原以教育思潮為標準，所以關於本期的時間劃分只到民國七年歐戰告終為止。自歐戰終止以後，中國教育思潮因全世界的人類思想急驟改變而改變，此時制度固然存在，但因思想的簸蕩業已發生動搖了。

本章參考書舉要

(1)《教育法規彙編》

(2)《教育雜誌》

(3)《教育公報》

(4)《最近三十年之中國教育》（商務印書館）

(5)《近代中國教育史料》第二冊

第五十四章　小學教育之改制

一　緒言

　　自壬子、癸丑學制頒布以後，施行了三年，到了民國四年小學教育忽有一種變更。這個時候，正是袁世凱炙手可熱之秋，他想把他的封建思想以教育方法建築起來。在民國三年五月，由他自己特定了一個《教育綱要》，其中分總綱、教育要言、教科書、建設及學位獎勵五項，包含著復古的思想非常濃厚，如尊尚孔、孟，崇習陸、王，恢復從前各級學校讀經科目及單設經學院，不一而足。這個綱要，關於小學教育改單軌制為雙軌制。此項學制分小學為兩種，一種學校為一般兒童只獲得求生的普通知識技能而設，另一種學校為預備有力升學的兒童而設。前者帶有平民教育的性質，謂之國民學校，後者帶有貴族教育的性質，謂之預備學校。此項綱要由國務院頒發到教育部，教育部長湯氏即遵照他的意旨，且參以己意擬出三道法令：一為《國民學校令》，二為《高等小學校令》，三為《預備學校令》。前兩道令頒布於民國四年七月，即為平民受教育的學校；後一道頒布於四年十一月，即為貴族受教育的學校。預備學校分前後兩期：前期修業四年，後期修業三年，合計七年，其期限恰與國民學校及高等小學校合計之年限相等。但此項學校不及施行，到民國五年十月，與教育綱要一併取消了。至於國民學校與高等小學校所規定確較民國元年規定的完備許多，自此以後，全國小學即以它為標準，且以它取名了。我們不妨簡略地寫幾條在下面。（見《教育公報》第一年第九期至第二年第九期）

二　國民學校

此項學校以「施行國家根本教育，以注意兒童身心之發育，以施適當之陶冶，並授以國民道德之基礎，及國民生活所必需之普通知識技能」為本旨。由自治區設立，其校數以足容本區學齡兒童為準，經費即由各該自治區籌給。自治區區董有管理全區學務之權，但設立時及內中辦理或有變遷須呈報縣知事，經其認可。兒童自滿六歲之翌日至滿十三歲止，凡七年為學齡。凡達到了學齡的兒童，他們的父母或其監護人皆有使他們就學之義務；否則不達到學齡的兒童不得令入國民學校。教科目為：修身、國文、算術、手工、圖畫、唱歌、體操；女子加課縫紉。無論男女，均以四年畢業。在國民學校內，准男女同校，但男女同級受課只限於第一、第二兩年級。此項學校得設補習科及附設蒙養園。此外，在施行細則裡頭，關於教授訓練，規定的極其詳細，頗有教育的價值，但帶著極濃厚的國家主義思想，或者是湯氏自己的主張。

三　高等小學校

此項學校以「增進國民學校之學業，完成初等普通之教育」為宗旨。以縣立為原則，但自治區力能設立者亦得設立。教科目為：修身、讀經、國文、算術、本國歷史、地理、理科、手工、圖畫、唱歌、體操；男子加課農業，女子加課家事；一律以三年畢業。入學兒童以曾經在國民學校畢業或與有同等學力者為合格。此項學校亦得設立補習科。此外，在施行細則上，關於教授訓練各方面，所擬亦極詳細，以其過多，只得從略。（見《教育法規彙編‧普通教育類》）

本章參考書舉要

（1）《教育法規彙編》

（2）《教育雜誌》

（3）《教育公報》

第五十五章　本期教育之實際情形

第一節　各種學校之概況

一　數量之統計

在前清時代，只限中等以下的學堂得由私人設立，凡高等以上的學堂，全歸官廳辦理。革命以後，開放了辦學的權限，除高等師範學校一種以外，一律允許私人開辦。國人只鶩高遠與虛名，全不講求實用，設學的權限既開放了，所以一般人紛紛起來開辦大學。在民國元、二兩年間，私立的大學及專門學校，一時蜂起，到處林立，而私立中小學反覺大為沉寂。革命之後，大家莫不愛談政治，組織政黨，研究政治學理，於是法政人才最感需要，所以此時私立學校中，尤以法政專門為最多，據當時的統計，陸續到部稟請立案的不下六十餘處。但此種風氣，到民國四、五年以後，漸漸沉下去了。我們算到民國五年為止，國立大學只有北京大學一所，省立大學不過有北洋大學及山西大學兩所；國立專門學校北京只有四所，各省公立的不過二十二所；至於私立大學，在北京只存四所，在武昌只有中華大學一所。

據教育部民國五年的統計——四年度的統計，全國中學共有四〇三所；其中省立的占十分之五，縣立的占十分之四，私立的占十分之一。省立中學以直隸、河南兩省為最多，東三省及雲、貴兩省較少。縣立中學以湖南一省為最多，私立中學以京師及江、浙兩省為最多。全國中學學生共計五萬九千八百三十五名，較宣統三年約增一倍，四年中的畢業生共計一萬二千七百八十三名，較宣統三年約增三倍；經費數共計三百六十二萬三千四百七十元。但以上所列，多半屬於男子的學校，

至於為女子設立的只有京師及蘇、閩、鄂、黑等省，以與男子中學比較，殊不可以道裡計。全國小學校以四川一省為最多，其次為直隸、湖北、山東等省，以新疆、綏遠二省為最少。合計高、初兩等男女學校，為一○六六五五所，較宣統三年約增二倍。至於小學男女兒童數為三四四三六八三名，較宣統三年約增三倍。

　　據同年的統計，全國師範學校，除北京師範及北京女子師範為教育部直隸二校外，各省報部立案的約計一百四十一所。其中以江蘇、奉天兩省為多，其次為浙江、湖南、四川、廣東、雲南，再次為直隸、山東、河南、山西、安徽、湖北、吉林等省，以黑龍江、陝西、福建、甘肅、廣西、貴州等省為少，而新疆一省尚未設立。現有學校以江蘇、奉天、湖南等省為最多，四川為最少。合計在學學生數為二一一三七名，加上直隸二校二六○名，共有二一五九七名，較宣統三年約增二倍；畢業生數為三四八五名，較增四倍。高等師範學校自元年改為國立以後，較前清末年，數目大為減少。當初計劃擬分全國為六區，每區設立高師一所；只以經費困難之故，在民國五年以前只成立北京、武昌兩所，在五年以後又成立南京一所；至於省立所存留的，尚有直隸、四川、山東、湖南、廣東、河南、江西共七所。不過自省立各校漸漸停辦之後，由教育部所計劃的國立數校乃依次開辦。

　　民國成立以來，以實業學校最無起色，比較前清末年是一種退步。我們專就本期說吧，據同年的統計，校數以河南、山東等省為多，成績以江蘇、浙江等省為優。至於實業學校的種類，以農業居多數，工業較少，商業更少，商船學校則更不多見。我們總計起來，據教育部四年度的統計，全國學校共有一二九七三九所，共有學生四‧二九四三五一名，經費支出三七四○六二一二元。

二 學校內部之虛偽

本期各學校所設科目雖多，但沒有一科切於實用的；教材的內容既膚淺，教材的編制又機械；國文選的是古文，一切科學教本完全採取極死板的文言。中小學多有讀經一科，即無讀經，而修身一科不外宋儒所輯的儒家格言。論到程度，中、小學尚勉強敷衍，而大學及專門學校極不整齊，尤以私立專門學校為尤壞；真有如張東蓀所謂「中學等於小學，高等復等於中學，而大學專門更等於高等，於是全國之學校無程度之差別，僅名目之異同而已」（《庸言》第二十三號）。張氏又說：「今之中、小學校，在學及卒業者，語其積極之惡德如奢侈、冶遊、滋鬧；語其消極之惡德，如不健全之思想，不充分之知識。國家內多一此種之人，則社會上多一廢物，吾常謂中國全國之學校皆為廢物之製造廠。」（同上書）這雖是語帶感情，不免言之過激，但此時教育之不切實用，是無可否認的；著者的中學生生活就在此時期經過，回想那時的教育，猶有餘酸。不過此時還有一種現象：中等學校以上的功課，英文鐘點特別居多，在一個星期的自習時間，至少有五分之三用在英文一科上；其餘各科，上課時則把書本打開，退課後就束之高閣，等到臨考的時候，才用心溫習一遍。盲目的模仿，不管有用與無用，只問別國設立與不設立；本期比較前期是沒有什麼進步的。著者在當時，也是撐著舌頭隨人之後，日日讀英文，到今日仍覺無一實用，固然不能以一概全，但也可以推知當時學校學風趨勢之一斑。

民國時期童蒙教材

三　教授法之進步

　　但本期有一顯著的進步，即小學教授法之改良。前期的教育，雖然改成了講堂制，但教授方法多半採用注入式，教師在講臺上口講指畫，學生在座位上抄寫靜聽；國文及讀經等科，有時還須背誦，革命以後，方法才逐步改良。在民國元、二年間，始由注入式改為啟發式，這個時候，以能採用海爾巴特的五段教授法者為最時髦。三、四年以後，一般人覺得五段教授法太呆板了，於是有自學輔導法和分團教授法的運動；到民國五年，又有自動主義、自治主義、自習主義等名目，與上項運動其實是一個途徑。這種運動，所歷時間較久，自設計教學法由美國搬進中國來以後，才漸漸消沉下去。設計教學法，萌芽於民國六、七年之

間，到九、十兩年間，風行一時，比較趨新一點的小學校，莫不試行此法，裝潢門面；自民國十一年以後，雖後進的道爾頓制鑽進了中、小學裡面來，而此法的勢力尚未十分衰退。

還有一點，我們應當補敘在這裡。在前段，我們不是說本期的教科書編制和內容均不合用嗎？可是本期各學校完全採用有系統的教科，這也算是一種進步。在科舉時代，原沒有教科書的名目，他們所選為教材的不過幾本成書。成人讀四書五經，兒童讀《三字經》、《百家姓》，習舉子業者則呻詠高頭講章。前清末年，雖將書院一律改為學堂，除少數教員自編講義及間或有幾本頭緒不清的新式教科書外，多半還是採用的成書。到了本期，則不同了，除了大學講義與成書兼用外，各級學校，各種學科，莫不採用較有系統的教科書，這種教科書，或由書店代編，或由教育者自編，或由教育部專編。

四　女子教育之依舊

前期由政府設立的正式女子學校，只有小學及初級師範兩種，本期所擴充的也不過兩種：一為女子中學，一為女子職業學校。女子職業學校即等於男子的甲、乙兩種實業學校，至於專門以上的女子學校，本期尚未設立。女子在學人數與男子比較相差很大，據教育部四年度的統計：初小女生占初小男女生總數百分之四點四弱；高小女生占男女總數百分之四點四強；設有女子中學的地方，只有京師及蘇、閩、鄂、黑等省；女子職業學校更屬寥寥無幾。到民國七年度的統計，初小女生的百分比與前相等；高小女生的百分比為百分之五點五四，僅較四年度稍增了百分之一點一；其他各種學校尚沒有確數的統計可資比較。中國女子教育多發軔於外國人所辦的教會學校，故教會各種女校較政府公立或國

人私立的均早。本期公立的雖無大學，但由教會設立的已有三所——一
為北京協和女子大學又名燕京女子大學，二為南京金陵女子大學，三為
福州華南女子大學，自家的教育由外人先我而倡辦，這也是吾人之一種
羞恥。至於女子教育宗旨，仍未脫賢妻良母主義，我們讀當時《教育雜
誌》，觀一般人所呼號的，就可以證明其對於女子教育之觀念。例如在民
國七年八月，有自署天民所作〈今後女子教育之方針〉一文中，有這樣
兩句話：「女子不必使其離失家庭而徒務高尚之教育，應使其人人以良妻
賢母自期，同時對於社會國家盡其重大之任務，則女子唯一之天職於是
乎在。」（《教育雜誌》第十卷第八號）湯化龍在民國四年一月，關於整
理教育方案三十則，第二十三則裡面說：「女子注重師範及職業，並保持
嚴肅之風紀。今且勿鶩高遠之談，標示育成良妻賢母主義。」（《教育公
報》第八冊）范源濂在民國五年十月教育總長任內，於整肅風化一端，
對於女子的禁令有下數條：（1）不准剪髮，（2）不准纏足，（3）不准無
故請假，（4）通學者不得過十四歲，（5）不准自由結婚。我們觀（1）、
（4）、（5）各條，可以想見范氏之思想，也可以想見當時一般人對於女
子教育之觀念。由以上看來，女子教育，本期實無進步，不過依舊罷了。

金陵女子大學校門
（1918 年）

第二節　義務教育與國語運動

一　義務教育

中國之有義務教育的計劃，實自本期開始。在前期《奏定學堂章程》內的初等小學章程，曾稍一提及過：「東西各國兒童有不就學者，即罰其父母，或任保護之親族人。此時初辦，固遽難一概執法以繩，而地方官紳及各鄉村紳耆，要當認定此旨。」（《計年就學章》第三節）但此不過看見東西各國有義務教育的辦法，只引用來以便提倡小學。到宣統三年，全國教育會聯合會議，有「實行義務教育之預備方法」一案；而學部改訂籌備教育事宜清單，亦明定於宣統三年擬訂試辦義務章程，宣統四年推廣義務教育。這也不過騰諸口說，並未施行，且亦沒有詳細的計劃。民國元年七月，蔡元培召集之中央教育會議，才將義務教育明白規定，並於同年九月以部令正式公布了。文中這樣說：

兒童自滿六歲之翌日起，至滿十四歲止，凡八年為學齡兒童保護者，自兒童就學之始期，至於終期，負有使之就學之義務。（《小學教育令》第五章第二十九條）

在同年同月，部令公布之學校系統內，對於義務教育規定得更明顯：「小學校四年畢業，為義務教育。」但此不過規定了兒童就學的年齡及義務教育的年限，至於詳細計劃，要到民國四年以後才有。民國四年一月，袁世凱以大總統的名義頒布之《教育綱要》，在總綱裡面，有「施行義務教育，宜規定分期籌備辦法，務使期成功，以謀教育之普及」一句話。並由國務卿以公函轉達教育部；囑部遵令辦理。此時教育總長湯化龍氏遂擬定義務教育施行程序三十一條，分兩期辦理。自本章程頒布之日起至本年十二月止，為第一期。此期擬辦事項，凡分二類：一為頒

布各項規程，——規定義務教育之要則，為辦學的準繩；二為調查各地教育現狀——察核義務教育最近之狀況，為整頓之根據。自五年一月至十二月為第二期。此期擬辦事項，約分地方及中央兩部：關於地方的，為師資的培養、經費的籌集、學校的推廣；關於中央的，為核定各地陳報之辦法，通籌全國義務教育之程限。自教育部此項計劃公布以後，於是各省有規定計劃的，有由計劃而試辦的，其中以山西一省進行最力。山西省的義務教育計劃，自民國七年始，分四年逐漸推廣，到民國十年，全省各村鎮的義務教育一律辦理完竣。到民國八年，教育部乃採仿山西省的辦法，規定令行各省分期籌辦。共分七期如下：

(1) 民國十年，省城及通商口岸辦理完竣；

(2) 民國十　年，縣城及繁鎮辦理完竣；

(3) 民國十二年，五百戶以上之鄉鎮辦理完竣；

(4) 民國十三年，三百戶以上之市鄉辦理完竣；

(5) 民國十四、十五兩年，二百戶以上之市鄉辦理完竣；

(6) 民國十六年，一百戶以上之村莊辦理完竣；

(7) 民國十七年，不及百戶之村莊辦理完竣。

此項計劃雖然規定，但因政治不統一，內戰時常發生，在事實上皆未能如期舉行。且各省情形不同，雖有試辦，也先後不齊。自本期以後，內戰更多，民國二十年以來，不僅不識字兒童占百分之八十，即義務教育也沒有人鼓吹了。按本期專門研究義務教育的為袁希濤，袁氏是江蘇寶山縣人，在民國七、八年曾當過教育次長，現已死了。其次為陳寶泉，陳氏天津人，較袁氏膚淺。

二　國語運動

　　國語運動，在民國以前十多年已經發生，至民國九年以後才告成功。黎錦熙把這個運動分成四個時期，各有運動的中心。第一期在前清光緒二十四年上下的十年間，為「切音」運動時期，以盧戇為代表。第二期在光緒三十四年上下的十年間，為「簡字」運動時期，以王照、勞乃宣為代表。第三期在民國七年上下的十年間，為「注音字母與新文學」聯合運動時期，可以說以吳敬恆、王璞及胡適等人為代表。第四期在民國十七年上下的十年間，為「國語羅馬字及注音符號」推進運動時期，可以說以錢玄同及黎錦熙為代表。此項運動，初由「切音」運動變而為「簡字」運動，後來又變而為「注音字母」運動，本期就是注音字母運動的時期。此項運動的目的，當初只在求達「言文一致」，後來變做「國語統一」，最後則變成語言文字的革命，在在與教育的普及發生最大關係；本期的目的還只在求「國語統一」，所以稱做國語運動。

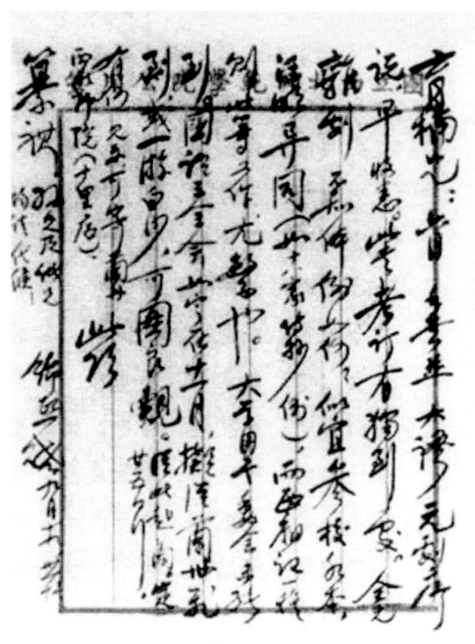

黎錦熙手跡

　　「國語統一」的運動，在前清末年已開了端倪：一是學部奏改籌備事宜清單，規定自宣統三年起逐年籌備國語統一事宜；二是各省教育總會聯合會，議決有統一國語方法一案；三是中央教育會議也議決了統一國語辦法的方案。此時以王、勞兩氏竭力運動的結果，造成許多空氣，引起社會及政府的注意，其勢不小，但不久因辛亥革命而暫歸於停頓。民國成立以後，舊事重提，蔡元培在元年中央教育會議席上，以教育總長的資格對眾演說時，曾提及國語統一的問題，於是大會裡面就有採用注音字母的議決案。該案議決由部召集各省於音韻之學素有研究及通歐文兩種以上的人才公同制定字母，以謀國語統一進行之初步。迨後，教育部依照議決案召集各省代表組織「讀音統一會」，以吳氏為會長。此會成立於民國二年二月，雖會長屢次更易，但已製成了三十九個注音字母，字形由章炳麟創的例——為統一國語的最初標準。不過此項字母雖被議決制定，卻未曾正式頒布，又因政局不定，運動往往歸於停頓。直到民國四年，代理會長王璞呈請在京開辦國語傳習所，招生傳習，但力量只限於北京一隅。再過一年，到了民國五年，由國語運動者在北京組織國語研究會，於是國語運動又勃興起來了。全國教育會聯合會受了此項運動的感動，於六年在杭州開第三屆大會時，遂議決「請教育部速定國語標準，並設法將注音字母推行各省區，以為將來小學國文科改國語之預備」。而江蘇省教育會也議決一個「各學校用國語教授案」，不待教育部的命令隨即實行了。加以自七年以來，平民主義的教育思潮如狂風怒濤，更使國語運動加增了不少的力量。教育部看著大勢所趨，再不能坐視不理，於是辦下兩件事情：(1) 在七年六月召集全國高等師範學校校長來京會議，議決高師附設國語講習科，專教注音字母及國語，(2) 在同年十一月二十三日，正式公布注音字母。我們把當時公布的三十九個字母抄在下面：

聲母二十四

《（見一）古外切，與澮同，今讀若格，發音務促，下同。

丂（溪一）苦浩切，氣欲舒出有所礙也，讀若克。

兀（疑）五忽切，兀高而上平也，讀若愕。

丩（見二）居尤切，延蔓也，讀若基。

〈（溪二）本姑泫切，今苦泫切，古畎字讀若欺。

厂（娘）魚儉切，因崖為屋也，讀若膩。

勹（端）者勞切，即刀字，讀若德。

去（透）他骨切，義同突，讀若特。

弓（泥）奴亥切，即乃字，讀若納。

勹（幫）布交切，義同包，讀若薄。

夂（滂）普木切，小擊也，讀若潑。

冂（明）莫狄切，覆也，讀若墨。

匚（敷）府良切，受物之器。讀若弗。

万（微）無販切，同萬，讀若物。

卩（精）子結切，古節字讀若資。

ㄑ（清）親吉切，即七字，讀若疵。

厶（心）相資切，古私字，讀私。

屮（照）真而切，即之字，讀之。

彳（穿）丑亦切，小步，讀苦痴。

尸（審）式之切，讀屍。

厂（曉一）呼籲切，山側之可居者，讀若黑。

丅（曉二）胡雅切，古下字，讀若希。

屶（來）休直切，即讀若勒。

日（日）人質切，讀若入。

介母三

一 於悉切，數之始也，讀若衣。

ㄨ 疑古切，古五字，讀若烏。

ㄩ 丘魚切，飯器也，讀若迂。

韻母十二

ㄚ 於加切，物之歧頭，讀若阿。

ㄛ 阿本字，讀若疴。

ㄝ 羊者切，即也字，讀若也。

ㄟ 余支切，流也，讀若危。

ㄞ 古亥字，讀若哀。

ㄠ 於堯切，小也，讀若傲，平聲。

ㄡ 於救切，讀若謳。

ㄢ 乎感切，嘾也，讀若安。

ㄤ 烏光切，跛曲脛也，讀若昂。

ㄣ 古隱字，讀若恩。

ㄥ 古肱字，讀若哼。

ㄦ 而鄰切，同人，讀若兒。

以上三十九個字母，各分五聲：陰平無號，陽平以 ˇ 為符號，上聲以 ㄩ 為符號，去聲以 ˋ 為符號，入聲以 』為符號。自公布以後，國語運動算解決了第一步，全國小學莫不以它為教授，借它拼音漢字，但國文改為國語還在九年以後。此項字母讀寫的次序，在民國八年由教育部又重行排列過一次。其次序如下：

ㄅㄆㄇㄈ ㄉㄊㄋㄌ ㄍㄎㄫㄏ ㄓㄔㄕㄖ ㄗㄘㄙ一ㄨㄩ

ㄚㄛㄝ ㄞ ㄠㄡ ㄢㄟㄤㄥ ㄦ

ㄛ母之音應讀為 O，但當時有些人讀為 V 的。國語研究者如汪怡、錢玄同、黎錦熙等，以為一字兩讀，殊欠統一，而代表 V 音諸字卻不可無；於是他們把ㄛ字頭上加上一點，變為ㄜ字，讀若 V，以原來的ㄛ字讀若 O，自此注音字母變成四十個字了。這是民國九年加上去的。

聲母表				韻母表							
ㄅ	b	ㄐ	j			ㄧ	i	ㄨ	u	ㄩ	ü
ㄆ	p	ㄑ	q	ㄚ	a	ㄧㄚ	ia	ㄨㄚ	ua		
ㄇ	m	ㄒ	x	ㄛ	o			ㄨㄛ	uo		
ㄈ	f	ㄓ	zh	ㄜ	e	ㄧㄝ	ie			ㄩㄝ	üe
ㄉ	d	ㄔ	ch	ㄞ	ai			ㄨㄞ	uai		
ㄊ	t	ㄕ	sh	ㄟ	ei			ㄨㄟ	uei		
ㄋ	n	ㄖ	r	ㄠ	ao	ㄧㄠ	iao				
ㄌ	l	ㄗ	z	ㄡ	ou	ㄧㄡ	iou				
ㄍ	g	ㄘ	c	ㄢ	an	ㄧㄢ	ian	ㄨㄢ	uan	ㄩㄢ	üan
ㄎ	k	ㄙ	s	ㄣ	en	ㄧㄣ	in	ㄨㄣ	uen	ㄩㄣ	ün
ㄏ	h			ㄤ	ang	ㄧㄤ	iang	ㄨㄤ	uang		
				ㄥ	eng	ㄧㄥ	ing	ㄨㄥ	ueng		
				(ㄨㄥ)	ong	ㄩㄥ	iong				

民國語注意符號漢語拼音對照表

本章參考書舉要

(1)《庸言》

(2)《教育雜誌》

(3)《新教育》

(4)《最近三十年之中國教育》

(5)《教育公報》

(6)《中國教育統計》

第四期　自五四運動至三一八慘案
（1919 年—1926 年）

第五十六章　一九一九年之解放運動

第一節　何謂解放運動

一　運動之意義及歷程

　　民國八年（1919 年）的「五四」運動，本是一種學生愛國運動，可是在此地我們要叫做它是「解放運動」。什麼是解放運動？凡思想的解放、態度的變更及人生的再造，此種種運動打成一片的運動，就叫做解放運動。中國的解放運動，從淺義方面說，是一種於一八六〇年的英、法聯軍以後，倡導於一八九四年的中、日戰爭以後，到一九一一年的辛亥革命始收功效——這不過是政治上的解放。從深義方面說，中國的解放運動，不過萌芽於一九一五年（民國四年），倡導於一九一七年，到一九一九年而爆發，到一九二一年而成熟。這一次運動，才大大地解放了中國人的思想，自一九一五年，到一九二三年的七、八年之間，謂之解放運動時期。在此七、八年的一個短時期中，而以一九一九年的「五四」運動之際為最高潮，且此項運動確由「五四」運動的力量大促其成功，而「五四」運動恰當成此項解放運動時期的中間時期，所以我們以一九一九年的「五四」運動，作為思想解放運動的代表。

　　甲午戰爭以後，雖經康、梁等人大聲疾呼，喚醒了不少的民眾，但他們的口號不過「變法興學」，於中國傳統的倫理思想，並未提及。辛亥革命以後，雖改君主為民主，把三綱五倫，弄得殘缺不全，但不全者只是政治法律的關係，除君臣一倫失了效力外，其餘的是絲毫沒有動搖。所以自辛亥革命以來，全國只懸了一方五色國旗，社會仍然保持著半封建時代的狀態，人民仍然固守著半封建時代的思想。對於舊倫理思想，

第四期　自五四運動至三一八慘案（1919年—1926年）

首先發難的是陳獨秀，應聲而起的有胡適、錢玄同一班人。陳氏以青年為宣傳思想的對象，所以他的宣傳品即取名《新青年》。他的工作，第一步訓練青年以毀牆撤壁的膽量；第二步宣布牆壁的罪狀，示以必須撤毀的理由；第三步則率同青年拿著武器對圍著他們使他們生活不舒服的牆壁實行撤毀。所以他說：

儒者三綱之說，為吾國倫理政治之大原，共貫同條，莫可偏廢。三綱之根本意義，階級制度是也。所謂名教，所謂禮教，皆以擁護此別尊卑明貴賤制度者也。近世西洋之道德政治乃以自由平等獨立之說為大原，與階級制度極端相反，此東西文明之一大分水嶺也。自西洋文明輸入吾國，最初促吾人之覺悟者為學術，相形見絀，舉國所知矣。其次為政治，年來政象所證明已有不克守缺抱殘之勢。繼今以後，國人所懷疑莫決者，當為倫理問題。此而不覺悟，則前之所謂覺悟者，非徹的之覺悟，蓋猶在惝恍迷離之境也。（《新青年》第一卷第六號〈吾人最後之覺悟〉）

孔子生長封建時代，所提倡之道德，封建時代之道德也；所垂示之禮教即生活狀態，封建時代之禮教，封建時代之生活狀態也；所主張之政治，封建時代之政治也。封建時代之道德禮教生活政治所心營目注，其範圍不越少數君主貴族之權利與名譽，於多數國民之幸福無與焉。（《新青年》第二卷第四號〈孔子之道與現今生活〉）

這腐舊思想布滿中國，所以我們要誠心鞏固共和國體，非將這班反對共和的倫理文學等等舊思想，完全洗得乾乾淨淨不可。（《新青年》第三卷第三號〈舊思想與國體問題〉）

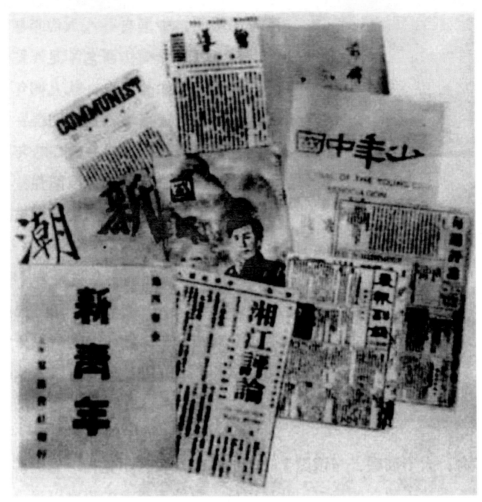

「五四」運動時期的主要進步報刊

　　這個時候，經陳氏幾次大砲開放以後，接手胡適起來作文學革命的
運動，接手錢玄同等人起來為國語的宣傳。這種種運動結合起來，演成
整個的思想革命──解放運動。學說思想傳播的力量大於颶風，果然煽
動了不少的青年學生，但社會的一般民眾尚未撼動。到了一九一九年的
五月，經北京學生一番驚人的群眾運動，有似炸彈一擊，把將要倒壞的

藩籬炸得粉碎，而中國民族的思想才獲得真正的解放。自此以後，他們的態度完全改變了，對於舊的一切都要追問一個理由了。這種解放的思想、活躍的人生，完全自「五四」運動以後才能普及，「五四」以後的思想，與「五四」以前絕對兩樣，所以我們直接稱「五四」運動為解放運動。

二　運動之原因及目的

此次解放運動，雖由於二三先覺之士提倡之功，但亦有內外兩種原因。內在的原因，由於現行的政治失了人民的信仰，外來的原因由於時代潮流的簸蕩，中國自一八六〇年被英、法聯軍戰敗以後，以為非模仿西藝不足以圖強；乃逐一模仿了，而國弱如故。自一八九四年被日本戰敗以後，以為非變法興學不足以圖強；乃逐一變法興學了，而國弱如故。自一九〇〇年被八國聯軍戰敗以後，以為非革命不足以圖強；乃共和政治的招牌掛上了四、五年，仍然受帝國主義的壓迫。及至一九一七年，俄國革命，一九一八年，德、奧戰敗。俄國革命推倒了專制魔王，建設勞農政府，給中國青年以不少的刺激。德、奧戰敗，大家以為公理戰勝了強權，和平的聲浪更給中國民眾以極大的歡呼。由後者，知道國人從前提倡的軍國民主義無用了，以後應當講求和平，提倡平民主義。由前者，知道中國辛亥革命，是法國式的革命，太不徹底，與俄國十一月的革命比較，不覺相形見絀。青年學生，已不滿意於現在的狀態，歐戰以後，更給不滿意的程度以強力；再加二三學者乘時大聲一呼，於是眾山響應，而解放運動爆發了。至於運動的目的，在剷除封建社會，建設民主社會——政府要民主的，倫理要民主的，教育要民主的，及一切制度和思想皆要建築在民主的基礎之上。換句話說，此次解放運動就是民主運動。

「五四」時期紀念章

第二節　解放運動與教育

一　平民主義的教育思想之風行

在「五四」運動以前，國人對於教育的態度，只是國家的、強武的。在「五四」運動以後，國人對於教育的態度，一變而世界的、和平的了。此時世界的潮流趨向於民主的，即是平民主義的，所以教育也歸到平民主義。中國平民主義的教育思想，固然自「五四」運動以後大為風行，但在「五四」運動以前已有人提倡。提倡較早的還是陳獨秀，其次則為蔣夢麟。陳氏說：

吾國今日之教育方針，將何所取法乎？蓋教育之道無他，乃以發展人間身心之所長，而去其短，長與短即適與不適也。以吾昏惰積弱之民，謀教育之方針，計唯去短擇長，棄不適以求其適。易詞言之，即補偏救弊，以求適世界之生存而已。外覽列強之大勢，內鑒國勢之要求，今日教學相期者，第一當了解人生之真像，第二當了解國家之意義，第三當了解個人與社會經濟之關係，第四當了解未來責任之艱巨。準此以定今日教育之方針。依此方針，說其義如下：（1）現實主義，……（2）唯民主義，……（3）職業主義，……（4）獸性主義。……（《新青年》第一卷第二號〈今日之教育方針〉）

陳氏不是教育專家，當在沒有蔣氏說得光鮮，但他發表這一段話的時候正是民國四年，歐洲大戰方酣，我們國家尚在高唱軍國民教育呢。蔣氏說：

欲得永久之和平，必以平民主義為基礎。……欲圖永久之和平，必先解決教育之根本問題。……此次世界大戰之結果，平民主義已占勝勢，世界潮流且日趨於平民主義。平民主義愈發達，則其和平之基礎愈

鞏固。故欲言和平之教育，當先言平民主義之教育，欲言平民主義之教育，當自養成活潑之個人始。(《教育雜誌》第十一卷第一號〈和平與教育〉)

當此之時，俄國業已革命，歐戰業已停止，正是和平空氣瀰漫天空的時候，正是平民主義高唱入雲的時候。中國方面，經蔣夢麟等人一提倡，接手「五四」運動發生了，接手杜威博士東來了。「五四」運動是擊開平民之花的錘子，杜威博士是飽含平民主義的使者，萬弩一齊放射，所以此時中國平民主義的教育之思潮也跟著世界的潮流風行於全國了，雖鄉村小學也標榜「德謨克拉西」幾個字，裝潢門面。

什麼是平民主義的教育？我們只有請本主義的專家杜威博士來解，比較妥當些。杜威說：

什麼叫做平民主義的教育呢？就是我們須把教育為全體人民作想，為組織社會的各分子作想，使能成便利平民的教育，不成為少數貴族階級或者有特殊勢力的人的教育。

我們實施平民教育的宗旨，是要個人受到切己的教育。實施平民教育的方法，是要使學校生活真正是社會生活。這樣看來，人民求學的主旨，就是求生活的道理，這是真正的目的。至於文字等原不過用作工具，我們把它當作機械看罷了。(均見《杜威五大講演》)

平民主義的社會是要使各個人居於平等的地位，而參與有利於社會的事體，並且使社會自身有與其他團體自由交際的充分機會。像這樣的社會，必須有一種特別的教育，使各個人對於社會的關係與管理，有直接的興趣，並且養成各個人有貢獻於社會幸福的習慣。(《平民主義與教育——教育上平民主義的觀念》)

由此看來，平民主義的教育，是反特殊階級的教育，反訓練主義的教育，是要使教育平民化，使教育方法也平民化，並要以此教育培養富

有平民主義精神的公民。此種思想提倡以後，北京師範大學教育研究科特出一種《平民教育》刊物，助其聲勢。不久，由該校學生創辦類似補習的一種學校，取名「平民學校」，意在實施平民教育，其實已失平民主義的意義了。此地一倡，各處響應，凡中等以上的學校，莫不附設了平民學校，由是平民學校之名風行一時。

二　自動主義與自治主義

　　隨平民主義的呼聲而起的，有自動主義與自治主義。以兒童為中心，所有學校的課程及操作，全由兒童自發活動，教師只處於輔導的地位。由兒童自發活動，可以培養他們的創造能力，可以開發他們的自我表現，可以增高他們的學習興趣。這種主義應用到教法上的，有設計教學法及道爾頓制實驗室。自動主義包含學校的整個活動，自治主義則專就管理方面說的。舊式的管理法，不承認學生有自治能力，由學校定出了許多條規，令他們一一遵守，學生的行為完全是被動的、受拘束的。現在不僅培養學生的自治能力，並且承認他們有這種能力，把學校一切規則及團體生活中應守的秩序，交給他們自己遵守、自己約束，教師不過從旁指導其進行及矯正其錯誤。提倡這種主義，可以提高他們的責任心，可以培養他們法治的精神，可以增加師生間的感情。這種主義應用到學校生活上的，有學生自治會及各種合作社的組織。自「五四」運動以後，這兩個主義也是風行一時，辦學校者以此提倡，當學生者以此要求。但提倡過度，或仿行失當，自動變為亂動，自治變為放任，且進而干涉學校行政——這種情形亦屢見不一。

三　國語運動之成功

在民國六年至十二年的六年當中，為國語運動最高潮的時期，亦即為此項運動之成功的時期。本期成功之點有二：一是中、小學的「國文」科目一律改為「國語」科目；二是全國各種社會裡面的文學，一律由「文言」改用「語體」，除了少數的衙門公文。國語運動，自民國六年追溯到發生之初，至少有二十年來的歷史。在二十年中，所有進行全是迂緩的、曲折的，在社會上所起的反應是很微弱的，但至民國六年以後則突飛猛進，數年之間，披靡全社會，差不多有使河山頓改顏色的情況。我們推究此中的原因，不外兩點：(1) 受了平民主義教育思潮的影響，(2) 受了新文化運動的影響。平民主義的教育含義很廣，但為一般人所最先了解的一點，即在打破從前特殊階級的教育而使教育平民化。這個意思是在整個民族之內，所有平民皆應受教育，於是教育由特殊的要求變而為普及的要求了。教育既要求普及，所謂「引車賣漿之徒」，「甕牖繩樞之子」，也得要進學堂，讀教科書。到了此時，從前與說話不一致的「國文」，自然不能適用，此所以有「國文」改為「國語」的成功。新文化運動含義也極廣，我們從廣義方面說，就是「思想解放」；從狹義方面說，則以「文學革命」為主幹。文學革命應推功於陳獨秀、胡適二人。陳氏的《文學革命論》上說：「推倒雕琢的阿諛的貴族文學，建設平易的抒情的國民文學，推倒陳腐的鋪張的古典文學，建設新鮮的立誠的寫實文學，推倒迂澀的艱深的山林文學，建設明了的通俗的社會文學。」(《獨秀文存》) 胡氏的〈文學革命運動〉裡面說：「若要造國語，須先造國語的文學，有了國語的文學，自然有國語。……真正有功效有勢力的國語教科書便是國語的文學，便是國語的小說詩文戲本。國語的小說詩文戲

本通行之日，便是中國國語成立之時。……中國將來新文學用的白話，就是將來中國的標準國語。造將來白話文學的人，就是制定標準國語文學的人。」（《胡適文存》）陳氏所論只在一般的文學之革命，而胡氏所論則已涉及學校裡面的國語教科書了。但胡氏所論只在文學革命——變文體為語體，而陳氏所論則連思想解放一起包括了。文學革命固然直接地革除舊式的陳腐文體，而思想解放則更根本地推翻一切舊習慣，此兩種運動皆足以達到我們上面所說的第二點的成功，也就是達到國語運動的成功。關於第二點的成功，屬於廣義的教育，姑且從略，我們把關於狹義的教育——第二點的成功——說明本期的經過。

在國語運動的組織方面，民國元年至五年，有讀音統一會，產生了三十九個注音字母。民國五年至十二年，有國際研究會，產生了文學革命，公布了注音字母。民國八年至十二年，改中、小學國文科為國語科，成功了新文學運動。此外全國教育會、研究會，不時與它們遙相應和。在公布注音字母以前的經過，我們在前期已說明過了，改國文為國語，則由於八年全國教育會聯合會及國語統一籌備會的建議。民國九年一月，教育部採納了他們的建議，遂訓令全國各國民學校，先將一、二年級的國文改為語體文。訓令如下：

案據全國教育會聯合會，呈送該會議決推行國語以期言文一致案，請予採擇施行；又據國語統一籌備會，函請將小學國文科改採國語，迅予議行，各等因到部。查吾國以文言紛歧，影響所及，學校教育因感受進步遲滯之痛苦，即人事社會亦欠具統一精神之利器。若不急使言文一致，欲圖文化之發展，其道無由。本部年來對於籌備統一國語一事，既積極進行；現在全國教育界輿論趨向，又咸以國民學校國文科宜改授國語為言。體察情形，提倡國語教育，實難再緩。茲定自本年秋季起，凡國民學校一、二年級，先改國文為語體文，以期收言文一致之效。合亟

令行該署轉令遵照可也。(《教育公報》第七年第二期)

這種訓令雖只限於小學一、二年級，但卻是一種創舉，值得我們大書特書。在民國以前，所有學校正式的教材，大半是四書五經。民國紀元以來，自大體上說，學校雖廢止了讀經的課程，但所有教科書仍舊一律用的死板的文言。民國六、七年以來，因新文學的運動，教育界上的人們於是有改學校國文為國語的要求，但非正式的。此項訓令於九年一月公布以後，學校教科之採用國語遂成為法令了。教育部並於同年同月把《國民學校令》及《國民學校施行細貝》已修正了。修正的細則第四條上說：

國語要旨，在使兒童學習普通文字，養成發表思想之能力，兼以啟發其德智，首宜教授注音字母，正其發音；次授以簡單語詞、語句之讀法、書法、作法；漸授以篇章之構成，並採用表演、問答、談話、辯論諸法，使練習語言。

讀本宜取普通語體文，避用土語，並注重語法之程序。其材料，擇其適應兒童心理並生活上所必需者用之。(同上)

同年四月，教育部又頒布一道訓令，凡國民學校各年級，截至民國十一年止，凡舊日用文言所編的教科書——國文、修身、唱歌等等，一律廢止；即至十一年以後，凡國民小學各種教材一律改為語體文。民國十二年，全國教育會聯合會所組織之課程標準委員會，起草中、小學課程綱要，關於國語的要點，據黎錦熙說：

(1)小學及初中、高中，一律定名為「國語科」。

(2)小學讀本，取材以「兒童文學」為主。

(3)初中讀本，第一年語體約占四分之三，第二年四分之二，第三年四分之一。

(4)高中「目的」之第三項為「繼續發展語體文的技術」。(《最近

三十五年之國語運動》）

自此以後，凡中、小學的國文科皆由國語科替代了，其他各科也逐漸改用語體文了，專門以上的學校的講義，也有許多採用語體文的。這一個時期，當教育總長的為張一麐、傅增湘等人，他們都很熱心提倡國語，所以本期的國語運動，教育部是與社會一致的，這也是成功迅速的一個原因。

四　男女同學之普及

為女子正式設立學校始於前清光緒三十三年，當時由學部規定只有女子小學及女子師範兩種，但絕對禁止男女同校，男女同學之允許始於民國元年，但只限於初等小學，高等小學以上照舊分別設立。民國四年，袁世凱所頒布的《國民學校令》，男女同學雖繼承元年的規定，但另有一種限制：在一、二年級准許男女同級授課，自三年級以上只准同校不准同級。自「五四」運動以來，思想大為解放，社會習慣差不多完全改觀，男女社交公開皆認為正當的要求，於是「男女同學」一個問題成為青年所最熱望解決的問題。男子所住的大學首先開放女禁的為北京大學，時為民國八年，但只許女生旁聽，尚未准入本科及預科，而女生肯往旁聽的人數也很少。到第二年，廣東一省才實行開放女禁，所有男子所住的大學皆兼收女生。至十年以後，北京各國立大學一律兼收女生，於是風氣大開，全國無論各種大學皆允許男女同學了，民國元年至八年所開放的只限於初等小學，民國八年至十五年所開放的為專門大學，而高等小學也同時開放了，但中等學校仍舊分別設立。部章對於中等學校到此時雖尚未允許男女同學，但至「五四」運動以後，北京各大學附設的平民學校卻是男女兼收；自十年以後，比較新進的私立中學也男女兼

收了，如北京群化中學且實行男女同班。社會的進步往往先於政府，於此可見，但這也只限於少數地方的少數學校。自小學以至大學，所有全國各級各種學校，一律打破男女的界限者，則自民國十六年，國民革命軍成功以後——才算真正的普及。

北京大學原址
（紅樓）

本章參考書舉要

(1)《新青年》

(2)《新潮》

(3)《新教育》

(4)《教育雜誌》

(5)《教育公報》

(6)《杜威五大講演》

(7)《平民與教育》

(8)《胡適文存》、《獨秀文存》

第五十七章　教學法之進步

一　設計教學法

　　設計法英語叫做 project method，是一種有理智的、有目的的活動方法，應用於教育方面始於一九一六年，美國哥倫比亞大學的師範學院。發啟的人我們可以引克伯屈（W. H. Kilpatrijck）教授為代表。美國在教育方面試行不到兩年就傳入中國來了，於是在民國九、十兩年間風行一時，一方固然證明中國教育在方法上有長足的進步，其他方面也可以表現中國人專驚新奇、崇拜美風的心理。此項方法應用於教育方面所包含的意義是什麼？北京師範大學教授李建勛解釋的尚好：

　　克伯屈，即威廉·赫德·克伯屈（1871-1965），美國教育家，被視為革新教育之父。1909 年為哥倫比亞大學師範學院教授。

　　設計法之目的在使兒童於學校內所授之「書」、「讀」、「算」等科目外，增以關於普通事物之知識；關於公共生活上之社會理想及技能；關於個人或社會成功利益上之一定態度。達此目的之要件：一曰兒童之自然行動，二曰興趣及成功，三曰引起興趣、指導動作之先生。運用此三者之程序，有目的、計劃、實行、判斷四階段。所謂設計法者，大體如是而已。簡言之，設計法者，即有目的的學習之大單元也。自此法出後，教授上起一大革命：向之以教科為本位，強兒童以必習者，今改為以兒童為本位，化教科為動作矣；向之以編制三段、五段之教案，界入預算之材料為正規者，今改為以配置適當環境，喚起欲得反應為能事矣；向之認教師之機能為教授者，今主識教師之機能為指導矣。（〈設計教學法輯要本序〉）

　　此種教學法是用在小學的一種教法的改良，它的特點，在打破從前的學科制，代以與兒童生活有關的問題或事體為組織教材的中心，此項

教材凡關於學校的教科及其他社會生活上的知識和技能，全能包括在內，融和為學習的大單元。每舉行一設計時，皆有預定的目的，及一定的計劃。此項目的與計劃，或由兒童自擬，或由兒童與教師合擬，但總以兒童為活動的中心，出於他們的自發活動。它的原則，即本著杜威所說「教育即生活，學校即社會」兩句話。依著問題或事體的性質，可別設計為數類。由克伯屈的分法有四：第一類以包含著一個觀察與一種計劃為目的的設計，如造一隻船，寫一封信，演一齣戲之類；第二類以享受某種美的經驗為目的的設計，如聽一個故事，或一種音樂，與欣賞一幅畫圖之類；第三類以訓練智慧上的能力去解決某種問題為目的的設計，如尋出露水是否由天空落下來的之類；第四類以使知識或技能達到某種程度為目的的設計，如寫希望達到書法尺度的第十四級之類。又有按照人類的天性分類的，如筋肉的設計，理智的設計，及感情或技術的設計等等，所分人各不同，殊無多大關係。中國最先試行的，始於南京、蘇州、南通一帶，而以南高附小俞子夷提倡最有力，在他所著《一個小學十年努力記》可以看出。

二　道爾頓實驗室制

美國新教學法，繼設計法而輸入中國的有道爾頓實驗室制，英文叫做 The Dolton Laboratory Plan，簡稱道爾頓制，即由美國的道爾頓中學校而得名的。創始者為柏克赫司忒女士（Miss Porkhurst），試行時在一九二〇年，至一九二二年即輸入到中國來了。中國最先仿行的為吳淞中國公學中學部，主持最力者為舒新城，他並著有《道爾頓制概觀念》及《道爾頓制討論集》及在《教育雜誌》上常常發表宣傳的文字，不到一、二年，此制也傳遍全國了，高仁山於民國十四年在北京私立之藝文

中學校，即專為試行此項教學法的。

　　設計教學法以在小學施行為合宜，道爾頓制以在中學施行為合宜，但後者傳到中國以後，一班追逐時髦的教育家也在小學裡面施行起來了。設計教學法的特點在打破學科制，而時間不大限制；道爾頓制的特點在打破終點制，而學科須截然分清。道制的原則，據創始者說有三點：一是「自由」，二是「協調」，三是「知而後行」。他的辦法如下：(1) 凡可以施行此制的學科，每科應開一作業室，或稱實驗室，所有開於該科的參考書籍及圖表應充分陳儲在該室內；(2) 每科設一專科教員，專任各該科的指導員；(3) 在每學期開學之前，由各科指導員各將本科必須學的教材編成半年的或全年的計劃，依學月及學周列為表解，張掛在各本科作業室內，名曰某科作業表，由學生按月按周自行學習；(4) 除上作業表外，還有學生用的、指導員用的及學校教務方面用的表格很多；(5) 學生自由入作業室分段研究，做成記錄，交給指導員修改，評定成績；(6) 指導員於必要時隨時召集學生講演或討論；(7) 其他語言科及技能科須要按時講授者，還依終點舊制。這是道爾頓制的大概辦法。

　　道爾頓制，美國柏克赫斯特於 1920 年在馬薩諸塞州道爾頓中學所創行的一種教學制度。它強調獨立工作能力的培養。舊中國少數中小學也試行過道爾頓制。

　　此制的精神，在打破舊式的終點制，令學生自定預算，自由學習與研究，教師只從旁面負指導的責任。它的優點，可以培養兒童自動研究的精神，自定預算的能力，及給予自由學習的機會，並能免除排列課表的麻煩。它的缺點，於懶惰學生容易養成兒童敷衍塞責、貪求速效的惡習；於勤敏學生終日在作業室翻閱書籍，容易養成專在書本討生活的書呆子，於人生實際生活反多隔閡。這種教學法，與中國昔日書院限制相近似，並沒有特別新奇，不過有一整個的計劃，較書院制稍稍科學一點了。

三　教育之科學的研究

　　張子高在南京高等師範學校教育研究會，講演近五十年來中國之科學教育分成四個時期：第一期自同治初年至光緒二十年，為製造的科學教育；第二期自光緒二十一年至三十年，為書院的科學教育；第三期自光緒三十一年至民國初年，為課本的科學教育；自民國八年以後，總算真正的科學教育時期，稱之第四期（見《科學教育發達略史》附錄）。著者的意見，中國自有新教育設施以來，科學教育只可分成兩階段：自「五四」運動以前，只有課本的科學教育；至「五四」運動以後，才有真正的科學教育。所謂真正的科學教育，消極方面，在打破從前以自然學科為科學及社會學科為非科學的觀念；積極方面，在以科學的方法，培養科學的精神，以訓練一班富有科學頭腦的人才，並使所有教育完全科學化。提倡此種科學教育的，以任鴻雋為最早，任氏在民國三年《科學月刊》上即發表了〈科學與教育〉一篇文字，末尾有一段話：

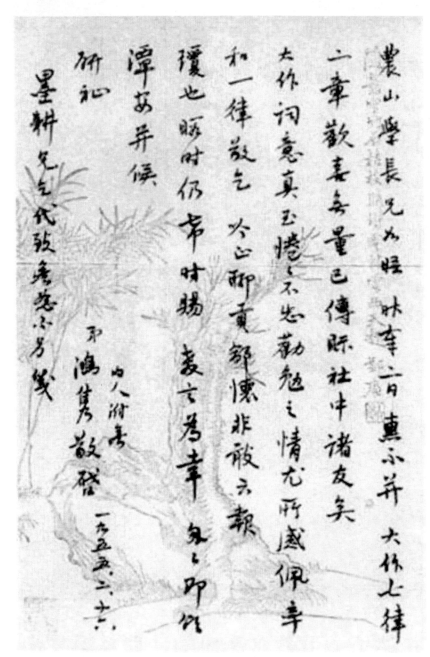

任鴻雋信札

第四期　自五四運動至三一八慘案（1919 年—1926 年）

　　要之科學之於教育上之重要，不在於物質上之知識，而在其研究事物上之方法；尤不在研究事物之方法，而在其所與心能之訓練。科學方法者，首分別事類，次乃辨明其關係，以發現其通律。習於是者，其心嘗注重事實，執因求果，而不為感情所蔽、私見所移，所謂科學的心能者此之謂也。此等心能，凡從事三數年自然物理科學之研究，能知科學之真精神，而不徒事記憶模仿者，皆能習得之。此心能求學，而學術乃有進步之望；以此心能處世，而社會乃立穩固之基，此豈不勝於物質知識萬萬也。吾甚望言教育者加之意也！（第一卷第十二期）。

　　這一段話，在提倡科學方法，訓練科學精神，自此時至「五四」運動以前，應和此種理論而作同樣的提倡的也很多，但為國人舊習所範圍，所生效力很少。自「五四」運動以後，國人思想解放，盡量接收西洋文化，於是真正的科學教育時期到了。

　　真正的科學教育到本期才發生，本期也只可以說是科學教育的萌芽時期。此種萌芽時期的工作可分成兩方面：（1）以純粹科學的方法研究教育；（2）專門著手於自然科學的研究。第一方面，包括兒童心理和教育心理的研究，及教育統計和各種測量的製造和應用。此項研究，以南北兩高等師範為中心，在南高方面，有俞子夷、廖世承、陳鶴琴等人，在北高方面有張耀翔、劉廷芳等人。他們從事於心理和測驗的研究，始於民國七、八年間，中國之有正式的科學研究恐怕只在此時開始了。到十二年，美國教育測量專家麥考爾（W. A. McCall）教授來華，專門從事於測量的製造，於是更引起國人很濃厚的興趣。麥氏本由中華教育改進社聘請東來，到中國以後，曾走過內地各重要城市，最後還是以南京及北京為研究的中心。他的工作：第一步擬了一道教育測驗的計劃；第二步組織兩班研究生，招收各大學高級學生訓練測驗的人才；第三步則實行編造各種測驗量表及應用方法。麥氏在華僅及兩年，以有教育界熱

心的幫助與合作，於是成就了五十多種測驗，有名的 TBCF 制也是在此時創作成功的。凡測驗必須應用統計，於是統計的工作也連帶研究起來了。在此時，測驗與統計，國人從事的極一時之狂熱，陸志偉所訂正的《皮奈西門智力量表》，俞、應、劉、陳諸人所編造的中、小學各種測驗，莫不完成於此時，交由商務印書館代印代售，以備全國各級大小學校採用，不過這種熱度到十五年以後就消沉下去了。

關於第二方面的工作，發生於民國十年。當是時，美國教授孟祿（Paul Monroe）博士來華調查教育，觀察中國從前所謂「科學教育」的錯誤，在與國人討論集中，有許多的建議——多半關於自然學科方面，於是理科的設施又引起教育界的注意了。孟氏並介紹美國科學專家推士（Tuiss）東來，幫助中國發展自然科學。推氏於民國十一年到中國，兩年之內，足跡走遍十省，經過二十四城市，二百四十八校，演講二百七十六次，除組織科學研究會外，並擬了一道《考查及改進中國自然科教學之計劃》一書，國人給予熱烈的反應雖不及麥柯爾，而中國對於自然科學之有系統與組織的研究可算從此發展的。中華文化基金會，以美國退還的庚子賠款，在七年之內，每年提出十五萬元，設立物理、化學、動物學、植物學、教育心理學五種學科的講座，分配於北京、南京、武昌、成都、廣東、奉天各國立大學——這是推士來華對於自然科學具體的設施之一種。此外，如中國地質調查社、生物研究所及各省的科學實驗館，皆在此時先後成立，至今尚有不斷的工作，較第一方面傳得覺能耐久一點。

本章參考書舉要

（1）《設計教學法輯要》

（2）《道爾頓制討論集》

（3）《科學雜誌》

（4）《教育雜誌》

（5）《孟祿博士中國教育討論集》

（6）《中華教育界》

（7）《教育叢著》

第五十八章　教育制度之改造

第一節　概論

　　教育思想改變了，教育方法也改變了，從前呆板的教育制度受了連帶的影響，當然無法永存。中國自施行新教育以來，大半採取日本學制；但此項學制之不能滿足中國人的要求，自辛亥革命以來就有人提議改革。最初提議改革的為蔡元培，蔡氏在民國元年中央臨時教育會議席上發表了酌採歐、美學制的意見，只因當時留日派的學生過多，沒有透過。民國四年，袁世凱制定《教育綱要》，指定將現行學制變通一部分，中學為文、實兩科，後來因他倒得太快，也沒有實行。但同年四月，湖南省教育會已有提議改革學校系統的方案。迨後，全國教育會聯合會及中華教育改進社，每屆年會，均有改革學校系統的議案。民國十年，全國省教育會聯合會開第七次會議於廣東，提出改革學校系統方案的計有廣東、黑龍江等十省。討論的結果，以廣東省教育會的提案為根據，提交下屆會議復議。下屆會議即第七次聯合會議，規定於十年十月在濟南舉行。教育部觀察大勢所趨，學制改革殊覺刻不容緩，乃乘濟南會議之前，於十一年九月自動地召集各省教育界的人物來京討論學制改革問題，謂之「學制會議」。此項學制會議，亦以廣東省的提案為根據，稍加改變。到後來，教育部遂歸納教育部及濟南兩方面所議決的方案，斟酌損益做成新方案，呈請大總統以明令公布。公布學校系統改革令在十一年十一月一日，但在此令公布之前，有些省份對於新學制已自動地改行了。

　　此次新學制比較從前不同的，不妨預先提出來。第一，小學教育縮短了一年——七年改為六年，從前國民及高等等名目一律取消，只稱高級、初級，合辦者稱完全小學校。第二，中學的變更最大：一方面加長

了修業年限——四年改為六年；一方面把它分為兩級——初級與高級；又一方面中學採用選科制。第三，師範教育的變更亦大：從前五年的師範學校改為六年，或單辦後期三年的師範，或於高級中學設師範科；把從前高等師範程度提高，改稱師範大學。第四，從前實業學校一個系統取消了，以職業學校替代，其中也分高級、初級。第五，大學校沒有什麼變更，修業還是以四年至六年為限，不過取消預科制了。我們統計起來，直系各學校，自小學入學之日造成大學畢業為止，共計受得十六年或十八年的教育，比較壬子癸丑學制不相上下。此外，從前的蒙養園現在改名幼稚園。關於教育行政制度機關的變更，只改縣級勸學所為縣教育局，另設特別市教育局，其餘一律照舊。省區方面，在十一年的學制會議，本已議決於省教育廳之下設立參議會，協議地方教育事宜，但只有議案，並未施行。

第二節　學校系統

一　標準

此處所謂標準，即從前的教育宗旨。民國元年所頒布的教育宗旨，內有軍國民教育一條，自平民主義的思潮風行以來，全國教育界已認為不合潮流。首先提議變更教育宗旨的，為中華教育改進社，他們於民國七年建議為「養成健全人格，發揮共和精神」十二個字。到八年四月，教育調查會蔡元培、范源濂等，關於教育宗旨研究案，亦採上面十六字為宗旨，並加以六條說明。他們的說明是：

所謂健全人格者，當具下列條件：（1）私德為立身之本，公德為服役社會國家之本。（2）人生所必需之知識技能。（3）強健活潑之體格。

（4）優美和樂之感情。

所謂共和精神者：（1）發揮平民主義，俾人人知民治為立國根本。（2）養成公民自治習慣，俾人人能負國家社會之責任。

過了一個月，全國省教育會聯合會第五次會議，提議請教育部索性把宗旨廢掉，以「養成健全人格，發展共和精神」二語定為國家教育本義，即以本義代宗旨，但均沒有採納施行。此次學制系統改革令，於是規定了教育標準七條，我們寫在下面：

（1）適應社會進化之需要。

（2）發揮平民教育精神。

（3）謀個性之發展。

（4）注意國民經濟力。

（5）注意生活教育。

（6）使教育易於普及。

（7）多留各地方伸縮餘地。

二　說明

這一次的改革學制，取名壬戌學制。除標準七條外，說明二十九條。說明共分四節：初等教育、中等教育、高等教育及附則。其中綱要已在前節概論裡面提出來了，現在只抄錄前三節二十七條的原文在下面，一看便可以瞭然，其餘還有注意之點附述在最後。

（一）初等教育：

（1）小學校修業年限六年。

（2）小學校得分初、高兩級，前四年為初級，得單設之。

（3）義務教育年限暫以四年為準，各地方至適當時期得延長之。義

務教育入學年齡，各省區得依地方情形自定之。

（4）小學課程，得於較高年級斟酌地方情形，增置職業準備之教育。

（5）初級小學修了後，得予以相當年期之補習教育。

（6）幼稚園收受六歲以下之兒童。

（7）對於年長失學者宜設補習學校。

（二）中等教育：

（8）中學校修業年限六年，分為初、高兩級，初級三年，高級三年。但依設科性質，得定為初級四年，高級二年，或初級二年，高級四年。

（9）初級中學得單設之。

（10）高級中學應與初級中學並設，但有特別情形時得單設之。

（11）初級中學施行普通教育，但得視地方需要，兼設各種職業科。

（12）高級中學分普通、農、工、商、師範、家事等科，但得酌量地方情形，單設一科，或兼設數科。

（13）中等教育得用選科制。

（14）各地方得設中等程度之補習學校，或補習科，其補習之種類及年限，視地方情形定之。

（15）職業學校之期限及程度，得酌量各地方實際需要情形定之。

（16）為推廣職業教育計，得於相當學校內，酌設職業教育員養成科。

（17）師範學校修業年限六年。

（18）師範學校得單設後二年或後三年，收受初級中學畢業生。

（19）師範學校後三年，得酌行分組選修制。

（20）為補充初級小學教員之不足，得酌設相當年期之師範學校，或師範講習科。

（三）高等教育：

（21）大學設數科，或一科均可，其單設一科者稱某科大學校。

（22）大學校修業年限四年至六年，各科得按其性質之繁簡，於此限度內斟酌定之。醫科大學校、法科大學校修業年限至少五年，師範大學校修業年限四年。

（23）大學校用選科制。

（24）因學科及地方特別情形，得設專門學校，高級中學畢業生入之，修業年限三年以上，年限與大學同者待遇亦同。

（25）大學校及專門學校得附設專修科，修業年限不定，凡志願修習某種學術或職業，而有相當程度者入之。

（26）為補充初級中學之不足，得設二年之師範專修科，附設於大學校教育科或師範大學校，亦得設於師範學校或高級中學，收受師範學校及高級中學生畢業。

（27）大學院為大學畢業及具有同等程度者研究之所，年限無定。

由此制看來，師範教育有六種：一是完全六年的師範學校，二是後期三年的師範學校，三是高中師範科，四是師範專修科，五是師範講習科，六是師範大學。前五種全屬初級性質，後一種是高級性質。此項說明，另有五個附註，由附註一、小學可以展長一年；由附註二、從前乙種實業改為初級職業學校；由附註三、從前甲種實業改為高級職業學校。合說明與附註看來，職業教育共有五種：一是初級中學職業科，二是高級中學職業科，三是職業學科，四是大學職業專修科，五是小學的職業預科。補習教育有二種：一是小學的補習學校，二是中學的補習學校或補習科。此外還有附則二條，第一條是要「注重天才教育」，第二條是要「注意殘廢教育」。對於前者，應變通修學年限及課程；對於後者，應開設特殊學校，如盲啞學校之類。

第三節　中小學課程標準

一　緒言

　　此次課程標準，不是官定的，是由人民公同擬制的。在民國十一年十月濟南第八次全國省教育會聯合會議席上，議決了一個議案；組織新學制課程標準起草委員會。當場選舉了袁希濤等五人為委員，自同年十二月至十二年四月，開了三次會議，起草了二種課程綱要：一是小學的，二是初級中學的。關於高級中學及師範、職業等學校的課程綱要，則另請專家起草，到六月於是完全刊布，即本期改革學制的課程標準。關於大學及專門學校的課程，則由各該校自定。此項課程標準，小學與初中尚覺簡單，高中師範及職業等校因分科太繁，我們只能以最簡的方法敘述幾點。

二　小學課程標準

　　小學課程分為國語、算術、衛生、公民、歷史、地理、自然、園藝、工用園藝、形象園藝、音樂、體育十一科目。但小學前四年——初級小學，將衛生、公民、歷史、地理四科合為社會，故只有八科目。小學校授課以分數計；初級前二年每週至少授課一〇八〇分鐘，後二年每週授課一二六〇分鐘。高級每週至少授課一四四〇分鐘。鄉村小學各科目有不能獨設時，得酌量合併，但國語、算術二科之授課分數不得再減。

三　初級中學課程標準

　　初級中學課程，分為社會科、言文科、算學科、自然科、藝術科、體育科六學科。社會科包含公民、歷史、地理三目；言文科包含國語、外國語二目；藝術科包含圖畫、手工、音樂三目；體育科包含生理衛生及體育二目。初級中學授課以學分計，每半年每週上課一小時為一學分，但如圖畫、手工、音樂、體操運動及理化生物之實驗，無須課外預備者，應酌量折算。以修滿一百八十學分為畢業，除必修科一百六十四學分外，所餘學分得選他種科目或補習必修科目。

四　高級中學課程標準

　　高級中學依改革令，分為普通、農、工、商、師範、家事等科。此數科分成兩類：第一類以升學為主要目的者稱普通科，第二類以職業為主要目的者，則分為師範科、商業科、工業科、農業科及家事科等科。第一類又分成兩組：第一組注重文學及社會科學，約等於從前的文科；第二組注重數學及自然科學，約等於從前的實科。各科各組的課程又分成三部分：一為公共必修科目；二為分科專修科目；三為純粹選修科目。各科課程以學分計算，總計以一百五十學分為畢業。其他職業各科的課程，除公共必修科與普通科相同外，所有分科專修科目，及純粹選修科目，由各校照實際情形自定。

五 師範學校課程標準

　　師範教育除高級外，具有五種形式，在前節已說明過了。現在只就後期師範學校及高中師範科的課程製一總表，因這兩種師範的課程是相同的，其餘三種只得從略了。關於公共必修科目，共計六十八學分，較高中普通科另外增加了音樂四學分，但亦視各校情形，得略為伸縮。關於必修科的，共計四十八學分，也有伸縮的餘地。關於選修科目，又分成三組：第一組注重文言文及社會科學，所謂「文科」；第二組注重數學及自然科學，所謂「理科」；第三組注重藝術體育，所謂「藝術科」。以上三組，不必全設，但看各地方情形也可以另設他組，如職業教員組、幼稚園教員組之類。關於教育選修科目，凡以上各組均須選修，至少選修八學分。至於純粹選修科目，則由各校自定，學分多少亦無限制。但畢業總學分至少與高中普通科相等。

第四節　縣市教育行政機關

一　縣教育行政機關

　　民國十一年教育部所召集的學制會議，關於縣教育行政機關，有改勸學所為教育局一案，到十二年三月繼將縣教育局規程公布出來。共計十五條，我們摘錄其要點寫在下面。（一）縣教育局以局長一人、視學及事務員若干人組織之。（二）局長由縣知事推薦呈請省教育廳長選任，商承知事主持全縣教育行政事宜，並督促屬於該縣之市鄉教育事務。（三）縣教育局長之資格：（1）畢業於大學教育科、師範大學校或高等師範學

校者；（2）畢業於師範學校，並曾任教育職務三年以上者；（3）畢業於專門以上學校，並曾任教育職務二年以上者；（4）曾任中等學校校長，或小學校校長，三年以上者；（5）曾任教育行政職務五年以上，著有成績者。（四）縣教育局設立董事會，董事定額為五人，但得增加到七人至九人。此項董事須對於教育有關係之人方可合格。（五）董事會的職權：（1）審議縣教育之方針及計劃，（2）籌劃縣教育經費及保管縣教育財產，（3）審核縣教育的預算及決算，（4）議決局長交議事件，（5）提議關於縣教育事項。（六）全縣市鄉，應由縣教育局劃為若干學區，每區設教育委員一人，受局長指揮，辦理本學區教育事務。由以上看來，教育局的權限較勸學所的重大許多，而局長的地位，亦較所長提高多了。

二　特別市教育行政機關

特別市教育行政機關也是與縣教育局同時議決，同日頒布，取名特別市教育局。局的權限及組織，及局長的地位，與縣沒有什麼差異。

本章參考書舉要

(1)《新教育》
(2)《教育公報》
(3)《教育叢著》
(4)《新學制課程標準》

第五十九章　三種教育之運動

第一節　職業教育的運動

職業教育的運動是由實用主義的教育轉變過來的，此項運動發生於前期，到本期已屆成熟了。運動的創始人為黃炎培。黃氏改實用主義的口號為職業教育的口號之理由如下：

中華職業教育社，舊中國的教育團體。1917 年成立於上海。曾先後開辦中華職業學校、中華工商專科學校、中華職業補習學校等。

一般社會生計之恐慌為一刺激，百業之不改良為又一刺激，各種學校畢業生失業者之無算為又一大刺激；凡此皆實用主義提倡之根源也。顧就抽象言，則教育不實用之害中之；而就具體言，則職業教育之缺乏，為其直接感受痛苦處。而一般社會，於其病害之總因不易覺悟，而竟心怵夫直接感受痛苦之所在，於是語以抽象的實用主義教育，不若語以具體的職業教育之驚心動目，而職業教育之聲喧騰眾口矣。……蓋職業教育猶是實用教育也。……吾人所主張一方提倡職業教育俾於生活上速立補習之計劃，一方猶當盡力改良普通教科使歸實用，庶其有濟。（《教育雜誌》第九卷第一號〈實用主義產生之第三年〉）

黃氏以為職業教育猶是實用主義的教育，同一為社會所需要，不過前者較為具體，提出這個口號來，容易打動人，容易引起社會注意。其實這種教育，一方固由於中國社會的需要，他方也由於歐美職業教育思潮的激盪，先經一二人的提倡，再經少數人的響應，遂造成了一種空氣。

職業教育運動的中心——也可以說是運動的始基——為中華職業教育社。該社成立於民國六年四月，當初設在北京，後來移在上海。發啟人為黃炎培、郭秉文、范源濂等人，當時並發表了一道宣言。宣言的大

義分三點：第一點，指摘現在的教育空疏無用，不僅普通學校不切實用，即號稱帶有專科性質的實業學校同一不切實用；第二點，為說明救濟目前教育之主旨——辦理職業教育的主旨；第三點，為施行職業教育的方法。我們將該宣言的大義，節錄數段如下：

今吾中國至重要至困難問題，尚有過於生活者乎？興學二十餘年，全國學校亦既有十萬八千餘所，何以教育較盛之區，餓莩載途如故，匪盜充斥如故？……何以國中自小學以至大學學生之畢業於學校，而失業於社會者比比？

試觀夫實業學校、專門學校，有以畢業於紡織專科，而為普通小學校圖畫教員者矣，有以畢業於農業專科而為普通行政機關助理員者矣。……所用非其所學，滔滔皆是。雖然，此猶足以糊其口耳，其十之六七，乃並一啖飯地而不得。實業學校者且然，其他則又何說？然而教育幸而未發達、未普及耳，苟一旦普及，幾何不盡驅國人為高等游民以坐待淘汰於天演耶？

求根本上解決生計問題，厥唯教育。曰吾中國現時之教育決無能解決生計問題之希望；曰吾中國現時之教育不唯不能解決生計問題，且將重予關於解決生計問題之莫大障礙。

同人於此，既不勝其殷憂大懼，研究復研究，假立救濟之主旨三端。曰推廣職業教育，曰改良職業教育，曰改良普通教育，為適於職業之準備。（《教育與職業》第一期）

中華職業教育社的社務分成三類：第一類關於研究與宣傳方面，為調查、研究、勸導、講演及出版種種；第二類關於實施方面，為試辦學校及博物院；第三類關於介紹方面，設立職業介紹部。由第一類，出版了一種《教育與職業》的雜誌，為宣傳的喉舌。由第二類，創辦了一所中華職業學校，為試驗的中心。這樣一來，社會上的人士都注意起來

了，於是全國教育會聯合會在同年第三屆大會，也把職業教育列為議案，透過職業教育進行計劃五項：一、為調查及研究，二、為培養師資，三、為實施職業補習教育，四、為促進女子職業學校，五、為小學校注重實用。自此以後，凡該會屢屆大會，莫不以職業教育列為議案。到民國十年，在廣東開第七屆大會，竟將職業教育列入正式學制系統裡面，以替代從前有名無實的實業學校。十一年九月，教育部所召集的學制會議，及十月教育會聯合會在濟南第八屆大會，莫不採納廣東議案，詳加討論，完全決定取消實業學校以職業學校替代，並擴充其範圍與性質。此項議決案到同年十一月一日，遂正式公布了，而職業教育的運動可算大告成功。

　　繼中華職業教育社而產生的，有全國職業學校聯合會，由甲乙種實業學校、男女職業學校、補習學校、中小學職業學校及其他職業教育機關組合而成，也是促進職業教育的一種企圖。此會成立於民國十年，每年有會議，每次會議皆有促進職業教育的計劃。由此會又產生全國職業學校出品展覽會，十一年二月展覽於上海，參加的有八省，五十校；十二年八月展覽於北京，參加的有九省，五十八機關；十三年五月展覽於武漢，參加的有十一省區，一百五十八機關，可知一年比一年推廣。至於職業學校及機關的發達，更其迅速。據民國七年度教育部的調查，全國職業男校，只有五百三十一所；到十一年據中華職業教育社的調查，全國職業學校，共計八百四十二所，四年之內增加了一倍半以上；到十五年五月，該社調查，凡職業學校、職業機關及各種職業教育，全國共計一千五百一十八所，四年之內，差不多又增加了二倍。本期教育史只到民國十五年為止，而職業教育亦以十五年為最發達。自十六年以後，正值革命期間，全國教育多受軍事影響，沒有統計可言；至二十年而教育部發表的職業學校，全國僅一百四十九所，可謂一落千丈了。

　　關於職業教育的意義和目的，由運動的人逐年變更，愈變而範圍愈推廣，而性質愈抽象。我們讀〈中華職業教育社宣言〉，他們當初提倡職業教育的動機為由學校畢業的學生失業太多，其目的只在於「謀生」二字——補救失業的危險。到七年，該社又宣布職業教育的三大目的：一、為個人謀生之準備，二、為個人服務社會之準備，三、為國家及世界增進生產力之準備。同時黃氏又規定職業教育的定義如下：

　　用教育方法，使人人獲得生活的供給和樂趣，同時盡其對群之義務，名曰職業教育。（《實施職業教育要覽》）

　　十一年，周恩潤在《職業教育研究》一書中，下一定義：

　　職業教育乃準備能操一技之長，從事有益社會之生產事業，借求適當之生活。其大目的，在培養智力、意志、感情各方面，而為完全有用之人物。（《教育雜誌》第十七卷第一號）

　　由此看來，七年的解釋較六年為廣泛、為抽象，十一年的解釋較七年更廣泛、更抽象了。到十二年以後，更將職業教育及目的簡括為兩句話：「使無業者有業，使有業者樂業」，較前又進了一步。但職業教育自十五年以來，從表面看，好似著著成功，但內容腐敗，辦法機械，已為文雅的中國人所鄙視；加以此時正當革命高潮時期，青年學子多加入政治工作，於機械的職業教育更不肯理會，所以自是年以後，職業教育的思潮，差不多已到過去時期了。黃氏目睹這種衰頹現象，有意重振旗鼓，挽回頹勢，於是又標榜「大職業教育主義」，可以想見其運動的苦心。他說：

　　積極說來，辦職業教育的，須同時和一切教育界、職業界努力溝通和聯絡；提倡職業教育的同時，也須分一部分精神參加社會運動。消極說來，就算沒有訑訑的聲音顏色，只把界限畫出來，此為職業教育，彼為非職業教育，已經不行哩。換句話說，內部工作的努力不用說了，對

外還須有最大的熱誠參與一切，有最大的度量容納一切。……這樣職業教育方針稱它什麼呢？大膽地稱它「大職業教育主義」。（《教育與職業》）

陶知行（1891-1946），中國近代教育家。原名行知，後改知行。曾留學美國，從實用主義教育家杜威學習。曾創辦育才學校、社會大學。著作有《中國教育改造》、《行知書信》等。

第二節　平民教育的運動

在本期的前數年，教育上之平民主義的思潮，高唱入雲，凡大中小學、城市鄉村，莫不標榜這個口號，以求避免「為時代的落伍者」的諷刺，我們在前章已經說明過了。所謂平民主義的教育就是德謨克拉西化的教育，是根據現代平民主義的政治而來的，後因國人趨向時髦，於是由平民主義派生風行一時的平民學校。此項平民學校，多由中等以上各校的學生創辦，附屬於其本校之內，召集附近無力入正式學校的民眾——無論男女老幼——來校讀書識字，不收他們的學費，並供給以相當的筆墨紙張。這種學校，多半屬於補習教育的性質，已失平民主義之真髓了，但不久又產生一種平民教育的運動。此項教育的運動，其性質與平民學校尚相近似，但於實施方面兩不相干，至若規律以平民主義則更不類了。「平民主義」是一種教育思潮，「平民學校」是零星的補習教育，而「平民教育」則含有規劃、有組織的運動，運動者有無政治作用我們不敢臆斷，但在當時確具有一種力量是無可否認的。

什麼是平民教育？據創始者晏陽初說：「平民教育的目的是教人做人。做什麼人？做整個的人：第一要有知識力，第二要有生產力，第三要有公共心。」（《教育雜誌》第十九卷第六號〈平民教育概論〉）以這幾句話來解釋他們的「平民教育」，當然不得要領。這與「非平民教育」有

何區別？又據運動中心人物陶知行說：「中國現在所推行的平民教育是一個平民讀書運動」（《中華教育界》第十四卷第四期〈平民教育概論〉），這一句話切實多了。我以為他們的平民教育，少半是讀書運動，多半只是認字運動，因為他們主要的教材，只是一本《千字課》。

此項教育運動，據湯茂如說，可以分成三個時期。第一、自民國七年至十一年，為運動的胚胎時代；第二、自十一年至十四年，為運動的提倡時代；第三、自十四年以後，為運動的研究實驗時代。運動的創始人是晏陽初，發祥地在法之巴黎。當初晏氏在法國留學，看見數十萬華工在外沒有知識之痛苦，因設法為華工施行補習教育。此項補習教育，不過以最簡便的方法，授以極淺近而合於應用的文字，並隨時講以衛生及公民所必需的知識，頗見成效。晏氏於民國九年回國，正值中國高倡平民主義及競辦平民學校的時候，於是在中國開始為有組織的運動，標榜平民教育。最初在上海試辦，漸漸推行到長沙、煙臺、杭州、嘉興等處。到民國十二年六月，熊希齡的夫人朱其慧、東南大學教授陶知行等人加入了這個運動，由他們發起在南京設立平民教育促進會。數月以後，武漢也成立平民教育促進會，於是各省區聞風興起，而「平民教育」四字遂轟傳全國了。在同年八月，他們乘著中華教育改進社在北京清華學校開年會的時候，就便邀集各省代表開第一次平民教育大會，議決在北京設立平民教育促進會總會。當場推出總會省區董事四十人，組織董事會，由董事會選舉駐京執行董事九人，以朱其慧為董事長，晏陽初為總幹事。總會的會務分總務、城市、鄉村及華僑四部。除總務總管一切會務外，其餘三部專辦教育事務，即城市平民教育、鄉村平民教育及華僑平民教育。據他們的報告，平民教育已推行到二十省區，總會的普通平民教育出版物已有三十多種——這種運動的進展可算很迅速的。但自革命軍打倒軍閥以後，此項運動遂歸停頓。

據陶知行的報告，他們施行平民教育，採取三種形式。第一為平民學校。這個是採用的班次制度，與普通學校無大區別。大班一、二百人以上，用幻燈教授；小班三、四十人以上，用掛圖、掛課教授。第二是平民讀書處。這是為不能按照鐘點上學的一種變通辦法，以一家一店或一機關為單位，請家裡、店裡或機關裡識字的人教不識字的人。教的人是內裡的，學的人是內裡的，由自家人教自家人，不拘時間，不往外走，比較第一種辦法方便多了。第三是平民問字處。第二種辦法雖極活動，不能每家每店皆能舉辦，因為那種辦法，至少有一人識字才能辦通，倘遇有家中或店中無一識字的人，那就窮了。平民問字處是補救以上兩種辦法之不及的，設立在有人教字的店鋪裡、家庭裡或機關裡，以備任何人隨時來問《千字課》的字。比如擺攤子的人，擺在哪個平民問字處的門口，就可乘空向他們請教；車伕停在哪個平民問字處的門口，也可以乘無人坐車的時候，學幾個字。

第三節　國家主義教育的運動

職業教育、平民教育及國家主義教育，可謂本期三大教育的運動。第一種運動以實用主義的思想為基礎，第二種運動以平民主義的思想為基礎，第三種運動以國家主義的思想為基礎。但前兩種運動，只是單純教育事業的運動；第三種則合有很濃厚的政治作用，到後來竟演成了政治團體。前兩種運動雖各有思想作基礎，而運動者均以實施業務為主體；第三種運動則有堅強的主義，宣傳主義為運動的工作。故國家主義教育的運動，在本期，是教育的又是政治的，是一種運動又是一種思潮，此項運動是借此項思潮為先鋒、為主動的。

在前期教育思潮裡面，我們曾經說過：「由湯氏之國民教育一變而為

國家主義教育」，故本期國家主義教育，雖不完全是國民教育的後身，而以「愛國思想」為主腦，則兩者是一致的。與國民教育思想相隨而生的，有軍國民教育，替代國民教育及軍國民教育的思想而起的則有平民主義的教育，而國家主義教育又是替代平民主義教育而起的一種思潮。此種思潮，發生於民國十二年，到十四、十五兩年為最盛，到十六年而暫告停息，故在本期只有五年的歷史。發生的原因有二：一為平民主義思潮過度的反動，二為帝國主義者壓迫的激動。平民主義以自由平等為原則，其教育以在此原則之下發展個性為要點。一方發展個性，一方還要培養共性——養成適於團體生活的習慣，不過不得因團體而箝制個性或犧牲個己的利益罷了。但中國此項教育主義一提倡，只注意在個性的發展，而不顧及共性的培養，於是一般青年專以放縱利己為自我表現之口實，不遵守紀律，不服從團體；甚至高倡世界主義，對於維持國家的信條也不肯遵守。流弊所及，只知有個己，不知有他人，所以民國成立十多年以來愈演愈不統一，為矯正流弊，於是國家主義者乘時而起。當歐戰初停的一、二年，世界尚有幾分和平空氣。時機和緩以後，帝國主義者的面目又露出來了，仍舊以強權為公理，以壓迫弱小民族為慣用的手段。中國名義上雖為戰勝之國，而被列強的壓迫和侵略依然如故，其例不勝枚舉。這個時候，中國民族主義的意識突然勃興起來，大家覺得非團結國家力量，不足以抵抗強權，非提倡尚武精神，不足以自衛，國家主義者於是起而作國家主義的教育之宣傳了。

提倡國家主義教育的多半是受了歐美資本主義國家的教育的留學生，他們全是信仰國家主義者。國家主義基於愛國觀念，以國家為中心，以擁護國家獨立自強為最高信條，他們反對個人主義、家族主義及世界主義，因為這些主義均足以分化國家主義的力量的。為建設國家主義，所以要提倡國家主義的教育，後者是前者的工具，為前者而產生

的。什麼是國家主義的教育呢？據李璜說：

我們中國人也正離開家的生活而初入國的生活的時候，我們正大光明地說，當把國民的精神生活繫在國家上面。換言之，就是正該當講國家主義的教育。（《中華教育界》十三卷三期〈國民教育與道德〉）

國民教育的目的，無非是「誘發後人，光大先業」八個大字。（同書十三卷四期）

我們為何而主張國家主義的教育？其理由至為明了而且簡單：（1）對外為抵抗文化的侵略政策。因之國家主義的教育在提起國家對外獨立的精神。……（2）對內為喚起全國國民的團結與活動，以共同擔負今日之大患，而籌謀來日的大業。因之國家主義的教育是為中國國民在各個人的私利之上指出全民族公私之所在。質言之，是要為今日之中國人建議一個道德上的新信仰。（同書十三卷九號〈再談國家主義的教育〉）

陳啟天在〈國家主義教育要義〉一篇文章上，提出積極要求者四端，及消極反對者三事。積極要求的第一端是：

明定國家教育宗旨。國家教育宗旨在凝成國民意識，發揚本國文化，以促進國家的統一和獨立。（《中華教育界》十五卷〈國家主義教育研究號〉）

我們把他們的意思解釋如下：國家主義的教育在喚起國民對於祖國的意識——培養愛國思想。以國民的愛國思想為基點，樹立民族偉大的精神，發揚本國固有的文化，以建設強大的國家。——對內統一，對外獨立。為達到此項目的起見，所有教育應當屬於國家的，教育政策由國家規定，教育主權由國家享有，教育事業由國家主辦。教育既一切均屬於國家的，所以他們反對教會教育，反對殖民教育，反對私人營利的教育，凡不在國家主管之下的及不合於國家主義的教育，應當一律收歸國家辦理。民國十四年的收回教育權運動，參與者雖不限於國家主義信

徒，而以他們運動最力，因為這也是他們的教育政策之一。「外抗強權，內除國賊」，為國家主義者常喊的口號，他們為實行此種口號起見，所以特別提倡軍事教育，使學生軍隊化，訓練強勇的青年，以建設強有力的國家，稱雄於世界。本期軍事教育運動，因「五卅」慘案成為全國一致的呼聲，而國家主義者利用時機特別喊得起勁，這也是他們的教育政策之一。

國家主義的教育，除個人鼓吹外，團體方面，有國家教育協會、中華教育改進社及全國教育聯合會等等。第一種團體為專門宣傳國家主義教育的機關；第二種團體在開年會時曾有人提議請教育部依據國家主義定教育宗旨；第三種團體也有人主張以「養成健全人格，發揚共和精神，葆有獨立國性，演進民族文化」為教育宗旨，立言雖較融混，也是贊成此項主義的。此項教育的運動在十四、五年雖風靡全國，但至民國十六年，國民革命軍征服舊式軍閥以後，嚴厲制止國家主義的宣傳，而此項運動於是偃旗息鼓了。

本章參考書舉要

(1)《職業與教育》

(2)《教育雜誌》

(3)《中華教育界》

(4)《國家主義的教育》

(5)《國家與教育》

第六十章　結論

　　本期教育完全是美國式的教育：凡關於教育制度、教學方法、教育思潮以及壟斷教育權的教育人物，沒有一處不是美國式的。故本期教育與前期顯然不同之點，由美國式的替代了日本式的，或由全資本主義化的替代了半資本主義化的。

　　在前期，留日學生歸國的很多，他們對於辛亥革命不無勞績，因政治勢力的優越遂掌握了教育全權，自小學以至大學，所有重要教職差不多全被他們把持，而以教育部為總機關。到了本期，留美學生歸國日多了，他們所學似較進步，乘著時代趨勢的機會，不知不覺所有教育權就很快地移轉到他們手中了。還有從前留日學生為預防落伍起見，特別跑到歐美遊歷一趟，受一點西洋的洗禮了回來再爭教席的也很多。

民國時期的留日學生

　　關於教育制度方面，有王戌學制。此學制的系統及教育標準，無一不是美國化，改造者所認為最得意的一部分如中學三三制，完全是從美

國抄來的。關於教學法方面，國人所最熱心仿效的，有設計教學法及道爾頓實驗室制。前者創於美人克伯屈教授，在民國十五年曾聘他來華講演了的；後者創於美人伯克赫斯特女士，在民國十四年也聘請她來華講演了的。關於科學的研究，在民國十一年，有推士來華指導，遂成立各種自然科學研究的團體；在十二年有麥柯爾來華指導，遂製成各種測驗量表。這兩人也是美國教育專家。本期的教育思潮則以平民主義為代表，而美人杜威博士更被中國人尊重。杜威自民國八年五月抵上海，在中國過了二年兩個月的生活，走遍十一行省，講演稿多至十幾種，對於教育革新的言論，給中國人士以強烈的興奮。在本期七、八年中，「教育即生活，學校即社會」兩句口號，簡直成了全國教育界上的家常便飯。由此看來，本期的教育，完全美國化了，其中杜威學說的影響最大。

杜威的平民主義教育思想是以美國的民主政治為背景。這種政治以「機會均等，自由競爭」為原則，是資本主義的政治原則。此項原則，應用到教育方面，則有個性發展、自由活動等主義產生。中國民族，素來只有個性而無群性，個人的生活除對國家盡納稅一種義務外，是極其自由的。只是束縛於舊禮教範圍之內，相習日久，自然養成一種呆板的不自然的態度。自平民主義的思想傳入中國以來，加以中國一二先覺之士大聲疾呼地一提倡，對於數千年支配民族習慣的舊禮教施以猛烈的攻擊；於是一班青年如抉開了樊籠一般，不覺大為活躍起來，盡量向個性方面發展，自由方面活動。個性發展到了極點，更無團體協作的精神；自由活動到了極點，更無遵守紀律的習慣。於是自「五四」運動以後，全國學校，風潮屢起，沒有一年不發生，而以民國十一年為最烈。學潮之起，有為內政的，有為外交的，性質種種不一，但為反對學校當局，反對考試的常居多數。每一學潮之起，少則半月，多則數月才告平息，往往以罷課作武器，於是罷課視為常事。

第四期　自五四運動至三一八慘案（1919 年—1926 年）

　　本期學潮之中，除了學生罷課以外，教員罷教之事也屢不一見。年來以內戰迭起，政局變動無常，國家收入盡為軍費之用，致教育經費一欠再欠，幾至於不能維持生活。學校教職員為生計所迫，或另有作用，於是以罷教為索薪的武器，罷教也視為常事了。本期罷教的運動，萌芽於民國八年的末月，到十年、十一年兩年運動最烈。此項運動起於北京，波及於全國。到十三年以後，教育經費愈陷困窘，一般教職員且更以怠工為手段，於是全國學校皆陷於不生不死的狀態之中。劉薰宇於民國十六年一月，在《教育雜誌》上，論「中國教育的危機」，有一段話形容得很好：

　　現在中國的學校，只是好像幾個逃荒的難民，住在一所牆壁破漏的房子中間一樣。外面是誰也可以甩一塊瓦或伸隻手進去的，裡面是誰也預備著各走生路，不過暫時蹲在一處。（第十九卷第一號）

　　學生罷課，教職員罷工，自「五四」以後，簡直是年年皆有，省省不虛。政局愈弄愈壞，教育經費愈欠愈多，教育界愈過愈窮，全國教育差不多到了破產的境地，公然到最後降下了一道催命符。這道催命符，就是民國十五年的「三一八」慘案。

　　中國自「五四」運動以來，城市方面遂發生兩種相衝突的思想：當初新舊文學之爭，後來演成左傾與復古之爭。在「五四」運動的前後，陳、胡諸人提倡文學革命，主張以白話文代替文言文，一班青年莫不感受影響。自此以後，新文學運動與思想革命及教育的平民主義等等運動打成一片。在十一年以前，因此項運動的氣焰萬丈，全國差不多披風而靡。但自十二年以後，新文學革命雖告成功，而平民主義的弱點日益暴露，於是代表半封建思想的國家主義派應運而生；在十三、十四兩年中間，因國家屢受帝國主義壓迫的反應，而國家主義思想在教育界上簡直有奪取平民主義而代之的趨勢。但是中國政治日壞，帝國主義的壓迫愈

烈，不久之間，新舊兩種思想各圖發展，於是衝突愈不可避免。代表新的平民主義，一部分漸漸走向「左」傾的社會主義的路線上了；代表舊的國家主義，一部分漸漸走向復古的路線上了。這個時候，北京政府段祺瑞以奉系軍閥被推為執政，教育當局提倡古典文學，主張恢復讀經，禁止學校教科書採用國語，干涉學生愛國運動，反對教育界上的種種革新運動。一手捧經，一手執刀，打算與方興未艾的社會主義思想相周旋，這個衝突一定是不可避免。民國十五年三月十八日遂發生執政府流血大慘案，青年學生以及民眾被執政府的衛隊槍殺了三十餘人，受傷加倍。政府自己槍殺學生如此之多，總算是空前未有，不久，政府無形瓦解，本期的教育也由此告一結束了。

本章參考書舉要

  (1)《甲寅雜誌》

  (2)《東方雜誌》

  (3) 當時京津各種新聞

  (4) 其他同前

第五期 自國民政府建都南京至現今 (1927—1934)

第六十一章　國民革命與教育

一　國民革命之時代的要求

　　中國自辛亥革命以來，表面上雖推倒了數千年的帝王專制，改建五族共和的民主國家，雖列強因中國民族日見覺醒拋棄了昔日瓜分的計圖，但從實際上觀察，中國是一年不如一年。第一，帝國主義者以不平等條約為護符，侵奪中國種種權利，更以龐大的資本投資於中國內地，過剩的商品充斥於中國市場，於是中國在國際地位上成了次殖民地。第二，辛亥革命名義上雖推倒了帝王專制，實質上即代之以北洋軍閥，作威作福，比較昔日專制帝王更其厲害。自北洋軍閥內部分裂，繼起的軍閥，有時彼此聲援，有時互相砍殺，演成長期內亂，愈久而愈無法統一。第三，大多數民眾，極受內外的侵凌壓迫，與經濟的榨取剝削，不僅民權無法伸張，即生計也完全破產。於是「小企業家漸趨破產，小手工業者漸致失業，淪為流氓，為兵匪，農民無力以營本業，至以其土地廉價售人」（《中國國民黨第一次全國代表大會宣言》），於是流落轉死者相繼。

　　由此看來，自辛亥革命以來十多年中，中國情況不僅毫無進步，且有江河日下之勢，由「軍閥之專橫，列強之侵蝕，日益加厲，令中國深入半殖民地之泥犁地獄」。中國人民在此水深火熱之中，莫不渴望著得一良策以求自救。這個時候，我們要挽救中國的危亡，只有實行國民革命，孫中山先生所領導的中國國民黨即本此要求而產生。

　　中國國民黨以國民革命為手段，求中國之自由平等為目的，他們所奉行的三民主義，即實現此目的的主義，──民族主義所以求國際上之自由平等，民權主義所以求政治上之自由平等，民生主義所以求經濟上

之自由平等。他們在第一次全國代表大會所宣布的政綱，即所以實行他們的主義的。消極方面，對外打倒一切帝國主義者，對內剷除封建餘孽的軍閥及土豪劣紳，及資本主義的走狗買辦階級。積極方面，對外取消一切不平等條約，重訂雙方平等互尊主權之條約；對內建設代表民意的國民政府，扶植農工，提倡自治，努力發展一切生產，以解決全國民眾的衣、食、住、行一切重要問題。這種政策，深合於當時的國情，確為當時全國民眾所迫切要求者；所以他們自十三年一月第一次全國代表大會宣言發出以後，全國歡呼，莫不渴望著國民革命軍早日北伐，青年志士莫不踴躍加入國民黨，參加國民革命運動。國民雖革命的怒潮既已奔騰滂沛，以此去打倒軍閥，真如摧枯拉朽，所以自十三年國民革命軍誓師北伐，至十五年已戡定長江流域，至十七年即已統一全中國。

二　國民革命之世界革命性

今日世界是資本主義與社會主義對立的時代，是帝國主義與平民主義對立的時代。中國國民黨之國民革命的使命，是求中國之自由平等，以促進世界大同。這種世界革命性的國民革命，是國民黨總理孫中山先生提倡的，其言要略如下：

中國古來常講濟弱扶傾，在中國從前強大之時，安南、緬甸、高麗、暹羅那些小國，還能夠保持獨立。所以中國如果再行強盛，不但要恢復自己民族的地位，還要對於世界，濟弱扶傾，才盡我們民族的天職。（節錄《民族主義》第六講）

中山先生將中國民族消極的精神，改變為積極的精神，因之農、工、商大為奮起，同黨軍合作。自民國十三年至十七年的五年中為國民革命軍最盛的時期，為中國國民黨的黃金時代，亦為中國革命歷史上最

光榮的一頁。為斯雖只五年，但給予中國民族以極深的印象，使中國民族遺傳的思想產生了不少的變化。

三　國民革命軍最盛時期對於教育觀念之改造

辛亥革命是政治思想的改造，「五四」運動是學術思想的改造，此次國民革命是社會思想的改造。在辛亥革命的時期中，政治思想改造，所以在教育方面，有袁氏的軍國民主義及湯氏的國民教育主義之產生。在「五四」運動的時期中，學術思想改造，所以在教育方面，有留美派的平民主義的教育之產生。至若打破階級思想，教育為一般民眾的利益打算，朝著社會革命的前面走的，只有國民革命產生的教育思潮。辛亥革命的前後，所有教育政策及方法，尚在完全支配行動的進行中；「五四」運動以後，雖然已經注意到科學教育，提倡學校社會化和教育生活化，但因國家根本政策及社會根本思想未曾變更，更仍不脫離支配行動的教育。至於國民革命是立在民眾的基址之上為民眾的利益而革命的，國民黨的民生主義及孫中山的實業計劃，均著眼在以科學方法為社會經濟的改造，所以國民政府的教育政策，已改變從前的支配行動而進行生產行動的教育了。

在「五四」運動以前，中國民族的思想差不多完全受孔子學說的支配；由孔子學說所生的教育思想，總不脫離封建主義。在「五四」運動以後，中國民族的思想差不多完全受歐美學說的支配──尤以美人杜威學說為中心；由杜威學說所產生的教育思想，總不脫離資本主義。但無論為封建主義和資本主義，所有教育思想和言論，全是立在支配階級說話的，所有教育主張差不多完全與其政府的教育政策一致的；而受教育的人們──無論兒童和成人，都在他們的思想言論的籠罩之中。但自

「五四」運動以來，已漸漸有人覺悟，自十三年中國國民黨改組以來，以其革命主義隨其革命軍向全國宣傳，教育界才有一大改造。教育政策和方法是改支配行動的為生產行動的；教育思想是改變資本主義為社會主義的；所有教育實施莫不趨重在社會化、民眾化。

本章參考書舉要

(1)《中山全書》
(2)《中國國民黨歷次全國代表大會宣言》
(3)《三民主義的連環性》
(4)《新生命雜誌》

第六十二章　中國國民黨之教育宗旨及教育政策

一　三民主義的教育宗旨

孫中山說：

三民主義就是救國主義。……因三民主義，系促進中國之國際地位平等、政治地位平等、經濟地位平等，使中國永久適存於世界，所以說三民主義就是救國主義。（《民族主義》第一講）

胡漢民更推廣些說：

「三民主義」，小而言之是救國主義，大而言之實是大同主義。由頂點直貫到的的中心，是生存的要求；沿著生存的要求這一個中心的便是人的努力；而其努力的階級，起點是博愛，過程是救國，終點是世界大同。我們要曉得三民主義的連環性，其總作用正是引導人們沿著進化定律而努力，由博愛起，經過國家的階段，而終的於世界大同。（《三民主義的連環性》第四〇頁）

我們由這幾段簡單話看來，三民主義就是革命主義，又是救世主義，又是社會主義。中國國民黨負著革命的使命，所以以孫中山所倡導之三民主義為信仰的中心。教育就是完成革命，灌輸和推行主義的工具，所以他們規定以三民主義為其教育宗旨。

三民主義的教育，在十五年國民政府成立教育行政委員會時，已有人注意，不過初稱黨化教育。[1] 到十七年五月，由第一次全國教育會議議決，始將「黨化」二字改稱「三民主義」。同時並由大會議決採取三民主義為教育宗旨。該項原文備載於大會的宣言裡頭：

恢復民族精神，發揮固有文化，提高國民道德，鍛鍊國民體格，普及科學知識，培養藝術興趣，以實現民族主義。

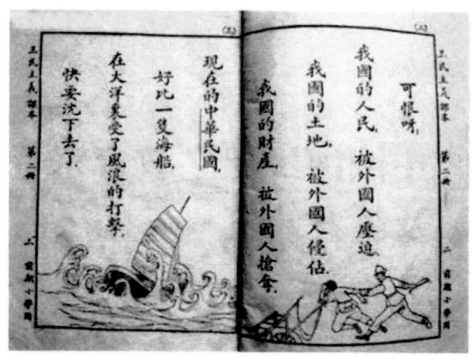

民國時期小學用的三民主義課本

　　灌輸政治知識，養成運用四權之能力；闡明自由界限，養成服從法律之習慣；宣揚平等精神，增進服務社會之道德；訓練組織能力，增進團體協作之精神；以實現民權主義。

　　養成勞動習慣，增高生產技能，推廣科舉之應用，提倡經濟利益之調和，以實現民生主義。

　　提倡國際正義，涵養人類同情，期由民族自決，進於世界大同。（《全國教育會議報告》，十七年五月）

　　此項議案議決於十七年五月。到八月曾由大學院呈請中央政治會議透過，到十八年一月，第三次全國代表大會重行規定。原文是：

　　中華民國之教育，根據三民主義，以充實人民生活，扶植社會生

存，發展國民生計，延續民族生命為目的，務期民族獨立，民權普遍，民生發展，以促進世界大同。(《教育公報》第一卷第五期)

此項宗旨，由國民政府於同年四月二十六日正式公布，定為本期的教育宗旨，二十一年四全代會且申述一道，絲毫未改，至今全國奉為典章。至於國民政府公布的令文，莊嚴威重，使此項宗旨增加幾分強力，我們勿妨抄在下面，以作參考：

按奉：中國國民黨第三次全國代表大會，第十一次會議，透過，確定教育宗旨，及其實施方針，飭即照辦。等因。查此項決議案，關係以黨建國、以黨治國之根本大計，至為宏巨。茲將原案公布，著行政院令飭教育部，轉飭遵照，切實施行，務期啟迪全民，實現三民主義。此令！

二　黨化的教育政策

中國國民黨的教育政策，規定在它的教育宗旨之前，最早為民國十三年一月，到十七年五月又規定一次，十八年一月又規定一次，二十年五月又規定一次。十三年一月，第一次全國代表大會宣言對內政策十五條，其中有兩條是關於教育政策的。條文為：

（十二）於法律上、經濟上、教育上、社會上確認男女平等之原則，助進女權之發展。

（十三）勵行普及教育，以全力發展兒童本位之教育，整理學制系統，增加教育經費，並保障其獨立。(《第一次全國代表大會宣言》)

十七年五月，第一次全國教育會議，討論共分十組，第一組為三民主義教育組，第二組為教育行政組，差不多全是關於教育政策的議案。關於第一組的第一個議決案為「三民主義實施方案的原則案」，共計十五條：

（1）發揚民族精神；（2）提倡國民道德；（3）注重國民體魄鍛鍊；

（4）提倡科學的精神，推廣科學的應用；（5）實施義務教育；（6）男女教育機會均等；（7）注重滿、蒙、回、藏、苗、瑤等教育的發展；（8）注重華僑教育的發展；（9）闡發自由界限，養成服從法律的習慣；（10）灌輸政治知識，養成使用政權的能力；（11）培養組織能力，養成團體協作的精神；（12）推廣職業教育；（13）注重農業教育；（14）注重生產消費及其他合作的訓練；（15）提倡合於人民正軌的生活，培植努力公共生產的精神。（《全國教育會議錄》，十七年五月）

　　十八年一月，第三次全國代表大會第十一次會議，關於教育的議決案，除上述教育宗旨外，還有教育實施方針八條：

　　（一）各級學校三民主義之教育，應與全國課程及課外作業相連貫；以史地教科闡明民族真諦；以集合生活訓練民權主義之運用；以各種之生產勞動的實習培養實行民生主義之基礎；務使知識道德融會貫通於三民主義之下，以收篤信力行之效。

　　（二）普通教育，須根據總理遺教，陶融兒童及青年忠孝、仁愛、信義、和平之國民道德，並養成國民之生活技能，增進國民生產之能力為主要目的。

　　（三）社會教育必須使人民具備近代都市及農村生活之常識，家庭經濟改善之技能，公民自治必備之資格，保護公共事業及森林園地之習慣，養成恤貧防火互助之美德。

　　（四）大學及專門教育，必須注重實用科學，充實科學內容，養成專門知識技能，並切實陶融為國家社會服務之健全品格。

　　（五）師範教育為實現三民主義的國民教育之本源，必須以最適宜之科學教育及最嚴格之身心訓練，養成一般國民道德上、學術上最健全之師資為主要之任務，於可能範圍內使其獨立設置，並盡量發展鄉村師範教育。

　　（六）男女教育機會平等，女子教育並須注重陶冶健全之德性，保持

母性之特質，並建設良好之家庭生活及社會生活。

（七）各級學校及社會教育，應一體注重發展國民之體育，中等學校及大學專門須受相當之軍事訓練。發展體育之目的，固在增進民族之體力，尤須以鍛鍊強健之精神，養成規律之習慣，為主要任務。

（八）農業推廣，須由農業教育機關積極設施，凡農業生產方法之改進，農民技能之增高，農村組織與農民生活之改善，農業科學知識之普及，以及農民生產消費合作之促進，須以全力推行。（《教育公報》第一卷第五期）

二十年五月，國民會議透過之約法，有關於國民教育一章，共計五十二條，除第四十七條以「三民主義為中華民國教育之根本原則」屬於宗旨外，其餘全屬於教育政策。我們擇要寫在下面：

南京中山陵祭堂

第四十八條　男女教育之機會一律平等。

第四十九條　全國公私立之教育機關一律受國家之監督，併負推行國

家所定教育政策之義務。

　　第五十條　已達學齡之兒童應一律受義務教育。

　　第五十一條　未受義務教育之人，一律受成年補習教育。

　　第五十二條　中央及地方寬籌教育上必需之經費，其依法獨立之經費，並予以保障。（見《教育益聞錄》第二卷第二冊）

　　同年國民政府第一五七次中常會透過之三民主義實施原則，共計八章。第一章為初等教育，第二章為中等教育，第三章為高等教育，第四章為師範教育，第五章為社會教育，第六章為蒙藏教育，第七章為華僑教育，第八章為留學教育。每章分目標及實施綱要兩節，實施綱要又分課程、訓育及設備三段，每段分若干條，完全為黨化的教育政策，比較三全大會所透過之「實施方針」尤為詳盡細密。

　　以上所錄，均是整個政策的記載，還有大學院及教育部時代隨時制定的軍事教育職業教育、國語教育及華僑教育等計劃，不能備述。此外還有個人關於教育計劃的建議，如許崇清在十五年八月所擬《教育方針草案》，十六年五月張乃燕所擬《革新教育十大原則》，同年六月韋愨也擬了十二個教育方針，但這只是些個人的意見，我們也不必贅述了。

　　由以上種種看來，我們可以得一結論。中國國民黨的教育政策是多方注重的：從縱的方面看，自幼稚園以至大學各階段有各階段的特性，全須按照其特性盡量發展；從橫的方面看，凡普通教育、師範教育、職業教育以及其他特殊情形如蒙藏教育、苗瑤教育、華僑教育等等，莫不按照其需要盡量施行；再從學科的內容上看，除普通教科外，注意於軍事的訓練、團體生活的訓練及生產勞動教育的培養，更注意於生產教育及科學教育。國民教育以兒童為本位，力求普及，依照目前的國民經濟程度，暫定為四年的義務教育，對於義務教育的推行尤為注意。男女教育機會均等，而「對於女子教育尤須確認培養博大慈祥之健全的母性」

（《第二屆中央執行委員會第四次全體會議全會宣言》關於教育的建設者）。從教會及外國人手中收回教育權，使教育脫離宗教而獨立化，脫離外人而國家化。以上所有教育設施，皆統一於三民主義的教育宗旨之下；其政策的原則，力矯從前的放任主義，而代之以干涉主義。[2] 所謂干涉主義，即國家教育政策一切由國家規定，凡在本國領土之內的教育，一律須受國家的監督，遵守國家所定教育宗旨與方針切實辦理。對於學生尤須有嚴格的訓練，以培養思想統一、體魄健全、富有群性及生產技能的國民。——此即所謂黨化教育。

本章參考書舉要

(1)《中國國民黨第一次全國代表大會宣言》
(2)《大學院公報》
(3)《教育部公報》
(4)《全國教育會報告》
(5)《教育益聞錄》

---

[1] 韋悫：《國民政府教育方針草案》：「現在最多人討論的是黨化教育問題，但可惜還有許多人不明白黨化教育的意義。……我們所謂黨化教育，是在國民黨指導之下，把教育變成革命化和民眾化。換句話說，我們的教育方針，要建築在國民黨的根本政策上，國民黨的根本政策是三民主義、建國方略、建國大綱和歷次全國代表大會宣言和議決案，我們的教育方針應該根據這幾種材料而定，這是黨化教育的具體意義。」

[2] 《三全會政治報告·中國國民黨與教育》：「大會於此以為本黨今後必須確定整個教育政策方針，其根本原則必須以造成三民主義為中心。……如欲期此成功之增加，則必矯正從前教育上放任主義之失，而代之以國家教育政策。」

第六十三章　國民政府之教育制度

第一節　概論

　　本期的教育制度，應分成兩個時代：第一為大學院時代，自民國十六年七月至十七年十月，只有一年又三個月；第二為教育部時代，自十七年十一月至現今，約計五年。在大學院時代，政治為軍政時期，教育為革命教育，一切具有革新的精神。在教育部時代，政治已入訓政時期，而教育的革新精神已入休止狀態，大概說來，一切都恢復舊樣了。在大學院時代，為期雖只有一年三個月，而關於本期的一切教育制度，大體均由此時規劃出來。院長為蔡元培氏，蔡氏在十七年二三兩月，曾擬訂了大學規程、私立學校條例、中小學暫行條例及華僑小學條例與華僑視學條例種種。在同年五月，召集第一次全國教育會議，關於黨化教育的實施，學校系統，起草中小學課程標準，皆有決議；後來十八年及二十一年兩次所頒布的中小學課程標準，皆根據此次會議的成案起草的。尤其特異的，為教育行政制度的革新：一是中央由大學院管理全國教育及學術，一是地方試行大學區制。但此制試行不到兩年，因反對人眾多，遂隨蔡氏而俱倒了。第一任教育部長為蔣夢麟氏，蔣氏曾在十八年四月，奉中央命令，召集第二次全國教育會議。此次會議的性質，「不是廣泛的方針和原則，而是分期分項的實施方案」（《第二次全國教育會議大會宣言》），於第一次會議所決定的各種方針和原則，毫無變更。

　　本期為黨化的教育時代，除各級學校課程加授黨義外，其學校系統與前期無大差異。自縱的方面說，自六歲入小學至二十二或二十四歲大學畢業，整個教育時期，約計十八年。在小學以下有幼稚園，收受六歲以下的兒童；在大學以上有研究院，收受大學畢業生之有專門研究者：

年限皆不規定。自橫的方面說，在中等教育段，有普通中學，有師範，有職業，有農、工、商等科，及其各項補習學校；在高等教育段，有大學，有獨立學院，及各種專科學校。此外：有華僑學校及蒙藏學校，皆屬於中小學性質；有勞動學校，內分高等、中等兩部；有中央研究院，為全國最高學術機關。關於民眾教育方面，有補習學校，有由平民學校改稱之民眾學校，有各種勞工學校；此等學校的設立，不必由教育機關，或由交通部，或由農商部，或由地方工廠商會等處直接辦理。

第二節　教育行政制度之一度改造

一　大學院

國民政府在廣州時代，關於中央教育行政機關有教育行政委員會的組織；它的職權，在「掌管中央教育機關並指導監督地方教育行政」。其中設委員三人為幹部；幹部之下，設行政事務廳，依幹部會議的議決，處理本委員會所管事務。至十六年，國民政府遷都南京，由委員蔡元培提議，取消教育行政委員會，在中央成立大學院，同時由中央政治會議透過以蔡氏為院長。蔡氏組織大學院的意旨，在他的《大學院公報‧發刊詞》裡面可以看出：由這一段話看來，以大學院為管理全國學術及教育最高的機關，是側重在研究方面，不但是辦理教育行政就算完事。簡單說，即以學術化代從前的官僚化。所以自大學院始成立時，即進行下之三點：（1）實行科學的研究與普及科學的方法，（2）養成勞動的習慣，（3）提倡藝術的興趣。在大學院直接之下，設立中央研究院，以實現第一點，設立勞動大學以實現第二點，設立音樂院以實現第三點。

十餘年來，教育部處北京腐敗空氣之中，受其他各部之熏染，長部

者又時有不知學術教育為何物而專務營私植黨之人；聲應氣求，積漸腐化；遂使教育部名詞與腐敗官僚亦為密切之聯想，此國民政府所以舍教育部之名而以大學院名管理學術及教育之機關也。（《大學院公報》第一年第一期）

　　大學院的性質即側重在研究方面，所以它的內部組織也與從前教育部不同。據國民政府於十六年七月公布的《中華民國大學院組織法》，共計十一條，其要點是：

　　（1）「以大學院為全國最高學術教育機關，承國民政府之命，管理全國學術及教育事宜，不是隸屬於國民政府的，所以直稱中華民國大學院」。

　　（2）本院設院長一人，總理全院事務，並為國民政府委員。

　　（3）本院設大學委員會，議決全國學術上一切重要問題，「此委員會以各國立大學校長、本院教育行政處主任及本院所推舉的專門學者五人至七人組織之，而以院長為委員長」。

　　（4）在院長之下，設立二處：一為祕書處，置祕書長一人、祕書若干人，辦理本院事務；二為教育行政處，置主任一人、處員若干人，處理各大學區在相關聯及不屬於各大學區的教育行政事宜。

　　（5）在教育行政處之下，又設六組：一為學校教育組，二為社會教育組，三為法令統計組，四為圖書館組，五為國際出版品交換組，六為書報編審組。以上五點，尤以第三點為大學院的特色，組織大學委員會，即是實現研究精神的。但此項組織法，自初次公布以後，屢有修改。第一次修改在十七年一月，即增設了副院長一人，及加入了教育行政處條例的各條；其餘沒有變更。第二次修改在同年四月，這一次修改變更可大了，其重要的有二點：第一點為大學院的地位的低降，即由與國民政府平列的機關改為直隸於國民政府的機關；第二點為內部的改

組，即由二處改為五處：一為祕書處，二為高等教育處，三為普通教育處，四為社會教育處，五為文化事業處。到同年六月，又修改一次，但變更很小。不過由屢次的修改看來，大學院已有站立不穩的趨勢，所以蔡氏於同年十月辭職，大學院即隨著取消，到十一月以後改稱教育部。教育部的組織一仍前期的舊樣，我們毋庸再寫。

二　大學區

蔡氏既以學術化代官僚化，在中央組織大學院，所以在地方也試行大學區制。大學區制模仿於法國學制，以一省為單位，每省設立國立大學一所，以所在省名為各大學的名稱，總理本區內一切學術教育事項。試行了大學區制的省份，即取消教育廳，從前教育廳一切職權完全移歸該省國立大學辦理，其中組織，據十六年六月國民政府公布的《大學區組織條例》，共計九條，我們也可以略舉幾個要點出來：

（1）依全國現有的省份及特別區，定為若干大學區；每大學區設校長一人，總理區內一切學術與教育行政事項。

（2）在校長之下，設立下列各機關：一為評議會，為本區立法機關；二為祕書處，輔助校長辦理本區行政上一切事務；三為研究院，為本大學研究專門學術的最高機關；四為高等教育部，設部長一人，管理本部各學院及區內其他大學專門學校及留學事項；五為普通教育部，設部長一人，管理區內公立中小學校及監督私立中小學教育事業；六為擴充教育部，設部長一人，管理區內勞農學院及關於社會教育之一切事項。以上六個機關，以第一及第三為新制的特色，即實現研究精神之意，為從前教育廳制所沒有的。第六擴充教育部比較從前社會教育科的範圍廣大，也是新制的一點特色。此制試行的，只有浙江、江蘇及河北三省，

其餘各省仍舊為教育廳制。新制初行始於十六年七月，蔡氏打算逐漸推廣，哪知將近一年而江蘇教育界乃群起反對。他們反對的理由：（1）大學教育之畸形發展，（2）經濟分配之不均，（3）偏重學術，忽視教育，（4）行政效率減低，（5）易為少數分子操縱。總之大學區制，不唯不能使政治學術化，反使教育官僚化。他們根據這些理由，呈請政府取消試驗。十八年，北平教育界及學生，也群起反對。政府看見反對的人太多，遂於十八年八、九月間，明令停止試驗，仍復教育廳舊制。自此，蔡氏的滿腹志願僅作曇花一現了。

第三節　學校系統

一　原則

本期第一次全國教育會議，討論議案共分十二組，第二組為教育行政組。在本組內的第七條，有學校系統一案，案中又分甲乙兩項，甲項為原則，乙項為組織系統，統名《中華民國學校系統》。本期所謂「原則」，即前期所謂「標準」，初次議決只有六條，後來大學院增加了一條，合為七條，與前期的標準大旨相同。我們把大學院修正了的原文寫在下面：

（1）根據本國實情。

（2）適應民主需要。

（3）增進教育效率。

（4）提高學科標準。

（5）謀個性之發展。

（6）使教育易於普及。

（7）留地方紳縉之可能。

二 說明

本期學校系統說明裡面，分初、中、高三段共計二十二條。此二十二條說明，即本期教育界上的根本大法，後來公布的一切組織法法規及課程標準，莫不依據此項說明產生出來，不過辦法頗有出入。我們勿妨先將說明的原文抄在下面了，再加以補充。其說明如下：

甲初等教育：

（1）小學修業年限六年。

（2）小學校分初高兩級：前四年為初級，得單設之。

（3）小學課程於較高等級，斟酌地方情形，增設職業學科。

（4）幼稚園收受六歲以下之兒童。

（5）初級小學修業期滿後，得設相當年期之補習教育。

乙中等教育：

（6）中學校修業年限六年，分為初高兩級：初級三年，高級三年。但依設科性質，得定為初級四年，高級二年。

（7）初級中學得單設之。

（8）高級中學應與初級中學並設，但有特別情形時得單設之。

（9）初級中學施行普通教育，但得視地方需要，兼施除師範科外之各種職業科。

（10）高級中學得分普通科及農、工、商、家事、師範等職業科；但得酌量地方情形，得單設普通科；農、工、商、師範等科得單獨設立為高級職業中學校。修業年限以三年為原則。

（11）除師範外，得設相當初中程度之職業學校、初級職業中學校，以收受高級小學畢業生，修學以三年為原則。

（12）初級中學自第三年起，得酌行選科制。

（13）各地方應設中等程度之補習學校（或稱民眾學校）。

（14）為推廣職業教育計，得於相當學校內，附設職業師資科。

（15）高中師範科成師範學校，收受三年制初中畢業生者，修業年限三年；收受四年制初中畢業生者，修業年限二年。

（16）為補充鄉村小學校教育之不足，得設鄉村師範學校，收受初級中學畢業生，或相當學校肄業生之有教育經驗，且對於鄉村教育具有改革之志願者，修業年限暫定一年以上。如收受小學畢業生，則修業年限至少兩年。

丙高等教育：

（17）大學得分設文、理、法、醫、工、農學院。

（18）大學修業年限：文、理、農各四年，法、工各五年，醫七年。

（19）大學得附設各種專修科。

（20）研究院限為大學畢業生而設，年限無定。

（21）專門學校得就工業、農業、商業、美術、音樂等分別設立。

（22）專門學校招收高級中學或同等學校之畢業生。專門學校修業年限三年，經大學院之許可，得延長或縮減之。

由以上看來，初等教育與前期大致相同。中等教育除師範與職業外，關於普通初高兩級也與前期沒有出入。師範教育與前期不同的有三點：一是廢止六年制，二是取消師範專修科及講習科的名目，三是添設鄉村師範教育。本期所規定的因有三種：一為高中師範科，二為師範學校，三為鄉村師範學校。一、二兩種，如收受三年制的初中畢業生修業，以三年為限；收受四年制的初中畢業生，修業以二年為限。第三種如收受初中畢業生，修業年限暫定為一年以上；如收受小學畢業生，則修業至少兩年，而入學年齡須在十六歲以上。職業教育與前期不同的，

就是脫離了普通中學而獨立成為系統，其中分初級職業學校及高級職業學校兩種，其入學資格與普通中學同。除以上兩種正式職業學校外，凡初級中學得附設各種職業科，高級中學得分設各種職業科。此外還可於小學內，增設職業學科，還可於相當學校內附設職業師資科。關於高等教育，分大學校及專門學校兩級，修業年限與前期無大出入。所不同的有兩點，即：（1）大學取消單科制而為多院制，（2）師範大學沒有單獨規定它的地位，只混在大學組織裡面就是了。

第四節　各項學校令及其規程

一　緒言

本期的學制系統雖在大學院時代早已成立，但該項系統只是一個大綱，一切詳細組織尚未制定。到民國二十年，朱家驊為教育部長時，對於部務的整頓，及全國教育的計劃，很肯努力，於是在二十二年，制定了小學法及小學規程，中學法及中學規程，師範學校法及師範學校規程，職業學校法及職業學校規程各一份。此項法令與規程，雖根據戊辰學制，變更的地方也頗不少，而所變更的較前確係完善，對於小學尤為切實，可算是制度上的一點進步。現在全國中初兩級的各項學校，莫不奉它為典章，我們可以擇要補敘幾點出來。

二　小學校

據《小學規程》所載，小學分成三種：一為完全小學，二為簡易小學，三為短期小學。完全小學分初、高兩級，以六年為修業期限，初級

小學也可以單獨設立。此項小學以六足歲的兒童為入學年齡，但亦可展緩至九足歲，其課程載在部頒小學課程標準內，留在下面另述。簡易小學為推行義務教育的一種變通辦法。教育部為推行義務教育，曾於民國二十一年制定了第一期實施義務教育辦法大綱，規定以民國二十一年八月起至二十四年七月止，為實施義務教育第一期。在此期內，全國各縣市及行政區、特別區，應指定城市及鄉村各設一區或數區，為義務教育實驗區，實施義務教育。在義務教育實驗區內，所辦之小學取名義務教育實驗區小學校，經費以就地籌措為原則。此項小學編制，又分三項：（1）全日制，招收學齡兒童，多級或單級教學；（2）半日制，招收學齡兒童，上下午分級教學；（3）分班補習制，招收不能入一、二兩項之兒童，每兩小時分班教學。前兩項定四年畢業，後一項至少須修滿二千八百小時，作為修業終了。此項小學課程，應以部定小學課程標準為標準，但視地方情形可減少國畫、音樂、勞作等學習時間，僅授算術、常識、國語、體育等科。此項課程稱為簡易課程，故又名此項小學為簡易小學。

　　簡易小學，其課程雖比較簡單，所教的仍為學齡兒童。短期小學則為救濟年長失學的兒童而設的，可以說短期小學又為促進義務教育的一種變通辦法。教育部為促進義務教育，在同年，又制定了《短期義務教育實施辦法大綱》。規定短期義務教育之實施，以鄉鎮坊公所為主體，省市行政區特別區及縣市區為試驗與示範起見，應指定相當地點設短期義務教育實驗區，儘先辦理短期義務教育。辦理此項教育之小學，稱短期小學，或短期小學班。其經費也以就地籌措為原則。凡年滿十足歲至十六足歲之年長失學兒童，均應入短期小學班，但不得收取學費。此項小學，採用分班教學制（上午、下午、夜間），每日授課二小時，修業年限一年。以識字為目的，其課程設國語一科，並注重注音符號。課程的

內容，包含史地、公民、算術、自然等常識。

三　中學校

中學規程，與戊辰學制所定大致相同。所不同的，約計二點：(1) 取消了四二制，此後完全採用三三制；(2) 取消了選科制，無論初高兩級，所有課程一律作為必修科。並且規定了早操，規定了自修時間，規定了以男女分校或分班為原則。在學年齡，初級中學以自十二足歲至十五足歲為標準，高級中學以自十五足歲至十八足歲為標準。

四　師範學校

師範教育，據師範學校法或其規程所載，分成四種：一為師範學校，二為幼稚師範科，三為特別師範科，四為簡易師範學校或簡易師範科。第一種專收女生的稱女子師範學校，如以養成鄉村小學師資為主旨的，稱鄉村師範學校，均以三年為修業年限。第二種修業年限三年或四年，第三種修業年限一年，第四種年限不定。其課程除第一種已見於師範學校課程標準外，其餘尚未制定出來，不過一律取消選科，與中學校相同。畢業生服務年限，照他們在校時修業年限加倍計算，服務未滿限期不得升學或從事教育以外之職業。設置規定分設於城市鄉村，而以多設在鄉村為宜，並為推廣師範教育計，得劃全省為若干師範區，每一區得設男女師範學校各一所。

五 職業學校

此項學校，分初高兩級，初級職業學校，以收受小學畢業生為原則，修業年限一年至三年；高級職業學校，以收受初中畢業生為原則，修業年限三年。前者以縣立、市立為原則，後者以省立或特別市立為原則，但社團或工廠、商店、農場等職業機關，或私人，按照規程均可設立。設置科目，以就某業中之一科單獨設立為原則，以兼設同一業之數科或合設數業為例外。除此以外視地方需要，得於職業學校內附設職業補習班，或職業補習學校。其他與戊辰學制盡同，不必重述。

第五節　各級學校課程標準

一　緒言

本期的課程標準編訂了兩次：一為民國十八年八月公布的，名《中小學課程暫行標準》；一為二十一年十月公布的，名《中小學課程標準》。前者為試行的課程標準，由十八年八月到二十年六月為試驗研究時期。自二十年六月，教育部收集各省區試驗的結果，另聘專家加以修正和審核，到二十一年十月，才完全告竣，作為本期的正式課程標準。本期與前期最大不同的有兩點：一是增加了黨義課程，且將黨義融和於各科教材裡面；二是另編了一部幼稚園課程，為自有新學制以來所沒有的。正式標準與暫行標準最大不同的，有三點：（1）在小學方面，增加了公民訓練標準；（2）在中學方面，取消了學分制，改為鐘點制；（3）在中小學方面，取消了黨義科目，只將黨義教材充分融化於社會及自然

各科之中。在各科內容方面，後者較前者更為充實，且多趨向於實際教學，掃除從前一切架空蹈虛的毛病，這也是試驗研究之後的一番進步。現在我們只將正式的標準擇要寫在下面，至於暫行的標準有效期間業已過去，可以從略。

二　幼稚園課程標準

本標準分「幼稚教育總目標」、「課程範圍」及「教育方法要點」三項。第一項的目標有下之四點：

（1）增進幼稚兒童身心的健康；

（2）力謀幼稚兒童應有的快樂和幸福；

（3）培養人生基本的優良習慣（包括身體行為等各方面的習慣）；

（4）協助家庭教養幼稚兒童，並謀家庭教育的改進。

第二項的課程範圍分七目：（1）音樂，（2）故事和兒歌，（3）遊戲，（4）社會和自然，（5）工作，（6）靜息，（7）餐點。每一科目分「目標」、「內容大綱」及「最低限度」三項。每項又分成數條目。第三項的教法要點，是根據兒童興趣和需要，做成作業的中心，把各科教材打成一片，以設計教學法引起兒童的活動；從活動中施以個性的發展、群性的培養，並養成民族的觀念；教師處於指導者、保育者和最後評判者的地位。

三　小學課程標準

此項標準，也分成「小學教育總目標」、「作業範圍」及「教學通則」三項。第一項的總目為：「小學應根據三民主義，遵照中華民國教育宗旨

及其實施方針，發展兒童身心、培養國民道德基礎及生活所必需的基本知識和技能，以養成知禮、知義、愛國、愛群的國民」。其分目有八：

（1）培養兒童健康的體格；

（2）陶冶兒童良好的品性；

（3）發展兒童審美的興趣；

（4）增進兒童生活的知能；

（5）訓練兒童勞動的習慣；

（6）啟發兒童科學的思想；

（7）培養兒童互助團結的精神；

（8）贊成兒童愛國愛群的觀念。

作業範圍，分公民訓練、衛生、體育、國語、社會、自然、算術、勞作、美術及音樂十目。每目每週教學時間，以分數計算。總計低年級自一一七○至一二六○分；中年級自一三八○至一四四○分；高年級約為一五六○分。

其中的說明有四點：(1) 公民訓練和別種科目不同，重在平時的個別訓練。(2) 各科目得依各地方情形酌量分合：如社會、自然及衛生三科，在初級小學得令並為常識一科；又如勞作科的農事、工藝作業，可單設一種，即以所設的一種命名某某科；又如美術、勞作二科，在低年級得令並為工作科。(3) 總時間為適中學數，得依各地方情形，每週增多或減少九十分鐘。(4) 時間支配，以三十分一節為基本，視科目教材的性質分別延長到四十五分或六十分。

四　初級中學課程標準

初中課程分第一、第二兩類。第一類之教學科目為：公民、國文、英語、算學、歷史、地理、物理、化學、動物、植物、體育、衛生、勞作、圖畫及音樂十五科，這是為一般情形而設立的。至於需要蒙、回、藏語或第二外國語之特殊地方，則酌減勞作、圖畫及音樂三科鐘點，每週加授蒙、回、藏語或第二外國語三小時。倘遇特別困難時，得酌減英語每週一小時或二小時。此次既改學分制為鐘點制，所以在校自習時間也列為正課，無論住校學生或通勤學生均須一律參加。學生成績分學業、操行及體育三項。考查學業成績的方法，分日常考查、臨時試驗、學期考試及畢業考試四種。凡升級或畢業，皆以各項成績及格為標準。

五　高級中學普通科課程標準

高級中學的課程，也分第一、第二兩類。第一類之教學科目為：公民、國文、英語、中外歷史、中外地理、算學、物理、化學、生物學、體育、衛生、軍事訓練（女生習軍事看護）、倫理、圖畫及音樂十五科。若遇有特殊地方，需要蒙、回、藏語或第二外國語者，則減去倫理、圖畫、音樂等科目，以所餘時間加授蒙、回、藏語或第二外國語。考查成績方法及畢業標準，與初中完全相同。至於初高兩級中學之一般目的，依照中學規程所規定者如下：

中學為嚴格訓練青年心身，培養健全國民之場所，依照中學法第一條之規定，以實施下列各項之訓練：（1）鍛鍊強健體格，（2）陶融公民道德，（3）培養民族文化，（4）充實生活智慧，（5）培養科學基礎，（6）養成勞動習慣，（7）啟發藝術興趣。

六 師範學校課程標準

師範學校為嚴格訓練青年身心,養成小學健全師資的場所,依照師範學校規程第二條的規定,以實行以下各項訓練:(1) 鍛鍊強健身體,(2) 陶融道德品格,(3) 培養民族文化,(4) 充實科學智慧,(5) 養成勤勞習慣,(6) 啟發研究兒童教育之興趣,(7) 培養終身服務教育之精神。關於普通師範之教學科目為:公民、國文、歷史、地理、算術、物理、化學、生物、體育、衛生、軍事訓練(女生習軍事看護)、勞作、美術、音樂、倫理學、教育概論、教育心理、教育測驗及統計、小學教材及教學法及小學行政實習等科。其他關於鄉村師範及幼稚師範等課程,則另有規定。

七 職業學校課程標準

職業學校為實施生產教育之場所,訓練的目標如下六條:(1) 鍛鍊強健體格,(2) 陶融公民道德,(3) 養成勞動習慣,(4) 充實職業技能,(5) 增進職業道德,(6) 啟發創業精神。其課程分初級、高級兩種。初級職業學校暫分為下列各科:(1) 關於農業者如普通農作(稻、棉、麥作等)、蠶業、森林、畜牧、養植、園藝等;(2) 關於工業者,如藤竹木工、板金工、電鍍、簡易機械、電機、電料裝置及修理、鐘錶修理、汽車修理、攝影、印刷、製圖、染織、絲織、棉織、毛織、陶瓷、簡易化學工業等;(3) 關於商業者,如普通商業簿記、會計、速記、打字、廣告等;(4) 關於家事者,如烹飪、洗濯、造花、縫紉、刺繡、理髮、育嬰、傭工等;(5) 關於其他職業者,視地方需要酌量設立。高級

職業學校分為下列各科：(1) 關於農業者，如農業、森林、蠶桑、畜牧、水畜、園藝等；(2) 關於工業者，如機械、電機、應用化學、染織、絲織、棉織、毛織、土木建築、測量等；(3) 關於商業者，如銀行簿記、會計、速記、保險、匯兌；(4) 關於家事者，如縫紉、刺繡、看護、助產等；(5) 於其他職業者，視地方需要，酌量設立。凡職業學校，每週教學四十至四十八小時，以職業學科占百分之三十，普通學科占百分之二十，實習占百分之五十為原則。

第六節　畢業會考及成績核算法

一　畢業會考

教育官廳對學校舉行畢業會考，是本期近來的一種特殊制度。此制創行於民國十九年湖北教育廳，二十一年以後乃通行於全國各省。教育部初次頒布了一份《中小學學生畢業會考暫行規程》，凡已屆畢業的中小學學生，須一律參加會考。二十二年九月，教育部又將此項暫行規程修正，名叫《中學學生畢業會考規程》。按照此項修正的規程，把小學會考一項取消，只留中學一項。凡公私立中學學生必須參加畢業會考，但須在本校畢業試驗及格之後，方有參加的資格。會考的科目，初中與高中略有不同。凡初級中學，抽試公民、國文、算術、理化（物理化學）、生物（動物植物）、史地（歷史地理）及外國語七科。凡高級中學，抽試公民、國文、算學、物理、化學、生物學、歷史、地理及外國語九科（按民國二十二年部令抽考科目又有變更）。會考的成績有二科或一科不及格者，準其參加下屆各該科會考，及格後方得畢業。如有三科以上不及格者，應令留級。畢業會考應行補考的學生，如願升學者，可準其先行升

學，作為試讀生，非俟參加下屆補考及格後，不得作為正式學生。

二　成績考查法

據各項規程的規定，凡中學校師範學校及職業學校，學校考查學生的成績，分：（1）日常考查，（2）臨時試驗，（3）學期考試，及（4）畢業考試四種。第一種，包括口頭問答、學習練習、實驗實習、讀書報告、作文測驗、調查採集報告、其他工作報告及勞動作業九項。第二種，由擔任各科教員隨時於教學時間內舉行，每學期至少舉行二次以上，普通叫做月考。第三種於每屆學期終，各科教學完畢時舉行，所考範圍以本學期所教學者為限。第四種於規定學年修滿後舉行，所考範圍以本校所定全部課程為限。

三　成績計算法

學校對學生成績的計算法，分：（1）平時成績，（2）學期成績，（3）學年成績，及（4）畢業成績四種，各科日常考查成績與臨時測驗成績相合，叫做各科平時成績；日常考查成績在平時成績內占三分之二，臨時試驗成績占三分之一。各科平時成績與學期考試成績相合，叫做各科學期成績；平時成績在學期成績內占五分之三，學期考試成績占五分之二。學生各科學期成績的平均數，作為該生的學期成績；每學生一、二兩學期的平均數，作為該生的學年成績。每學生各學年成績的平均數，與其畢業考試成績相合，叫做畢業成績；各學年成績的平均數在畢業成績內占五分之三，畢業考試成績占五分之二。除以上四種成績外，由官廳舉行畢業會考的成績，與學校畢業成績相合，叫做畢業會考成績；學

校各科畢業成績在畢業會考成績內占十分之四，會考各科成績占十分之六。以上各項成績，均以百分法計算，並規定以六十分為及格標準。

本章參考書舉要

(1)《國民政府教育法規》

(2)《大學院公報》

(3)《教育部公報》

(4)《全國教育會議錄》

(5)《教育雜誌》

(6)《教育益聞錄》

(7)《中小學課程標準》

(8)《最近三十年之中國教育》

(9)《湖北地方教育現行法令輯要》

第六十四章　現今教育之趨勢

第一節　生產教育

民國十一年公布之新學制標準第五條有「注意生活教育」一語，即中國生產教育之萌芽。

生產教育的意義，發生於前期，本期初年才有人正式提倡，到近二、三年來已演為很高的思潮了。這種教育，近年所以演為思潮的，其背景不外「政治」、「社會」、「國際」及「教育本身」四種。

本期政治以孫中山的三民主義為政綱，三民主義以民生為中心，可以說本期政治是應以民生為中心的。政治既以民生為中心，教育亦當以民生為中心，而生產教育一項自必為政府所注意。本期最初提倡生產教育的為許崇清。許氏在民國十五年國民政府教育行政委員兼廣東教育廳長任內，擬了一道教育方針草案，裡面有這樣幾段話：

中國從來的教育，只是關於支配行動的教育；關於生產行動的教育在中國是從來所無的。

中國今後社會發達必然的唯一可能的進路，我們今後應該致力革命的一般政策，既是如此；則中國今後的教育政策，當然亦應該與這個革命的一般政策相併動，然後使所施的教育才能成為確有實效的教育。而且今後的教育政策所指導的方向，亦只有與這個革命的一般政策所進取的方向相一致；然後所設施的教育才能盡致發揮它固有的價值，教育的發達才能預期。

吾人所謂知識，即是使環境順應於吾人的要求；又使吾人的慾望或目的順應於環境，因而構造吾人的心的傾向。知識不是只限於吾人所能意識的而止，卻是當吾人解釋當面的事實及現象的時候，吾人有意運用

心的傾向所構成。吾人所謂道德，亦不過是在人我相交處一個社會的關係裡面，體察疑問中的一切條件，人我間一切要求，又發現於意識內一切價值，而後真正把捉著的一個狀態。

從這些根本事實來制定教育的原理，學校教育當與社會生活的活動和事務相結合；不獨是材料的內容要與社會環境相聯絡，並其方法的內容亦須與社會生活相一致。

我們一面依照這個教育原理，一面因應前述革命的一般政策來擬定今後的教育方針。當面第一個緊急問題，應該就是產業教育問題。（《中華基督教教育季刊》第二卷第三期）

許氏認中國歷代的教育皆是支配行動的，今後當改變方針竭力從事於生產行動的教育；這一篇議論，對於國人歷來教育觀念的革命，確是很有價值的。生產教育自經許氏這樣一提倡，國民政府於是深切注意。大學院院長蔡元培在十七年五月，召集第一次全國教育會議時，即有「養成勞動習慣，增高生產技能，推廣科學之應用，提倡經濟利益之調和，以實現民生主義」的教育宗旨之規定。十八年一月，第三次全國代表大會開第十一次會議時，接手又有「以各種之生產勞動的實習，培養實行民生主義之基礎」的實施方針之決議。十九年四月，教育部長蔣夢麟召集第二次全國教育會議，所透過之改進全國教育方案，又有「在各級各類的教育內，都應注重科學實驗，培養生產能力，養成職業技能」的規定。二十年六月，行政院公布國民會議議決的教育設施趨向案內，也是以生產教育為言；且規定社會教育應以增加生產為主要目標。國民政府因要實行其民生主義，屢次會議皆以生產教育為提倡，自然能夠引起國人的注意。

中國目前社會最感恐慌的，莫過於「貧」。貧的來源有二：一方由於政治不上軌道，致產業無從發達；一方由於外貨充斥，利權日益外溢。

這種現象，一天厲害一天，由是農村破壞，百業凋零，失業者的數目日增，整個社會皆陷於極窮困的境地。救貧的根本辦法，只有努力從各方面發達自己的產業，挽回已失的利權。要達到這個目的，除政治力量外，則應當依靠教育力量，此生產教育所以在近年最感迫切。在政府方面，提倡生產教育的，有許崇清、陳果夫、程天放等人；在社會方面，提倡這種教育的，有陶知行、羅廷光、舒新城，曹芻等人。曹氏說：

《中華教育界》，教育月刊。上海中華書局創辦於 1912 年 1 月。1950 年 12 月停刊。內容包括教育理論和實際經驗、教育參考資料、補充教材、教育文藝作品等。

以四萬萬人口的國家，有三分之二以上的人，日日在啼飢號寒，是何等的危險！任何事沒有比足衣足食的需要更迫切的了。解免這種危險，適應這種需要，只有增加生產之一法。中國是小農國家還停滯在小手工業時代。……我們唯一的方法，只有利用農產品，去換必要的工業品，漸求入超的減少，以至於出入相抵——這是工業國家必經的途徑。所幸中國農業還是利用人力和畜力的農業，還未用著機器力量。同時荒地尚多，地力未盡，生產增加不是不可能的。教育和政治的力量，如集中於此點，速效可期，危亡可免。(《中華教育界》第十卷第三期〈從群眾潛隱的形態中尋我中國教育之出路〉)

陶氏說：

最近依日本估計，中國每人均攤財富，只有一〇一元日金。沒有開發的寶藏，當然還是無法運用，所以不算在內。同時日本每人均攤財富為一七三一元，比中國人大十七倍多。美國每人均攤財富為六六〇七元，比中國人大六十五倍多。俄國雖窮，還在中國之上，每人均攤七五六元，差不多比中國人大七倍。所以中華民族的第二條出路，是創造「富的社會」；中國教育的第二條出路，是「教人創造富的社會」。……

在創造富的社會中，教育之任務如下：

（1）教人創造富的社會，便是教人創造合理的工業文明，便是引導人民在合理的工業上尋出路。

（2）教人創造合理的工業文明，便是教人創造合理的機器文明，合理的機器文明，便是要人做機器的主人，不做機器的奴隸。

（3）科學是工業文明的母親，我們要創造合理的工業文明，必須注重有駕馭自然力的科學。

（4）農業對於富力之增加，有兩種方式：一是使全中國無荒廢之地；二是把科學應用到農業上來，使地盡其利。最後等到工業吸收了一大部分之農人，即可使農業變成工業的農業。

（5）教後起青年運用雙手與大腦，去做新文明的創造者，不教他們袖手來去做舊文明的安享者。

（6）教人同時打破「貧而樂」、「不勞而獲」及「勞而不獲」的人生觀，這三種人生觀都是造富的心理上的最大障礙。

（7）教人重訂人生價值標準。農業社會與向工業文明之前進社會是不同的：純粹的農業社會的一切是靜止的；向工業文明前進的農業社會是變動的。我們要有動的道德、動的思想、動的法律、動的教育、動的人生觀。（《中華教育界》第十九卷第三期〈中華民族之出路與中國教育出路〉）

羅氏著〈教育與經濟〉一文，對中國今後教育應有的改革，分成五點，而以注重生產教育列為第一。他說：

開宗明義，當然以注重生產教育為最重要。拿了生產教育去代替舊式的消費教育，切切實實的講究生產，講究生產的增加。因為中國系以農立國，當然應以農業生產為主，工業為輔。努力於發展固有的農業，輔以近世工業，近世生產新法，藉機械以增加生產能量，以求抵抗國際

資本主義的侵略，而謀自給自救——此為最低限度之要求。（《新中華雜誌》第一卷第三期）

　　中國歷來所辦抄襲的教育，不合於自己社會的需要，致無救於社會的貧窮，國人雖感覺其錯誤，而印象尚不深切。國人感受已往教育的錯誤之刺激最深的，莫如學校畢業生之無出路。十餘年前，只有中學畢業生得不到出路，到現在大學畢業生亦無出路可找，甚至於出外留學歸國的學生之失業的亦逐日加多。從前只有普通學校的畢業生沒有職業可尋，現在連職業學校的學生出了學校亦得不到職業，且他們也不能從事職業。全國學校年年不斷招生，不斷畢業，而社會上失業的數目於是不斷增加。社會上失業者不斷增加，而國家從未想一救濟的辦法，於是強者為盜匪，弱者為流氓，此社會問題所以日趨險惡。這個時候，國人才知道已往教育之失當，才知提倡生產教育之刻不容緩了。程天放在他所著〈改革中國學校芻議〉一文中，有一段話說得很痛切：

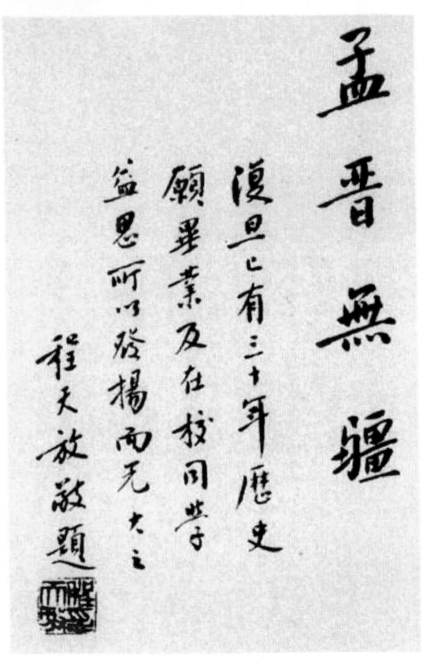

孟晉無疆

復旦已有三十年歷史
願畢業及在校同學
益思所以發揚而光大之

程天放敬題

程天放手跡

第五期　自國民政府建都南京至現今（1927—1934）

　　生產落後，經濟枯竭，是中國最大的危險。現在中國人衣、食、住、行的需要，都要仰給於舶來品。……照此下去，人家不必調一兵，不必發一炮，我們也非日趨滅亡不可。尤其危險的，是過去的教育，不但不能增加人民的生產力，反而減少人民生產能力。本來是個農家子弟，假如他不受教育，長大後還可以做一個胼手胝足的農夫，一受教育便再也不肯下田耕種。本來是一個工人子弟，假如他不受教育，長大後還可以做一個刻苦耐勞的工人，一受教育，便再也不肯動手作工。這種現象，到處皆是。所以大學畢業、中學畢業甚至小學畢業的學生，大多數都成為安坐而食的不生產分子。大家都往政界、教育界擠，擠不進去就失業。所以學校畢業生一年多一年，失業的人也就一年多一年，社會上不安定的狀態也就一年甚於一年。這種教育，非促成亡國不可。我們現在必須以教育的力量挽回這個頹風，以教育力量增加人民的生產能力。原來能生產的，受教育後，生產能力更強。原來不能生產的，受教育後，也成為生產分子。這是中國目前第二個大需要，也是教育第二個目標。（《中華教育界》第二十卷第五期）

　　胡葆良在二十年暑假講習會中，也有同樣的感覺：

　　吾人之日用品，凡為生活之所需要者，什九皆仰給於舶來品，此我國致窮之原因，夫人人而知。挽救之法，除增加大量生產以外，更無再好辦法，此生產教育所以有特殊之需要也。就教育的立場而言，過去之教育，凡人之子女一經學校畢業，即成為雙料少爺小姐，而鄙視一切勞動，以生產為賤業，以消費為尊榮。此種態度之養成，於個人於社會均有莫大之不利。我國生產之落後，經濟之破產，內亂叢生，外患日迫，教育亦應負其責焉。今後對於教育的設施，當看清此弊而竭力矯正之，此為生產教育特殊之背景也。（《中華教育界》第二十卷第七期〈生產教育討論〉）

　　整個社會的貧乏，學校畢業生失業的數目日益加增，加以蘇俄的勞動教育政策之對照，及政府不時的提倡，所以「生產教育」的呼聲在全國瀰漫了。大家皆認為這種教育為中國教育唯一的出路，也是中華民族的出路。

　　何謂生產教育？依當今國人一般的解釋，李權時分直接、間接二類，程其保分廣義、狹義二說，[1] 究不如胡葆良所說較為精當。胡氏說：

　　生產教育之意義，即運用教育方法，以養成兒童勞動的精神，啟發創造的思想，培養兒童生產的興趣，及尊敬勞作的態度，以達到生產的目的，而滿足生活的需要是也。(〈生產教育討論〉)

　　生產教育不是撇開現有學校教育而另成一種教育，是寓生產之意於所有學校教育之中。主要的在平日以生產的興趣，創造的思想，及尊敬勞作的態度培養兒童。此即陶氏所謂「教後起青年運用雙手與大腦去做新文明的創造者，不教他們袖起手來去做舊文明的安享者」。至於實施的方法，主張各有不同，有主張改變昔日教育觀念及教授方法的，[2] 有主張課程改組的，[3] 有主張對於現在學制根本改革的。[4]

第二節　鄉村教育

　　中國人注意鄉村教育，始於民國十二、三年，當時有余家菊、傅保琛、喻讓烈等人。余氏不過在雜誌上粗有論文發表，尚談不上研究，用力在這上面研究的則為傅、喻二氏。喻氏在民國十四年，編了一本《鄉村教育》，除說明鄉村教育之意義與目的外，對於鄉村生活的改良頗有陳述。同年中華教育改進社在山西開年會時，且正式提義添設鄉村教育組，以便推行鄉村教育。傅氏除在北京師範大學擔任鄉村教育教授外，逐年在雜誌上繼續發表的文字，較喻氏更多，但他們這些人，此時所用

力的不過紙上談兵，未嘗在實際上作鄉村教育的工作；且所研究的多不脫離教育範圍，而當時對於這種教育的空氣甚為淡薄。

自民國十六年以後，國人對於鄉村教育的空氣漸漸濃厚起來了，始由研究的工作而進於運動的工作，代表人物，南方有陶知行，北方有梁漱溟。陶、梁二氏雖同樣注意於鄉村教育，同為鄉村教育運動的領袖，但他們的出發點則兩不相同。「陶氏以教育為基點，故首先注意於鄉村學校之改革，逐漸及於鄉農鄉政。梁氏則以改革中國問題為研究的對象，於發現鄉村問題之重要後而注意於鄉農教育。在陶氏理論上，改造鄉村學校是方法，改造鄉村生活是目的。在梁氏則辦鄉農學校，改進鄉村，均是解決中國整個問題之手段。」（《新中華雜誌》第一卷第一期）舒新城這一段分析，尚屬恰當，我以為：且不僅出發點不同，兩人的精神與態度也不一致。陶氏是注重科學的，其所創作多帶西方的色彩；梁氏是研究哲學的，其所表現多含東方的精神。因為如此，所以中國鄉村教育運動的理論和方式，形成了兩個系統——前者以改造鄉村生活為目的，後者以建設鄉村社會為目的。

陶氏的鄉村教育運動，以南京曉莊師範學校為根據。該校以「教學做合一」為教育的原理，以「深入民間與農民一齊生活」為理想的教育。其中組織及各種創辦事業，可分成三部：一、屬於師範教育部，有小學師範院，幼稚師範院；二、屬於小學教育部，有中心小學、中心幼稚園；三、屬於社會教育部，有實驗民眾學校、曉莊鄉村醫院、農藝陳列所、中心木匠店、中心茶園、曉莊商店。其他還有民眾教育研究所、鄉村業訊及鄉村教育先鋒團，關於研究與運動的種種組織。這些組織，其目的皆是以教育改良鄉村生活，以學校領導鄉村社會，最後學校與社會合而為一。這種教育，不僅負改良與指導社會的責任，即於一掃從前文雅的書本教育之陋習，也算值得注意的，關於他們的優點，楊效春有幾句讚美的話：

　　無論怎樣，她（曉莊學校）在中國鄉村教育史中畢竟是掀起巨大的波濤。她以萬物為導師，宇宙為教室，生活為課程。她要打消教育與生活的分離，蕩平學校與社會的圍牆，破除教師與學生的界限。她的主張已經激動了全國各地從事鄉村教育者的心弦，無論他們是贊成或是反對。（《中華教育界》第二十卷第五期）

　　梁氏於民國十七年，在河南輝縣百泉村辦了一所河南村治學院，試驗他的以教育建設鄉村社會的理想，試行不久就被解散。解散以後，河南村治學院的化身乃脫胎於山東鄒平縣，換名山東鄉村建設研究院。這個研究院，由山東省立，院址設在鄒平，以鄒平、菏澤兩縣為實驗縣區。此院的基本構造，分成兩部：一為鄉村建設研究部，一為鄉村服務人員訓練部。研究部的用意有兩點：一是普泛地研究鄉村建設運動及其理論；二是具體地或分類地研究本省各地方的鄉村建設方案。訓練部的用意，就在養成到鄉村去實行建設工作的人才，故平日訓練的要點有三：一為實際服務之精神陶冶，二為認識了解各種實際問題之知識上的開益，三為應付各種實際問題之技能上的指授。研究部的學生，年齡較大，稍具自由研究的性資，以二年為修業期。訓練部的學生，年齡較小，以一年為修業期，完全採取軍事訓練。

　　除以上基本構造外，另有二種重要的設施：一為農場，二為鄉農學校。農場的試驗，有植棉、植桑、養蠶、養蜂、畜雞、畜豬、鑿井、開泉等工作。鄉農學校又可以說是一種民眾學校，專在教授當地失學的男女老少，以日用生活的常識和技能。它的教育活動，分成六項：一為精神教育活動，如精神陶冶、戒菸會及風俗改良會等；二為語文教育活動，如識字班、閱報處及演講會等；三為生計教育活動，如農業推廣、合作事業及造林、鑿井等；四為公民教育活動，如史地教育、時事報告、國慶或國恥紀念及家庭改良設計等；五為健康教育活動等，如國

術、軍事訓練、清潔運動及放足運動等；六為休閒教育活動，如明月會、談心會及新年同樂會等。其後，菏澤縣分為督察區公署管轄，他們遂完全以鄒平為實驗區，以鄒平縣的縣長為實驗縣區的主任，秉承正副院長辦理鄒平全縣鄉村的一切建設。此院完全以建設理想的鄉村為目的，故他們──辦理者──所做的工作，全是建設工作，即以教育為建設。我們把此院設立的旨趣抄錄一段在下面，便可以知道他們所具的意義了，他們說：

今日的問題，正為數十年來都在「鄉村破壞」一大方向之下：要解決這問題，唯有扭轉這方向而從事鄉村建設──挽回民族生命的危機要在於此。只有鄉村安定，乃可以安輯流亡；只有鄉村產業興起，乃可以廣收過剩的勞力；只有農產增加，乃可以增進國富；只有鄉村自治當真樹立，中國政治才算有基礎；只有鄉村一般的文化提高，才算中國社會有進步。總之，只有鄉村有辦法，中國才算有辦法，無論在經濟上、在政治上、在教育上都是如此。（本院設立旨趣）

除陶、梁二氏外，施於實際工作的，還有晏陽初氏。晏氏本是在北京創辦平民教育的主要分子，從十八年起，始把城市的工作移到鄉村，以河北省的定縣為實施的基礎。自平民教育促進會搬到定縣後，從前在北京辦理平民教育的主要人員一律來到定縣，從事於實際工作，逐漸擴大與改變內部的組織；於是由平民教育一變而為鄉村教育了。晏氏等在定縣實驗數年之後，頗有成績，引起了社會及政府的注意，二十二年河北省政府依據第二次全國內政會議決議案，以定縣適合實驗區之條件，因即選定為河北省縣政建設實驗區。同年，乃在定縣成立河北省縣政建設研究院，以定縣為實驗縣，以晏氏為院長。此院的組織，分調查、研究、實驗、訓練四部，定縣的縣長即以實驗部的主任兼充，受院長的指揮。凡研究院的工作人員多半是平民教育促進會的人員，兩種組織實際

上已打成一氣了。他的目的,介於陶、梁二氏之間,而大體與梁氏相同,定縣的規模之大也與鄒平相等。他們的辦法是:應用三種方式,實施四大教育,完成六大建設,實現三民主義。所謂三種方式,即學校式、社會式、家庭式。所謂四大教育,即文藝教育、生計教育、衛生教育、公民教育。所謂六大建設,即政治建設、教育建設、經濟建設、自衛建設、衛生建設、禮俗建設。以文藝教育救愚,以生計教育救窮,以衛生教育救弱,以公民教育救私,一切設施皆鑒於中國民族性的缺點及社會的毛病,而加以改革與建設的。後來者居上,他們的成績已駕曉莊與鄒平之上了。

喻謨烈於民國十七年曾在湖北倡議開辦鄉村師範學校,對於鄉村教育不無相當影響。

自民國十六年,曉莊學校成立,在中國鄉村教育史上可算開了一個新紀元。其後,因政治關係,辦了三年,到十九年四月就被解散。但曉莊學校雖被解散,而陶氏「教學做合一」的主張已引起了中國教育家的注意,跟著曉莊學校的辦法而繼起的鄉村師範學校,在江浙各省已數見不鮮了——現在全國各省莫不有鄉村師範學校的設立。民國二十一年,陶氏又在上海大場創辦山海工學團,是繼曉莊的精神而來的。其中的辦法是把學校、工場和社會三種打成一片,即實施「教育即生活」並以教育去改良生活的辦法。山東鄒平村建設研究院開辦於民國二十年三月,因省立的關係,經費充足,規模比較龐大,成績亦大有可觀,又以梁氏富於哲學思想,不斷的研究,到最近比較從前已改變不少了。他們以「改進社會,促成自治」八字為口號,以「教養衛合一」為方法,以建設人類理想的社會為目標,其基本組織則以一鄉一村為單位,故於二十二年七月即改鄉農學校為鄉學村學。鄉學村學的精神即從藍田呂氏鄉約而來,富於東方倫理的精神,於新教育裡面不免含有不少復古的意味。

第五期　自國民政府建都南京至現今（1927—1934）

　　現在全國經濟枯竭，農村破產，為復興農村計，益感鄉村教育的必要。中國雖開放港口，設置商場，創辦各種機器工業，已有了數十年，而農民還占全國人口百分之八十，國家經濟仍以農業為基本。唯有復興農村才可以復興民族，故為復興民族計，更感鄉村教育的迫切。所以近年以來，鄉村教育運動的高潮，與生產教育到了同一程度；這種教育運動不僅以改良鄉村生活及建設鄉村社會為目的，到近年且背負了復興民族的使命。在政府方面，行政院長汪精衛氏於二十二年四月，特別組織了復興農村委員會，計劃復興農村的方法。該委員會分技術、經濟及組織三組。組織組中又分設自治、教育、衛生及自衛四小組。在教育小組中，規定兩個原則：一關於國民教育，應適合於農村環境之便利：二關於民眾教育，應注重鄉村生活之需要。其他三小組，在梁、晏二氏的主張中，都可以包括在鄉村教育裡面。教育部除把鄉村教育規定在學校系統裡面以外，並於二十二年九月，通令各省教育廳改進與發展鄉村教育，也是以建設及復興農村為論點，我們勿妨寫在下面，以見其梗概。該通令：

　　查年來我國農村衰落，謀救國者莫不以復興農村為當前之急務，唯欲農村復興，除經濟之建設外，鄉村教育亦應急起直追，從事改進與發展。（《湖北教育月刊》創刊號）

　　因為要提倡生產教育，所以在中等段特別注重職業教育，在高等教育段專門趨重於理、醫、工、農等科。因為要提倡鄉村教育，所以特別注重師範教育及義務教育。此外，因生產教育而產生的，有勞動教育；因鄉村教育而產生的，有民眾教育。民眾教育的要求，在近年也成了很高的思潮——政府與社會兩方面皆有此項要求。政府方面，因孫中山以「喚起民眾」為革命策略，所以對於民眾運動提倡最早；要提倡民眾運動，必當提倡民眾教育。關於民眾教育的辦法，主要分成兩項：一為民

眾學校，二為民眾教育館。民眾學校的辦法，教育部於民國二十一年一月公布了一個大綱，同年九月修正一次。據修正大綱，凡在十六歲以上五十歲以下之男女失學者，均應入民眾學校。現在各省開辦民眾學校及民眾教育館的很多，而以江蘇、浙江等省提綱尤力。至於它的意義，據江蘇民眾教育學院主持人高踐四說：

　　民眾教育之目的，在造成健全公民，改進整個的社會，並充實個人的生活。……民眾教育的對象，偏重成人，凡成年的男女民眾，不論販夫走卒，顯宦豪商，都是民眾教育的對象。至於民眾教育的項目，可分為健康、公民、生計、文字、家事、藝術等六項。這六項教育須相輔而行，並且實施的人應該因人、因事、因時、因地，就民眾生活的需要點出發，因勢利導，漸謀改進整個的社會，及充實各個生活的目的。（〈最近三十五年中國之教育〉）

　　由高氏這一段話看來，民眾教育不僅是由鄉村教育而產生，且能包括鄉村教育，但「民眾教育」一詞，是中國社會特有的名稱，我以為不過是從前的補習教育之推廣，原無特別意義。

第三節　結論

　　中國之有新教育，始於前清同治元年的京師同文館，自同治元年到現在歷時六十多年，雖教育的制度、宗旨及方法屢經變更，總不切合於中國的社會需要。教育制度多半從資本主義的國家抄襲得來的，教育方針總不脫離昔日的人才主義；平日所注意的在城市裡面，所陶冶的全是文雅生活，所以新教育創辦了六十多年仍無補於中國之貧弱。近年以來，內因整個社會的貧乏與殘破，外因帝國主義者的壓迫與侵略，感覺到民族前途的危險，國人始憂然大悟從前教育的錯誤。為矯正從前的錯

誤，及挽救目前的危機，只有把教育普及到鄉村裡面，把教育當成發展產業的工具，使全民皆能受相當的教育，使受教育的人們皆能從事生產事業，則中國民族才有復興的希望，此生產教育與鄉村教育所以在近年成為全國上下一致的呼聲。這兩個呼聲，總算國人對於教育的認識之一進步。

本期教育分成兩個時代：自十五年到十七年為大學院時代，自十八年至現在為教育部時代。在大學院時代，是中國國民黨的黃金時代，一般黨員確能本著孫中山的遺志，本著中國國民黨的革命主義，努力從事於革命工作與建設事業。影響所及，國人的精神為之一振，教育思想也為之一變。這個時候，社會上的一切皆有改進的可能，在教育的思想改造方面也留下了很深的印痕。十八年以後，國民黨人因北伐成功，事事趨於穩定，國人從前興奮的精神，慢慢地弛緩下來，教育界上前進的思想遂不如從前踴躍了。不久而學校的國語漸趨於文言，外國語漸重於本國語，即學校讀經也公然有人主張，凡昔日所排除的，不知不覺在社會上在教育界逐漸恢復起來了。初年為厲行黨化政策，凡中小學校一律課授黨義，《三民主義》、《建國大綱》、《建國方略》及《民權初步》，皆為黨義課程中必讀的書。此外如胡漢民著的《三民主義連環性》、戴季陶著的《青年之路》及周佛海著的《三民主義理論之體系》，凡足以羽翼三民主義的作品，皆定為學生的課外參考書。除黨義課程以外，凡學校各項功課，皆須與黨義相聯絡，即是以黨義為經，以其他各項功課為緯，組織成為一整個系統的黨化課程。除課程教育以外，凡學生的訓練，及黨義教師的聘請，皆須受本地黨部干涉與檢定。當時黨權高於一切，而黨員也能奮發淬礪，全國人的思想差不多漸被統一於一黨主義之下，其他各家學說自不容易起來相與抗衡。但是不久，這許多異種學說由社會的潛伏中，不覺出現於教育界上來了。「左」傾的有共產主義，右傾的有

國家主義，最近法西斯的運動也有一部分勢力。政府的教育宗旨猶依三民主義，而在學校課程方面，自二十一年以後，則放棄其昔日主張了。

北伐成功退伍紀念章

本章參考書舉要

(1)《中華教育界》

(2)《時事月報》

(3)《新中華》

(4)《最近三十五年中國之教育》

(5)《教育公報》

[1] 《中華教育界》十九卷三期〈中國國民經濟與教育〉：「所謂生產者，斷不是僅指能夠養成生產力的教育，如各種專業教育、藝徒教育和自然科學教育而言，舉凡間接地可以養成生產力的教育，如各種普通教育、社會教育和高等文化教育或社會科學教育，也通通應該包括在內的。」

《湖北教育月刊》創刊號〈湖北教育界今後應有的努力〉：「生產教育有兩種涵義：狹義地說當然指養成學生生產品物之能力而言，就廣義的說，則指為造就學生為社會效勞的能力。」

[2] 《中華教育界》第二十卷第七期〈生產教育討論〉：「實施生產教育須注意於兒童有正當的學習，……所謂正當學習者，包括興趣、思想、態度三者而言之。」

[3] 《中華基督教教育季刊》第二卷第三期〈教育方針草案〉：「這個學校的社會化，當然要將現行學校組織及教育的實際大加變更。至少要將現在的小學校和中學校加以適當的改造，在小學六年間至少亦要採用類似實際活動的設備和方法，以教授日常生活所必需的普通科學。在中學校則從第一年起，六年間依產業教育的見地，逐漸分化其課程。課程分化的程度，一視地方生產事業情形而定，更由援用類似實際活動的設備和方法漸進，而與地方實際事業相聯絡，以半日從事實際工作，半日研究其所學工作的理論，總求在這樣的學校畢業後，人人都成一個具有實用常識，而且兼備科學知識的生產者。」

[4] 按程天放〈改革中國學校教育芻議〉一文中，立教育之目標五，分學校之系統四，第一是國民教育，第二是生產教育，第三是師範教育，第四是人才教育，此四系合成為整個教育系統。

第六十五章　中國教育今後之出路

第一節　中國現在之國情

現在的中國，與歐美諸強的國情不同，與蘇俄也不相同。

歐美列強的社會，已發展到極端高度的工業資本主義的階級，它們的國民經濟是以工業為主體。中國除了幾個大都市稍具工業資本形式外，全國社會尚停滯在農業時代之中，我們的國民經濟是以農業為主體。蘇俄的國民主要經濟雖與中國相同，而民族獨立，國家強大，能夠自由自主地謀社會的發展與民族的生存。中國民族受東西帝國主義者的壓迫，國民經濟受東西資本家的吸取，政治受東西列強的支配，種種不得自由發展，其名雖為獨立的國家，其實已淪於次殖民地的境地。

歐美列強以產業的進步，社會上雖形成勞資兩對立的階級，而一般國民的富力較我甚高，國家經濟也較我雄厚，俄國自革命以來，農民的生活逐漸改善；近又以五年計劃成功，國家富力陡增數倍，差不多漸與歐美先進諸國在海外爭逐市場。反看中國怎樣？都市經濟，在外國資本家的勢力支配之下，無以自主；農村經濟，受外國資本家的不斷榨取，日瀕於枯竭。因此，農村破產，百業凋零，全國民眾除了少數軍閥及在外人卵翼下的資本家外，莫不陷於非常貧窮的狀態。鄉村的貧農及都市的小手工業者，甚至於終年作苦，亦難以維持其最低生活的，到處皆是。

法國在十八世紀，農民呻吟在國君僧侶與地主壓力之下，其痛苦與中古時代的農奴所受的一樣；所以當一七八九年的大革命，能以自由平等的口號獲得成功。俄國在一九一七年以前，是一個極端專制非常腐敗的國家，農民受沙皇貴族僧侶及大地主的橫壓與榨取，其痛苦更甚於十八世紀的法國農民，所以他們革命的成功，也是得力於自由平等的呼

聲。中國數千年以來，在承平時代，全國農民除納稅以外，與國家不發生關係；除了抗稅或其他不法行為外，日日生活於不識不知之中，一輩子受不到政府的干涉。這種農民生活，比較十八世紀的法國農民及俄國大革命前的俄國農民，自由多了。自由的日子過慣了，只有個性而無群性，只顧自己不顧別人；由是，在個人則放蕩而不守秩序，在民族則渙散而不知團結。國人這種不好的習性，自民國成立以來，未曾改變。現在先進各國的國民，對於守秩序、重紀律、團結奮發的精神，訓練有素，已成習慣，而中國人依然放縱、散漫、怠惰，而不知振作與團結。

義大利在大戰後，所以能夠一躍而為頭等國家的，因為他們的國民追慕昔日羅馬的雄風，加強了其民族自信力之故。德國在大戰後，受凡爾賽條約的束縛，幾難以自存；而國人能自信日耳曼民族為世界優秀的民族，忍苦奮鬥，到現在已漸脫離那種束縛，而躋國家於國際平等地位。俄國在革命之後，以最大之努力，打破帝國主義者的包圍政策，不久即取得他們的承認，此種成功多半也是得力於民族主義。中國民族，不僅懶散、放縱、沒有團體生活的習慣，且也全部喪失原有之民族自信力。在鴉片之役以前，民族過於自大。在庚子之亂以前，此種自信力尚保存一二。但自經庚子一役，受了八國聯軍的聯合壓迫，國人創巨痛深，深覺事事我不如人，於是民族自信力一落千丈；自此以後。國人由傲外變做懼外，由懼外變做媚外，甚至於要將中國民族歷史所遺留於世界人類的一切有價值的文化完全毀棄了以從事於外人。古人說：「哀莫大於心死」，此種民族自信力之喪失，不僅為我民族前途的危險，且予全人類以不幸的缺陷。

總計起來，中國的現狀，可得五點：（1）國家在國際地位不平等，已陷於次殖民地的境地；（2）民族受東西帝國主義者的多方壓迫，不得自由發展，民族自信力且因此而喪失；（3）國民習性過於放縱、懶散，

沒有團結奮發的精神；（4）社會不進步，至今猶停滯在農村經濟時代；（5）農村破產，百業凋零，致使政府與人民兩患貧乏。救（1）、（2）兩種毛病，須切實恢復民族的自信力。救（3）種毛病，須對於整個民族施行嚴格的訓練，使一般紀律化，救（4）、（5）兩種毛病，須以最大之努力，用科學的方法發展全國的產業，且務使全國民眾皆變做生產者。孫中山的民族主義是救（1）、（2）兩種毛病的，民權主義是救（3）種毛病的，民生主義是救（4）、（5）兩種毛病的。三民主義是社會主義的實行，即是世界主義的第一步。實行此種主義的先決條件，在於提倡民族自信力。我們應竭力反對狹隘的國家主義，我們應朝著世界主義的目的邁步前進；但內量國情，外察大勢，非提倡民族自信力無從著手。在提倡民族自信力的戰線之上，我們還要剷除封建主義的餘痕，防止資本主義的發生，革掉放縱、懶散、漫無紀律的習慣，使全民族皆變做有紀律的奮發的生產的勞動者，求達此目的，一方靠政治的力量，一方還要靠教育的力量。

第二節　已往教育之錯誤

中國自創行新教育以來，到現在已有六十多年了，教育宗旨與制度雖屢經變更──始而襲取日本，繼而襲取美國，有時還取德、法──但對於社會產業的發展，及民族習慣的改革，毫無輔助。中國國民黨自民國十四、五年以來以革命力量發展的迅速，對於社會思想的解放，曾經發生很大的影響，國民政府也規定以三民主義的理想為教育宗旨，但此種改造的聲浪不久也漸歸於沉寂了。民國十七年的《戊辰學制》，對於職業與師範教育雖略有變更，而整個學制系統，仍不脫離美國式的制度。近五年以來，國人對於教育的認識始漸進步，於是提倡鄉村教育，提倡

生產教育，一倡百和，演為風氣。應此風氣而產生的，有鄉村師範學校及職業學校，這兩種學校也逐漸推行於各省，但其成效仍等於零。推究此中原因，我們分成三點來說：

（一）國人心理的錯誤　試任意找一在學兒童，問他為什麼進學校？他一定回答：「為求資格。」試任意找一將要畢業的兒童，問他畢業後之志趣如何？他一定回答：「志在升學。」進小學，求得一個小學生畢業資格；畢了業力能升學，則必升入中學。進中學，求得一個中學生畢業資格，畢了業力能升學，則必升入大學。進大學，求得一個大學生畢業資格；畢了業如有力量出洋留學時，還想在海外鍍金一次，以為宗族交遊光寵。這種心理，不僅普通學校，就是不得已而住職業學校或師範學校，還是為求資格；如有機會時，其志仍在升學。學生以升學求資格為目的，父兄以此相期許，國家以此為獎勵，社會以此相看待：由是「升學主義」與「資格主義」成為國人一般的心理，成為學校內普遍的要求。這種心理，唯封建時代的社會才能產生，以封建時代的心理應用在現代學校教育，這是國人對於教育最大的錯誤。由此錯誤心理所產生的流弊，計有五點：

（1）學生為求資格，平日就不肯埋頭研究，講求實用，志在升學，則目空一切，好高騖遠，畢業後對於生產事業不屑屈為。

（2）各教員為應付學生心理，平日只希望學生不搗亂，亦不責以實學；一旦在校肄業期滿，未有不設法讓他們畢業的。辦理職業學校或師範學校的人們，不問學校本身宗旨何在，但為應付學生這種心理，也必多添普通科目，讓他們畢業後有充分升學的機會。

（3）教育界人士或政客們，利用青年的虛榮心理，你也開一大學，我也設一學院，為青年製造不兌現的大學畢業文憑，青年公然趨之若鶩，而自己則名利兼收，於是中國現在大學數目之多，占了世界第一位。

　　（4）官廳考查學校成績，不問學生實際學業如何，身心的發展和修養如何，畢業後有無生產的能力和興趣，只以畢業生能否升學為標準——即以學生升學數目之多少評定該校成績之優劣。由是，舉國相率而為偽，沒有一人講求實用的。

　　（5）社會人士每以科舉時代看待秀才的眼光來看待現在的青年學生，對學生講話，開口說「將來主人」，閉口說「國家棟樑」。學生中了誇大狂，橫視一切，此日在校時便以將來的主角或國家棟樑自許了。自欺欺人，自誤誤人，是再毒害沒有的。

1930 年代的中國留學生

　　（二）教育政策的錯誤　教育政策分成兩方面：一關於宗旨的；二關於管理的。中國在封建時代，學校與科舉完全是培養治術人才的教育機關與方法。辛亥革命以後，科舉制度雖然廢除，而科舉的遺毒尚未完全洗滌乾淨。現今舉世皆已達於工業資本主義的階段，且有推行社會主義

的，而中國仍舊施行封建時代的教育政策，凡能進學校的都是優越階級，在學校畢業以後就是士族——將來國家的棟梁。統計全國學校，文科大學多於理科大學者十倍，普通中學多於職業學校者數十倍，至於小學完全屬於文雅教育，不待說了。我們以湖北一省為例：公私立大學合計五所，五所所辦的皆是文科。省立中等學校不下二十餘所，而職業學校僅有兩所；其他私立中學全屬普通文科更難以比較了。這種教育，違反時代的需要，毋乃太遠！政府以培養治術人才為宗旨，雖日日口倡生產教育，有何用處，此所以學校愈多愈無救中國之貧窮，適以增加無業游民的數目，此社會產業所以無法進步。近年政府雖通令在高等教育段須多辦理科，在中等教育段須推廣職業教育，但以整個政策與制度未變，仍是徒託空言。

世界大戰，帝國主義時代發生的世界規模的國家集團之間的戰爭。戰爭範圍涉及眾多的國家和地區。

關於管理方面：有取放任主義的，有取干涉主義的，何者適宜，以各國當時的需要來規定。中國在民八以前，對於學生的管理，向取干涉主義；自杜威學說輸入以來，完全採取放任主義。在久受國內政治壓迫的國家，對於國民教育暫時採取放任主義，當做一種解放運動，極有效力，如法國大革命之後，盧梭的自然主義所以恰合需要。或因國民於紀律的訓練及群性的陶冶業已成熟，他們所需要的只是個性的發展，放任主義也合需要，此杜威學說在世界大戰後的美國提倡，非常適當。但法國久已採取干涉主義，美國近亦漸趨於干涉了。俄國國民在革命以前，所受國內政治的壓迫最苦，共產黨以提倡自由自動為煽惑之工具，大奏成效；但自革命成功以後，對於全國學生為有主義的訓練，仍不放棄干涉主義。中國以漫無紀律過於放縱自由的國民，再投以杜威極端的個性主義之說，直如孟子所謂「如水益深，如火益熱」了。所以自「五四」

以來，學潮屢起，訓練全廢，學生變作丘九，學校等於瓦崗，教育之意義於是全失。此種學生，在學校既不肯從事學業，在社會哪肯從事生產；在學校既無訓練，在社會哪有遵守秩序、服從團體的習慣，但由學校畢業的仍是批批不絕，此教育效率所以日益減低，此社會秩序所以日益糾紛。近年以來，國人已漸知放任的錯誤，政府已有整頓學風嚴加訓練的訓令，但積重難返，不從教育政策上根本改變，終無效果。關於管理方面，除了學生管理外，還有學校管理亦極重要。學校管理就是教育統治政策，對於全國各種學校要有整個計劃與適當的設置，及對於屬行國家教育宗旨要有極嚴重的監督。中國自施行新教育以來，只有光緒二十九年《奏定學堂章程》，頗具教育編制的性質，至辛亥革命以後則完全放任了。到現在，國家需要什麼人才，關於某種人才需要多少，及全國各學校是否遵守屬行國家教育宗旨，政府全不理會，亦不知道。只見教會學校仍然遍立於國中，大學多於過江之鯽，私立尤多，十分之九屬於文科，而內容腐敗，學程虛設，更不堪問。內政、鐵道兩部所辦的學校，自成系統，教育部亦無法過問。因政治不統一致使教育凌亂，因教育凌亂反足以影響將來政治的破裂，這是教育政策上最大的錯誤。

（三）教育制度的錯誤 十七年的戊辰學制是因襲十一年的壬戌學制而來的，壬戌學制是抄襲美國的。美國是世界最發達的工業資本主義國家，它們的教育政策自然是以培養工業技術人才為宗旨，它們的教育制度自然切合於這種社會的需要。以最發達的工業資本主義國家的教育制度，搬來施行在農村社會的中國，不僅不合脾胃，且有藥不對症的危險。且資本主義在現在已到了末路，美國盡量表現資本主義色彩的教育制度漸不合時宜，而我猶照樣抄襲，未免過於盲目，且與孫中山的三民主義的理想社會太背謬了。我們批評壬戌、戊辰兩學制與中國社會及世界潮流不相宜的，計有七點：

（1）初等教育雖屬單軌，而中等教育則分普通、師範及職業三系，且把普通中學列為直系，師範與職業列做旁系。這是封建主義與資本主義的混合制，非驢非馬；如此制而有力量，勢必製造矛盾的社會。

（2）此制在初級中學，差不多完全屬於普通科；在高級中學，雖規定有農、工、商、農事及師範等科，而仍以普通科所占分量多，所居地位重。再照現有學校而論，各省除省會裡面的中學分設有農、工、商等科外，所有四鄉的中學差不多十分之九屬於普通科。普通科中學是升學預備的教育，是培養治術人才的教育；即屬於農、工、商的高中，仍為升入專門大學的預備科。以中國現在教育之不普及，而十分之九專在培養治術人才，對於技術的教育列在最次要，試問社會產業怎樣會發展？國家貧窮問題到何時才能解決？

（3）美國以國民富力甚高，教育普及，義務教育已由七年延長到九年；因為義務教育延長，故將舊日八四制改為六三三制。此制小學教育者雖只六年，而義務教育既然延長，初中三年在事實上所處的就是初等教育地位，是初等教育不啻九年了。且他們由小學畢業了差不多均能升入中學，即小學年限縮短，也與兒童受教育的機會沒有妨害。中國國民經濟力一般皆窮，由小學升中學的不到二十分之一，壬戌、戊辰兩學制把小學教育七年改為六年，是無形中把一般兒童受教育的機會剝奪了一年。且此制規定滿十二歲的兒童，即可畢業小學而升入中學。中學與小學性質絕然不同，照中國社會程度而論，一般兒童在十二歲時孩氣未脫，驟然升入中學，於身心兩方均不相宜。

（4）六年的中等教育，雖分初高兩級，其實等於不分。初級中學三年的課程，為公民、國語、英語、算學、歷史、地理、物理、化學、動物、植物、體育、衛生、勞作、圖畫及音樂十五科，是照美國抄來的，把人生的知識件件列入，而無一實用。且英語每週規定五小時，強人人

以必學，尤背實際需要，徒足以消耗兒童有用之時光。三年期滿之後，不僅無一職業技能，且習氣養壞，連原有之生產習慣亦被失掉，除了升入高中以外絕無出路。高級中學既以普通科為多，而普通科的課程差不多與初中的完全相同，不僅無一實用，且各科教材盡採圓周式，教育既感重複，學者尤不經濟。三年期滿之後，除了升入大學外，仍無辦法。教育期限規定六年，既為一般國民子弟感覺過長，即勉強修滿六年，而所學無一實用，此三三制之在中國為最大的損失。

（5）職業學校因屬培養技術人才的，應有相當的實用。但現在各省只是都市方面設立一、二年，百分之八十的農村社會無一職業學校，已經是緩急倒置。且其中課程有兩種毛病：一則科目繁多，如機械、電氣之類多屬工業國家的教材，不合農村社會，於中國目前很少實用；二則辦學者隨意加增普通科目，對於技術教育仍缺乏充實的訓練，畢業後仍無用處。

（6）高等教育段，分大學、專門學校及研究院三種，既重複而又矛盾。按大學一種，在中國古代為培養高等治術人才的機關，在歐洲中古時代雖為研究學術的團體，其後也成為封建貴族子弟的學位製造所了。大學即為封建時代的遺蹟，自不容存在於二十世紀的社會，且在高等教育段裡面，既規定有專門學校和研究院，大學更等於駢枝。

（7）整個學制系統，雖分初、中、高三段，每段並沒有顯然的意義，而大學與中學二名詞在現在亦覺沒有獨立存在的價值。且在整個學制系統裡面所規定的，全屬於兒童青年正常的教育，對於失學成年人的教育沒有正式地位，只在中等教育段內附載有民眾學校一條，不僅所用「民眾」二字不大妥當，而地位狹小，尤不合於中國現時社會的急切需要。其他關於中、小學內部的組織，形同衙門，不合之處更多。

清華園

第三節　今後教育之出路

我們要解決中國目前的問題，建設三民主義理想的社會，而以教育為政治的最大助力時，對於已往教育的錯誤，務必根本改造。已往教育錯誤最深的，莫如國人對於教育的心理。但心理的改造過於空洞，我們應當先從教育政策改造起，再改造教育制度，迨這兩點改造過來了，而心理也必隨著改造。

（一）教育政策。關於教育政策的改造，應分宗旨與管理兩方面：

（1）在民國十八年四月，政府已頒布了一道教育宗旨，此處我們所謂宗旨，是偏重教育方針說的，與政府所頒的宗旨是一貫的。決定教育方針，應先決定教育立場；我們既以建設三民主義理想的社會為目的，

則國家教育方針應以這個社會為立場。三民主義理想的社會，是融合人類為一個生產階級的大同社會，絕不容許有優越階級來剝削民眾，絕不容許有權力階級來壓迫民眾。如果以這個社會為立場，那麼我們今後的教育方針：在消極方面，務必滌清封建主義的血痕，剷除資本主義的外皮；在積極方面，應以全力培養技術的勞動者，使人人皆有生產的能力和興趣。換句話說，即革除從前治術人才主義的教育，屬行技術勞動主義的教育。

孫中山「三民主義」手稿

（2）教育方針確定了，為屬行新的方針起見，則應當改造國家對於教育管理的態度。我們的態度：務必改變從前的放任主義而為干涉主義；即一方對於全國教育施行統一政策，一方對於各級學生施行嚴格訓練。

在統一政策之下，凡全國學校，除了軍事學校外，一律由教育部直接管轄。管轄統一，然後由部統籌全局，根據既定方針，按照社會需要，來規定學校的數目、種類及地點。對於普通勞動技術的教育，以全力設法普及；對於專門勞動技術的教育，看需要何種人才則培養何種人才，需要多少人才則培養多少人才。凡教會學校，一律取消；凡私立學校，嚴加淘汰；凡不合於教育方針及社會需要的現有的各種學校，尤須歸併或取締。再由部頒考核條例，無論公私立學校，一律嚴行考核，每年至少舉行二次，如發現有違反政府所頒的教育宗旨和方針，或奉行不力者，立即予以嚴重處罰。另外出部組織教育委員會，以教育界的忠實黨員充當委員，凡學校的教材、電影的影片、劇園的劇本及民眾的讀物，一律由該會審查或編制，頒布全國通行。凡畢業學生，一律舉行會考；會考的方法要完善，制度要統一，施行時要重視、要嚴格。非有特殊需要，不宜派遣學生出洋留學；因現代海外列強的教育全是擁護資本主義的教育，受了這種教育的留學生，對於中國現代社會是毫無用處的。對於學生的訓練，凡各級學生，一律採取嚴格主義。其思想，以三民主義理想的社會為鵠的。其修養，以誠實、公正、弘毅、勇敢、平等、敏捷、整潔、勤勞、互助等德目為標準。其方法，凡民族基本教育，一律施行童子軍教練；凡勞動職業教育，一律施行軍事教練。使他們習勞習苦，習於團體生活，養成服務精神，尤須遵守紀律，服從勸誡；把全國學生，皆可訓練成為：慣於團體生活的民族，勤於服務的勞工，勇敢的戰士，富於同情心的人類。照此辦法，教師與學生都是工人，學校校工的數目大可減少，至多每校僱用三五人就夠了。

　　（二）教育制度。教育政策既定，再來改造現有的教育制度。下面的一個學制系統圖，是依據我們的政策草擬的，暫時取名改造學制圖。中國現時的教育，一方要建設理想的社會，一方還要補救目前的缺點，故

本圖暫分做兩系，以甲乙粗線為界。在甲乙粗線之左，為正常教育；預備一般兒童依次入學而設的；在粗線之右，為特殊教育，預備年長失學或不能依照常軌的人們求學而設的。就是正常教育第一段，取名「民族基本教育」，也帶了幾分特殊性質；因為要解決中國目前的困難，以達到三民主義理想的社會，非先提倡民族自信力不可，故在小學教育裡面特別注意於民族意識的培養。這種培養是暫時的，假使中國民族取得獨立與自由，而世界人類化除了民族畛域的成見，在小學教育裡面，應當特重人類共性的培養，我們到那時即可取名「人類教育」。我們先將正常教育逐一說明了，再說明特殊教育。

正常教育共分三段五級。第一段民族基本教育，分幼稚園與小學兩級。幼稚園收受三歲至六歲的兒童，約計三年。小學又分高初兩級：初級四年，高級三年，合計七年，稱完全小學。其中課程，注重公民的培養、民族的自覺及勞動的習練。從前閒雅式的及資本式的課程一律取消，按照本目標重行改編。第二段勞動職業教育分初高兩級。在初級裡面，大致分三種學校：一為初級師範學校，二為農村勞工學校，三為都市勞工學校。第一種收受完全小學畢業生，課程分公民、民族、體育及教育四類，修業五年，以訓練健全的小學師資為目的，不過設在都市的與鄉村的所用教材應有區別。第二、第三兩種，為培養普通職業技能的教育，即真正勞工知識的教育，設立在都市的稱都市勞工學校，設立在鄉村的稱鄉村勞工學校。課程分公共科、分修科及選科三種：公共科的分量占百分之二十；分修科占百分之七十；選科占百分之十，只於最後一年添設。分修科與選修科均重在實習，實習時間應占全課中五分之二。公共科只設公民、常識、國語及算術二科。分修科在都市學校，設銀行、商業、郵務、機器、工藝、小手工業及關於都市生活的一切知識；在鄉村學校，設農作、園圃、蠶桑、牲畜、漁業、紡織及關於鄉村生活

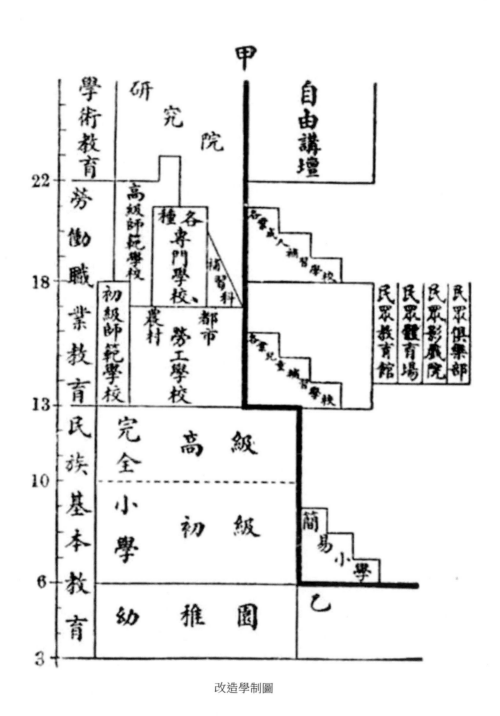

改造學制圖

365

的一切知識。選修科按照特殊需要，或加增其分修科的分量，或提高其人生的知識領域，但不得超過比例數。以軍事訓練代體育，每週至少三小時。外國語言科設在分修科內，只准在都市勞工學校內自第三年起支配二小時至三小時，鄉村絕對不准添設。這兩種學校一律收受完全小學畢業生，修業四年期滿，獲得普通的職業技術，即為有訓練的勞動者。畢業後萬一感覺知識不夠時，仍可隨時實習。在第二段的高級裡面，大致分成兩種：一為高級師範學校，二為各種專門學校。高級師範入學的資格有三：一為初級師範畢業生，修業四年，畢業後以充當初級師範學校的教師為原則；二為勞工學校的畢業生，修業五年，畢業後以充當勞工學校及初級師範的教師為原則；三為專門學校的畢業生，修業一年，畢業後以充當勞工學校的教師為原則。各種專門學校分科設立，或一校分設數科；其科別為農科、工科、醫科、藝術科及社會科等類。此種學校，以培養高等職業或專門技能及勞工方面的各種指導人員為目的，收受勞工學校畢業生，修業四年。其課程、學理與實習並重。第三段學術教育，稱研究院，為專門研究學術的機關，為訓練社會上領袖人物的場所。自然科學如天文、地理、心理、生物及物理、化學；社會科學如哲學、歷史、教育、黨義及政治經濟，全是該院所有的任務。入院的資格，以高級師範及專門學校的畢業者為原則；但如有特別才能或學力的人，即僅有初級職業教育的資格，亦可破格錄取。其中課程多關於高深學理或特殊問題，故無一定修業期限。以上各級教育，自六歲入小學，到二十一或二十二歲修完高級職業教育，合計十五年至十六年。

特殊教育分成四級，但不是連貫的；第一級為自十三歲以下的貧苦小兒而設的，稱做簡易小學，課程以識字及輔助家庭原有職業知識為目的，修業自一年至三年。第二級為自十三歲以上至十八歲以下的各業失學兒童而設的，稱做某某業兒童補習學校。其中課程，各就他們的原有

職業為區別大致，與勞工學校相似。修業年限不定，最多三年、最少一年。第二級為自十八歲以上的失學成人而設的，稱做某某業成人補習學校。其中課程與第二級大致相同，修業也不拘一定年限，第四級為自由講壇，私人組合的性質。地方的學者，在工作的餘暇，設壇講學藉以供獻於社會。凡社會上未曾取得正常學校的資格而有研究的興趣或時間時，可報名加入聽講，即高級勞動職業畢業生或研究院的學生，也可參加，相互為學術的探討。在第二與第三級的中間，另設有社會教育性質的四種機關：（1）民眾教育館，（2）民眾體育場，（3）民眾影戲院，（4）民眾俱樂部。此四種機關，在都市內可以全設，在鄉村內只設（1）、（2）及（4）三種就行了。

　　（三）教育區劃及設立。全國應分為多少學區及各級學校由何種機關設立，也是統一教育政策所必要規定的。

　　（1）小學校以市縣立為原則：在大都會，由市立；在小都會及鄉村，由縣立。各都會及村鎮應立幾所及應設幾班，以所在地兒童數目為比例。只設初級班者稱初級小學，高初全設者稱完全小學；現在所有「實驗」及「中心」等無聊名稱，一律取消。在統一教育政策之下，凡到了學齡的兒童自應送入小學受教育，且應以最短的時間設法普及，從前資本主義國家所用「義務教育」等名稱，亦應取消，至如何普及，屬於政治方面的計劃，留待另述。

　　（2）勞工學校，屬於都市的以市立為原則，屬於鄉村的以縣立為原則。都市勞工學校，以都市人口數目的多少，規定所數及班級數；鄉村勞工學校，應盡量擴充，平均至少每縣設立二所。現有普通中學及職業學校等名稱，一律取消。初級師範學校，以省立為原則，每省至少設立五所，除省會只設一所外，其餘均應設在四鄉。

　　（3）專門學校以省及特別市立為原則，應設幾所何科，以各省市社

會實際需要為標準。

（4）高級師範學校及研究院，完全由國立。照中國現在情形，全國應劃分為五個高級師範區：第一區南京、第二區北平、第三區漢口、第四區廣州、第五區西安，將來東北失地收回，瀋陽可再劃一區。研究院現時暫設三所：南京一所、北平一所及廣州一所。現時所有「大學」及「學院」等名稱，一律取消。關於特殊教育一類：凡簡易小學，以縣立為原則；凡各業補習學校如在鄉村，以縣立為原則，在都會以省立為原則。再各業補習學校，如設在工廠或鐵道旁者，則責成工廠或鐵路局設立，由省市教育機關監督。招生次數的標準也應規定：凡小學校、勞工學校，及各種實習學校每年招生二次；凡各級師範學校、專門學校及研究院，每年招生一次；凡幼稚園及自由講壇，隨時招收，不受限制。

第四節　結論

中國目前所患最大的毛病，我們歸納起來：莫過於貧、弱、私三字。中國已往教育的錯誤，我們歸納起來：不外內封建主義，而外資本主義，即治術的、文雅的、放任的三點。救貧應當設法為富，而教育偏重治術人才的培養，則更貧了。救弱應當設法為強，而教育專尚文雅，則更弱了。救私應當設法為群性的訓練，而教育偏採放任主義，則更私更散了。以這種錯誤的教育，無補於中國目前的毛病，且適足以促成其危亡，差不多已為全國人所公認，近年國人提倡職業教育、鄉村教育、生產教育，都是想補救已往的錯誤；甚至近日提倡新生活教育，也是應需要而起的。但這所提倡的只是枝節，所改革的只是片段，在當初或有少許的成效，迨事過境遷，聲浪消沉，必仍返於舊路。由這種種看來，要診治中國目前的毛病，應當統觀全局，促根本上改造。我們的目的不

但診治日前的毛病而已，同時還當以教育的力量建設三民主義理想的社會。獎勵民族教育，所以提起民族自信力，團結奮發，置中國於國際平等地位，而弱的毛病自然去了。注重勞動職業教育，所以培養勞動習慣和生產技能，則全國產業即可為有計劃的發展，而貧的毛病自然去了。對學生採取嚴格訓練主義，謀群性的發展，為紀律的生活，使散漫的變為有組織的，自私的變為愛群的，而私的毛病自然沒有了。同時還要劃除封建的資格主義，洗滌資本的升學主義，改變國人對於教育一切錯誤觀念。要使農家子弟進了學校更會種田，工人子弟進了學校更會作工，漁家子弟進了學校更會撈魚。更要打破優越階級享樂的心理，劃除特權階級支配的慾望，消滅一切虛玄神鬼的學說，以科學方法促進產業，使全社會皆變做平等的民族，生產的勞動者，富於同情的人類。要達到這種目的，尤在實行教育統一；一方使全國教育為有計劃的設施，一方使教育進行發生力量。但教育不過為國家政治工作之一種，教育本身原無力量的，要行教育統一必先行政治統一，迨政治有權威，而教育自可推行無阻了。

　　本書上卷初完成於民國十五年年底，至十九年八月著手起草中下兩卷，並重編上卷，合成全書三卷，以參考書籍缺乏，及無定居生活，遲至今日始告完竣，歷時約計十年。

著者志
民國二十三年七月三十日

中國教育史（清代至現代）：
從半封建時代後期到初期資本主義的教育歷程

作　　者：陳青之

發 行 人：黃振庭

出 版 者：複刻文化事業有限公司

發 行 者：複刻文化事業有限公司

E-mail：sonbookservice@gmail.com

粉 絲 頁：https://www.facebook.com/sonbookss/

網　　址：https://sonbook.net/

地　　址：台北市中正區重慶南路一段六十一號八樓 815
室

Rm. 815, 8F., No.61, Sec. 1, Chongqing S. Rd., Zhongzheng
Dist., Taipei City 100, Taiwan

電　　話：(02)2370-3310

傳　　真：(02)2388-1990

印　　刷：京峯數位服務有限公司

律師顧問：廣華律師事務所 張珮琦律師

定　　價：499 元

發行日期：2023 年 12 月第一版

◎本書以 POD 印製

國家圖書館出版品預行編目資料

中國教育史（清代至現代）：從半
封建時代後期到初期資本主義的教
育歷程 / 陳青之 著 . -- 第一版 . --
臺北市：複刻文化事業有限公司，
2023.12
面；　公分
POD 版
ISBN 978-626-7403-21-1(平裝)
1.CST: 教育史 2.CST: 中國
520.92　112019017

電子書購買

臉書

爽讀 APP